JN080049

在日ムスリムの声を聴く

——本当に必要な“配慮”とは何か——

大橋 充人 著

晃洋書房

目　次

序　章　なぜ在日ムスリムの声を聴くのか

第1節　外国人ムスリムのための進学説明会

名古屋モスクでは，在日ムスリム*の子どもたちの進路問題に取り組んでいる（*を付した用語については，巻末の「用語説明」を参照）．名古屋モスクには，第二世代のヤングムスリムの会（Space for Young Muslims．通称，SYM）がある．進路問題に取り組み始めたのは，この会の中で，外国人ムスリムの子どもたちには進路を考えるための情報が不足しており，保護者の理解がなく，狭い世界の中で，ビジョンが描けないということがわかったからである．名古屋モスクでSYMを担当している日本人ムスリム女性は，次のように語る．

> 母親が日本人の場合はまだいいが，母親が外国人の場合には大変な問題が起きている．外国人の保護者は日本の教育システムがわからないし，仮に日本語がわかってもシステムまではわからない．そんな事例がいくつもある．
>
> 被害者は子どもたちである．第二世代は，日本で生まれ育っているので，日本に住みたいと思っているが，日本では，なぜか中学校を卒業すると，放り出されてしまう．
>
> 子どもの教育に関して問題は3つある．「日本語力」「保護者の問題」，それから「子どもを行ったり来たりさせること」である．中学校までは休ませても卒業できてしまうので，保護者は気楽に休ませて子どもを母国に連れて行ってしまう．学校を休ませると勉強が遅れてしまうが，それを止める力がない．
>
> ムスリムの中だけにいると，学校に行こうという気になりにくい．大学に入れたとしても，授業は日本語なのでついていけない．大学をやめて母国に帰った子もいるが，母国でも大学が合わず，転々としてしまうことになる．また，（日本の）高校に1年間通って辞めた場合，新しい高校には2

年生から編入学できるが，情報が足りないので，新しい高校に行って，また1年生を繰り返してしまうこともある．

どこのステージでも大変なので，早い段階での情報提供が必要である．教育に関する問題は，7～8年くらい前から起きていたが，今後，増えるのは明らかである．情報を伝えたいが，外国人の母親は，母国での習慣を持ち込んでくるので，なかなか外に出てこない．

SYMは，2014年8月から始めた．ムスリムは，テロリスト扱いされるので，ムスリムであることを隠さないといけないし，マイノリティなので，自己肯定することが難しい．そのため，最初は，アイデンティティの問題から（この会を）始めた．しかし，始めてみると教育の問題が見えてきた．

こうした話を聞く中で，名古屋モスクの担当者だけで子どもの教育問題に対応するには限界があり，保護者に言っても聞いてもらえないので，公的機関からのサポートがほしいという訴えがあった．そして，行政と一緒に進学説明会を開催できないかという話になった．

筆者は，宗教的な面で，どのような**配慮***を在日ムスリムに対して行うべきかを教えてもらうために，名古屋モスクを訪問して話を聞いていたわけだが，このとき，初めて，宗教的な問題とは別に，こうした進路問題があることを知った．そして，行政とのつなぎ役をすることになった．

まず，行政の担当者に，こうした実状を聞いてもらうための機会を設け，その後，一緒に企画を考えた．そして，役割分担をしながら，2019年3月に，外国人ムスリムのための進学説明会「進路についてかんがえよう」を名古屋モスクで開催した．

この説明会では，最初に，名古屋モスクの担当者から，モスクに関わりのある子どもたちの事例紹介があった．次に，筆者が行政の作成した外国人親子向けの進路ガイドブックを使いながら，高校進学の基本的な話をした．昼間定時制高校の先生には，授業や学校行事，部活動の様子などを話してもらい，最後に，行政の担当者が，中学卒業後の進路を親子で一緒に考えましょうと締めくくった[1]．アンケート結果を見ると，「いろいろな進路があることを知った」「勉強になりました」などの声があり，全員がまた参加したいという回答であった．

2019年３月に開催した外国人ムスリムのための進学説明会の様子
（中央の説明者は筆者）

出典：宗教法人名古屋イスラミックセンター提供.

＜名古屋モスクの担当者による進路・進学に関する事例＞

事例１：高校に進学しようとしたら，日本語力がなく，学習にもついていけず，進学するお金もないことにギリギリになってから気がついた．高校受験には５教科必要だが，英数以外は解けない．残りの３教科ができないと高校に行けない．中学校の先生は，情報を持っていないので，「この成績でいける高校はない」と言うだけである．保護者は母国では大学に行っていたので，なぜ子どもが高校に行けないのかがわからない．

事例２：小学校低学年のときにやってきた子は，国語は得意だが，他の科目の学力が足りない．外国人の子は英語力はあるが，日本の英語の授業や試験には，英語から日本語に翻訳する問題があり，日本語力がないと解けない．先生は，中学１年生のときに，自分の行きたい高校を見つけるようにという指導をするが，どう調べたらいいのかわからない．

事例３：保護者は，子どもの日本語力が不足しているため高校に行けないということがわからない．定時制高校は３教科と作文だけで入れるが，保護者の反対を押し切って入るためには，なぜ定時制でないといけないのかを説明する必要がある．しかし，そんなことを子どもが説明できるわけがない．

事例４：中学１年生の子は漢字や国語が嫌いで，学校に行っていない．元気だし，頭もいいので，ちゃんと勉強すれば大学に行けると思うが，このままだと情報がなくサポートもできない.

事例5：大学に入ったムスリムの子が，ある地域のモスクで調査をしたところ,「高校に行けるムスリムがいることを知らなかった」という子どもがいたことに驚いたそうである．ましてや大学に行けるとは思っていないので，学習も滅茶苦茶で，中卒でフラフラしていて，高校に行こうともしない．そうした子どもがたくさんいるのに，指導されていない．

第2節 ムスリムは宗教がすべてなのか？

前節で見たとおり，外国人ムスリムの進路・進学の問題は深刻であるが，あまり取り上げられたことがない．もっとも，こうした問題は，ムスリムだけでなく，日本に暮らす外国人の子ども全般に言えることである．ムスリムと言えば，**ハラール***対応などの宗教的配慮に目を奪われがちであるが，生活する上での課題は，そればかりではない．**イスラーム***の生活をする上での課題もあるが，外国人としての課題もある．

日本で暮らすムスリムは増えている．外国人全体としても増加しており，在留外国人数は，2019年末には過去最大の293万人となった[2)]．

1990年の「出入国管理及び難民認定法」(以下,「入管法」という）の大改正[3)]によって，日系ブラジル人などが大量に来日したが，その後，入管法の改正を積み重ねることにより，ベトナムやネパール，インドネシアなどのアジア系へとシフトしてきた．2019年4月にも入管法が大きく改正され，人手不足を補うために，新しく「特定技能」の在留資格が創設された．この改正によって，さらにアジアからの来日が見込まれ，インドネシア人を始めとするムスリムの外国人も増えていくと予想される．

現在，日本では，インバウンドやビジネスの面から，ハラールに対する配慮に関心が集まっており，各地でセミナーなども開催されている．観光客誘致や輸出ビジネスのためには，そうした専門的な知識は必要だろう．しかし，それと同じ知識が，生活しているムスリムと共生する上で必要だろうか．

生活しているムスリムは,「ゲスト」ではなく,「生活者」である．生活者であるムスリムに対して，観光客に対するような「お客さん扱い」の配慮は妥当ではない．そればかりではなく，生活者に対してまで「お客さん扱い」することは，日本社会に負担がかかり，反発を招きかねないだけでなく，ムスリムと非ムスリムの間に壁をつくってしまう．こうしたことは，ムスリム自身も望んでいない．今後もムスリムが増えてくると予想される中，このままの「不自然な関係」を改め，ムスリムに対する「適切な配慮」について考えていく必要がある．

日本にムスリムが増え始めたのは，最近のことではない．30年以上も前から増え続けている．ムスリムが日本で生活する上で，特別な配慮が必要であるのなら，なぜ，もっと早くから目を向けなかったのだろうか．バブル期に，短期滞在査証相互免除協定により，パキスタンやバングラデシュ，イランなどのムスリムの多い国々からの来日が増え，労働者として生活してきた．査証免除措置の一時停止により，来日は減少したものの，日本に残って暮らしているムスリムも多い[4]．現在では，ハラールショップなどが増えてきているが，そうしたもののなかった時代，ムスリムたちが大変な苦労をしてきたことは想像に難くない．

こうした経緯を知らずに，新たな興味の対象として，非ムスリムの日本人たちが，ハラールなどの宗教的配慮を考えている場合がある．興味がないよりも，ある方が望ましいという考え方もあり，多くの外国人ムスリムたちは，こうした風潮をありがたがっている．しかし，水や野菜にさえハラールマークをつけようとするのは滑稽であり，こうした流行は，かえってムスリムに対する誤解を生じさせてしまう．そして，日本人ムスリムたちは，こうしたハラール・ブームは，滑稽というだけでは済まされない危険性を孕んでいると指摘する[5]．

ハラールは，ムスリムの生活のほんの一部でしかない．ハラールに目を奪われてしまい，ムスリムが日本で暮らす上で，「本当に必要な配慮」が見えなくなってはいけない．非ムスリムの日本人であっても，日々の生活に苦労している．もちろん，ムスリムもそうだろう．加えて，外国人ムスリムには，外国人としての苦労がある．多文化共生施策によって，日本語学習や子どもの学習支援，外国人相談窓口の設置，情報の多言語化などが行われるようになってきているものの，十分な環境にあるとは言えない．さらに，宗教的な制約もある中で，日本での暮らしに苦労していないはずがない．こうした日々の苦労に比べ，食事がハラールかどうかということが，それほど重要なことなのだろうか．

生活者としてのムスリムがさらに増えようとし，インバウンドの関係でムスリムが注目されている中，「本当に必要な配慮」とは何かについて明らかにする時期にきている．そして，その「何か」というのは，具体的な「何か」ではない．ムスリムの宗教的厳しさの基準は，「人それぞれ」である．「これとこれに配慮すればいい」といった単純で固定的なものではない．一人として同じ人間はおらず，人によって，どうしてほしいかは異なる．この「人それぞれ」という当たり前のことが，「ムスリムは」ということで一括りにされてしまうことによって忘れられてしまう．

「人それぞれ」であるならば，「どのように配慮したらいいのか」という“考え方”や“方法”を示す方が重要である．配慮する項目をどれだけ覚えても，一部のムスリムにしか通用しない．しかし，配慮するための考え方や方法を身につければ，様々なムスリムに対応できる．「覚えること」は，物事を単純化して，効率的にする．「考えること」は，手間がかかり，非効率的である．「共生」は効率化によっては生まれない．ムスリムに対する偏見は，単純化の産物である．ムスリムとの共生を妨げるものがあるとすれば，それは，単純化であり，考えることの放棄である．

第３節　在日ムスリムの声に耳を傾ける

本書は，在日ムスリムにとって，「本当に必要な配慮」の方法について，当事者の意見に耳を傾けながら，考察していく．

ムスリムにとって必要な宗教的配慮を示すことだけが目的であれば，イスラーム神学・法学によって示すことは容易だろう．しかし，理想的な宗教的配慮がされた環境を整えることは，ムスリムがマイノリティである日本において，極めて難しい．しかも，そうした環境をめざすことによって，ムスリムが日本社会から隔離されてしまい，さらには，日本社会とムスリムとの間に軋轢を生む危険性さえある．

配慮には限りがない．そこで，本書においては，配慮を考える上では，「本当に必要な」という限定をつける．日本人と同じように，安心して暮らすための配慮はすべきである．一方で，それ以上の配慮は，ムスリム自身も求めていないだろう．

無配慮でもなく，過剰でもない配慮をするためには，どのようにしたらいいのか．具体的な「何か」を示すことは，示されているもの以外を排除してしまう．また，配慮された人たちを，具体的に示された枠の中に閉じ込め，不自由にしてしまうことになる．配慮された枠の中で身動きがとれなくなってしまうのは，ムスリムにとって不幸なことである[6]．

また，本書では，「配慮」に着目するからと言って，「もっと配慮すべきだ」ということを主張したいわけではない．むしろ，配慮について，あれこれと考えるより，まずはムスリムと接することが大切であり，接する中で，ムスリムを理解してほしいということを主張していきたい．

そこで，第1章において，在日ムスリムを取り巻く環境について簡単に整理した後，第2章から第4章において，アンケートやヒアリングを通じて集めた在日ムスリムの声にじっくりと耳を傾けていく．そして，第5章において，そうした声を分析しながら，配慮の枠組を示していきたい．

在日ムスリムの声は，アンケートおよびヒアリング調査によって得られたものである．それぞれの調査の概要は，次のとおりである．

○アンケート調査

・調査期間：2019年3月19日～5月23日
・対象者：ムスリム（国籍は問わない．外国籍あるいは外国籍の配偶者を持っている者をターゲットに実施）
・使用言語：日本語，インドネシア語，英語
・回答者数：71名
・調査内容：来日（またはムスリムになった）時期，性別，居住地，国籍，配偶者の国籍，宗教的な配慮をしてほしい場所，日本社会で暮らしていく上で望むこと，子どもの年齢・性別，小中学校での宗教的な配慮の状況，自由記述
・回答方法：アンケート用紙（38名）およびGoogleフォーム[7]（33名）による．
・調査協力先および協力内容

＜名古屋モスク＞
当モスクと関わりのあるムスリムに対してアンケート用紙を配布・回収してもらうとともにGoogleフォームのアドレスの周知を依頼．また，当モスクのネットワークを活用し，他のモスクに対しても調査協力を依頼してもらい，合わせてアンケート用紙の配布・回収も依頼．

＜岐阜モスク＞
当モスクと関わりのあるムスリムに対するアンケート用紙の配布・回収．

＜日本インドネシア家族勉強会＞

当団体のFacebookのグループページにアンケート調査の案内とGoogleフォームのアドレスを掲載.

・回答者の属性

【来日（またはムスリムになった）時期】

1980年代：２名，1990年代：22名，2000年代：23名，2010年代：21名，未記入：３名

【性別】

男性：16名，女性：54名（日本人回答者29名はすべて女性），未記入：１名

【居住地】

愛知県：36名，石川県：７名，岐阜県：６名，大阪府：４名，静岡県：２名，埼玉県・千葉県・東京都・神奈川県・新潟県・富山県・京都府・兵庫県・岡山県・福岡県・海外：各１名，その他：４名，未記入：１名

【回答者の国籍及び配偶者の国籍】

表１のとおり

表１　アンケート回答者の国籍および配偶者の国籍

			配偶者の国籍															
			日本	インドネシア	パキスタン	アフガニスタン	マレーシア	エジプト	トルコ	フィリピン	バングラディシュ	シリア	モロッコ	ロシア	フランス	ガーナ	マリ	未記入
回答者の国籍	日本	29	1	4	8	0	0	0	5	0	1	1	1	1	1	1	1	4
	インドネシア	28	10	12	0	0	0	0	0	0	0	0	0	0	0	0	0	6
	パキスタン	6	3	0	2	0	0	0	0	0	0	0	0	0	0	0	0	1
	アフガニスタン	2	0	0	0	2	0	0	0	0	0	0	0	0	0	0	0	0
	マレーシア	2	0	0	0	0	2	0	0	0	0	0	0	0	0	0	0	0
	エジプト	2	0	0	0	0	0	2	0	0	0	0	0	0	0	0	0	0
	トルコ	1	1	0	0	0	0	0	0	0	0	0	0	0	0	0	0	0
	フィリピン	1	0	0	0	0	0	0	0	1	0	0	0	0	0	0	0	0
	計	71	15	16	10	2	2	2	5	1	1	1	1	1	1	1	1	11

出典：筆者作成.

○ヒアリング調査

・調査期間：2018年8月3日～2019年8月9日（必要に応じて，この期間外にも補足のヒアリングを行った）

・対象者

① 日本に住んでいるムスリム（国籍を問わない[8]）

② 外国人支援者など補足の情報を得る上で必要な者

・使用言語：日本語

・ヒアリング件数：41名（ムスリム26名・支援者等15名　ヒアリング対象者の属性は**表2**のとおり）

・ヒアリング方法および内容

① 日本に住んでいるムスリム

以下の項目を中心にインタビューを行ったが，状況に応じて質問内容を変更した．

i　関わっている団体などの状況

ii　個人に関すること

＜基本情報＞

来日またはムスリムになった時期・経緯，家族構成，職業，国籍，配

表2　ヒアリング対象者の属性

属性			人数	内訳
① ムスリム			26	愛知県21，岐阜県4，関東1
	日本人	女性	6	うち，5名が外国人ムスリムとの結婚を機に改宗．配偶者の国籍はパキスタン3，スリランカ1，モロッコ1
	外国人	男性	12	うち，5名が日本人女性と結婚．国籍は，パキスタン2，バングラデシュ2，インドネシア2，スリランカ2，フィリピン1，中東3
		女性	8	うち，5名が日本人男性と結婚．国籍はインドネシア6，スリランカ1，ブラジル1．ブラジル1は，パキスタン人男性との結婚を機に改宗．
② 支援者等			15	愛知県12，他県3
	日本人	男性	3	外国人支援者2，中学校長1
		女性	9	医療通訳者2，外国人支援者2，行政職員4，監理団体代表1
	外国人	女性	3	ブラジル2，フィリピン1
計			41	

出典：筆者作成．

偶者の国籍
<日常生活>
宗教的な面で改善のお願いをした経験，宗教的な面で困っていることや課題，信仰面以外で困っていることや課題，日本社会に対して気をつけていること等
<その他>
ハラール認証に対する意見，日本社会に対する意見
② 外国人支援者などに対しては，それぞれの分野に応じてインタビューを行った．

アンケート調査もヒアリング調査も愛知県を中心に行った．第1章で示すように，愛知県は東京都に次いでムスリム人口が多いと推計される．また，在日ムスリムへのヒアリング結果から，ムスリムの第一世代が日本に入ってきたのは，東京では1980年代，地方は1990年代になってからであり，地方の状況は東京よりも10年ほど遅れている．したがって，東京の第二世代はすでに20代だが，地方ではまだ10代であることが多く，より多くの課題が見出されると考えられることから，地方でムスリムが一番多いと推計される愛知県を中心に調査を行った．

なお，改めて言うまでもないことではあるが，ヒアリングで得られた体験や意見は，ムスリムすべてに当てはまるものではない．ここであえて注意を促すのは，ムスリムに対する単一のアイデンティティの押し付けがムスリムの生き辛さにつながっており，それを解消するための方策を検討しようとするのが本書のスタンスであるが，そうでありながら，このヒアリング結果によって，単一のムスリム像を示してしまうことは自己矛盾となるからである．また，様々な宗教的解釈が述べられているが，本書においては，どの解釈が正しいのかを示すのが目的ではなく，宗教的厳しさや考え方は人それぞれであることを示すのが目的である．

発言者の国籍などの属性については，それを示す必要がない限り示していない．「○○人は～である」という決めつけを防ぐためである．人間は，複数の属性を持っており，同じ宗教・同じ国籍だからといって考え方や意見まで同じではない．こうした決めつけが偏見や争いにつながっていくことも本書では示していきたい．

国以上からムスリムがやってきている．推計人口の
ア　②パキスタン　③フィリピン　④中国　⑤バ
ーシア　⑦インド　⑧トルコ　⑨ネパール　⑩イラ

ンド，ネパールは，当該国内においては，ムスリム人
このような結果になったのは，母数となる人数が多いた
国人ムスリムの推計方法は，**参考資料Ⅰ**のとおり，国籍
国別のムスリム人口比率を乗じて推計しているため，ム
くても，在留外国人数が多い国籍の場合，ムスリム人口
のである．

ただの計算上のトリックというだけではない．フィリピン
多いが，ミンダナオ島は，ムスリム人口比率が極めて高く，
があるほどである．「定住者」資格で来日する日系のフィリ
出身者が多いが，ダバオ島はミンダナオ島に隣接しており，
くの日系人が住んでいることから，ムスリムの可能性がある．
スラームを信仰する回族やウィグル族などがいる．神戸モス
リムによって建設され，ネパールにはインド系ムスリムが定
．

ムスリム人口比率が高くない国籍のムスリムが日本に多くいる
ことではない．なお，スリランカのムスリム人口比率は1割程
この推計方法では14位となっているが，神奈川県や愛知県には
籍のムスリムが多く集まっており［桜井 2003：34］，スリランカ系
地にある．

とを考慮すると，算出した以上のムスリムが日本に住んでいる可
本書は，在日ムスリム人口の推計が目的ではないため，これ以上
ないが，ムスリム人口比率が高い国の出身者だけがムスリムでは
ことはできる．

ム率が高い国籍の在留外国人数の推移・在留資格・年齢別構成

人口比率が高い国籍のうち，2019年末の在留外国人数が多い順に並
インドネシア（6万6860人）　②パキスタン（1万7766人）　③バング
（1万6632人）　④マレーシア（1万862人）　⑤トルコ（5419人）　⑥イ
人）となっている．在日ムスリムの状況を把握するために，これら

注

1）2019年3月23日（土）の15：00から17：00まで名古屋モスク4階礼拝室で開催．参加者は大人19名・子ども10名．詳細については，名古屋イスラミックセンター「外国人ムスリムのための進学説明会『進路についてかんがえよう』の報告」を参照（http://nagoyamosque.com/10998.html,2020年8月2日閲覧）．

2）以下，在留外国人に関する数値は法務省「在留外国人統計」（http://www.moj.go.jp/housei/toukei/toukei_ichiran_touroku.html, 2020年10月10日閲覧）による．本統計には，「中長期在留者」および「特別永住者」から成る「在留外国人」と，「短期滞在者等」も含めた「総在留外国人」の数値が示されているが，日本で暮らしている外国人数は，一般的に「在留外国人」の数値が使われていることから，本書においても「在留外国人」の数値を使用する．なお，2020年6月末では，新型コロナウィルスの感染拡大に伴う入国制限もあり，289万人に減少した（http://www.moj.go.jp/nyuukokukanri/kouhou/nyuukokukanri04_00018.html, 2020年10月24日閲覧）．しかし，これまでの伸びに比べ，わずか1.6％の減であることや特殊要因を勘案すれば，近年の流れとしては増加していると言える．また，特殊要因に加え，「外国人の統計は一般的に各年末の数値が使われること」「2020年6月末の詳細なデータは本書執筆時点（2020年10月末）では得られないこと」から，本書においては2019年末までの数値をデータとして使用する．

3）この改正によって，在留資格の中に，主に日系人が対象となる「定住者」資格が創設された．在留資格には，「教授」「経営・管理」「技術・人文知識・国際業務」「興業」などの決められた活動しかできないものと，「身分または地位にもとづく在留資格」がある．「定住者」資格は，「身分または地位に基づく在留資格」であり，日本国内での活動内容に制限はなく，就労にも制限がないため，この在留資格を持った外国人は単純労働も可能になる．かつての日本の海外移民政策によって，南米に多くの日本人が渡ったことから，その子孫たちが，この改正によって多く来日した．

4）本書18-20頁参照．

5）第2章を参照．

6）第5章を参照．

7）Googleフォームのアドレスは，調査協力先経由でムスリムあるいは他のモスクへ個別に伝えてもらっており，不特定多数がアクセスできる状況にはなっていない．

8）日本人ムスリムは外国人ムスリムとの結婚を機に改宗した人が多い．ムスリムは基本的にはムスリムとしか結婚できない（男性ムスリムはクリスチャン等の啓典の民の女性となら可能だが推奨はされない）ためである．

第1章　在

第1節　在日ム

（1）在日ムスリムの

日本に暮らすムスリム
教に関する記載欄があるわ
に所属したり登録したりす
メージするために，まず，
人口比率の高い国籍の在留外

① 在日ムスリム人口の推計

本書では，既存の推計方法を
た．また，これまでは，日本全
身近な数値として，都道府県別
推計方法の詳細については，巻末

2019年末現在の在日ムスリム人
また，都道府県別に推計すると，
② 愛知県　③ 埼玉県　④ 神奈川県
は，① 東京都　② 愛知県　③ 大阪府
いる．3位以下では，順位が異なって
圏が多くなっている[2]．

1980年代に東南アジアから大量に来日
して住んでいたが，飽和状態になり，バフ
スリムの中には，中古車業を営んでいる者
めの広い土地（ヤード）を確保するためには
輸出するためには，港のあるところが望まし
リムが多いのは，産業県であり，働く場所が多
国1位の名古屋港があることも影響しているだ

国籍別に見ると，100カ
多い順に，① インドネシ
ングラデシュ　⑥ マレ
ンの順となる[3]．
フィリピン，中国，
口比率は高くないが，
めである．つまり，外
別の在留外国人数に各
スリム人口比率が小さ
も多くなってしまうの
しかし，これは，
にはキリスト教徒が
ムスリム自治地域が
ピン人はダバオ島出
境界線の近くに多
また，中国にはイ
クはインド系ムス
住しているとい
したがって，
ことは不自然な
度であるため，
スリランカ国籍
のモスクも各
こうしたこ
能性がある．
の検証は行わ
ないと言う
② ムスリ
ムスリム
べると，①
ラデシュ
ラン（417

6カ国の在留外国人数の推移や在留資格，年齢別構成について見ていくこととする．

6カ国の在留外国人数の推移については，図1－1のとおりとなっており，右肩上がりに伸びている．6カ国の在留外国人数の合計は，1990年末現在で1万2011人であったが，2019年末現在では12万1709人と10倍に増えている．在留外国人全体では，同時期，105万3041人から293万3137人と3倍弱しか増えていないため，在留外国人全体に占める6カ国の割合は，1.1％から4.1％に増えている.[4)]

在留資格の内訳は，国籍によって大きく異なっている．2019年末で見ると，インドネシアは「技能実習」が多い．パキスタンは「永住者」[5)]「家族滞在」が多く，在留外国人全体と比べると，「経営・管理」の割合も高い．バングラデシュは「留学」「家族滞在」「永住者」が多く，マレーシアは「留学」「永住者」が多い．トルコは「特定活動」が多く，次いで「永住者」となっている．イランは圧倒的に「永住者」が多い.[6)]

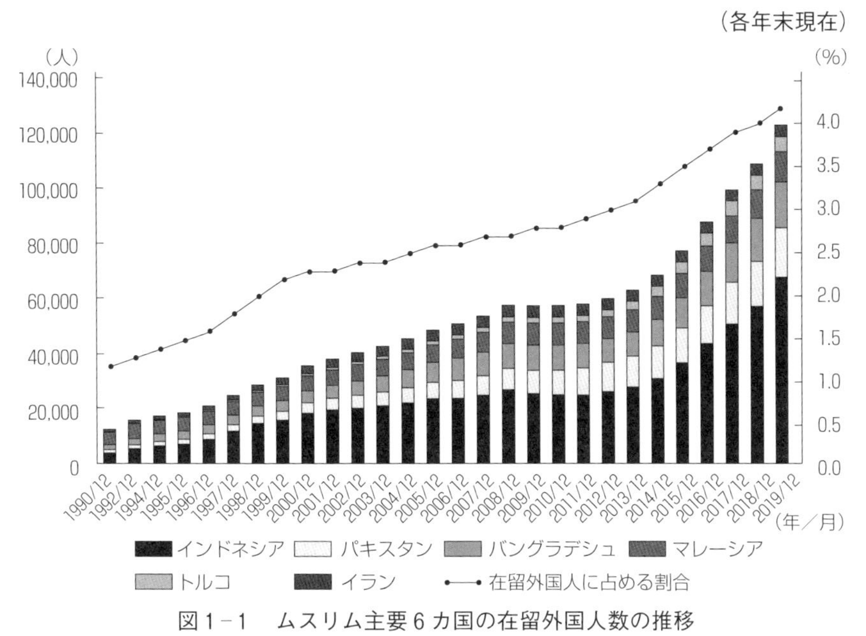

図1－1　ムスリム主要6カ国の在留外国人数の推移

出典：2011年末までは法務省「登録外国人統計」，2012年末以降は法務省「在留外国人統計」（http://www.moj.go.jp/housei/toukei/toukei_ichiran_touroku.html，2020年10月10日閲覧）を基に筆者作成．

国籍ごとに特徴があるため，在日ムスリムの在留資格の傾向を一言で表すことはできないが，今後も長く日本で暮らすと考えられる「永住者」資格の割合を見ると，おおむね２割から３割となっている．イランの場合は６割を超えている．インドネシアは１割と低くなっているが，技能実習生の急増によって割合が小さくなっているだけであり,「永住者」の人数は，６カ国の中で最も多い．こうしたことから，日本に生活基盤を持っているムスリムは多く，永住化傾向にあると言える．

年齢別構成も国籍によって傾向が異なっている．インドネシアは技能実習生の影響もあり，20代の男性に偏っているが，その年代を除けば，男女は同程度おり，結婚して日本で家庭を築いている人たちが多いと推測される．パキスタンは，50～54歳の男性が最も多くなっているが，60歳以上を除き，各年代とも男性は500～1500人の間にある．若年層も多く，０～14歳は，男女の人数も同程度であることから，働き盛りに来日した人たちが日本に定着し，日本で子どもを生み育てている状況がうかがえる．バングラデシュは，留学生の影響もあり,20～29歳の男性が多くなっているが,年少者の数も多い．「家族滞在」や「永住者」の人たちも多く，こうした世帯の子どもたちだと考えられる．マレーシアは，全体的に男女が同程度いるが，20～24歳は男性の方が多く，50代以上は女性の方が多くなっている．トルコは，20～44歳の男性に偏っている．イランは，50～54歳の男性が突出している[7)]．

以上，統計資料を基に，在日ムスリムの状況について見てきた．在日ムスリムとして共通する部分もあるが,一括りにできない多様性もある．全体的には,在日ムスリムの増加傾向はしばらく続き，永住化傾向が進んでいくと予想される．それに伴い，第一世代の高齢化が進むとともに，日本で子どもを生み育てる人たちが増えることが予想され，介護や子育ての問題も出てくるだろう．また，日本で生まれ育った第二世代が，日本社会で活躍する年代になってくると思われるが，そのためのキャリア教育も重要になってくると考えられる．

（２）在日ムスリムの歴史

ここでは，日本とイスラームの関わりの歴史について概観するが，昨今のハラール・ブームについては，第２章で取り上げる．また，2001年９月11日に発生したニューヨーク・ワシントン同時多発テロや2014年６月に建国を宣言したIS[8)]の問題は，ムスリムのイメージに対して，一般の日本人に与える影響が大きいと思われるが，これらは日本国外で起きた事件であるため，ここでは取り上げない．

① 第二次世界大戦まで

753年に唐の宮廷へ新年のあいさつに出かけた遣唐副使がペルシャの使者に会ったのが，日本人とムスリムの最初の出会いであると言われているが，一般の日本人がムスリムと出会ったのは，1890年９月のオスマン帝国のエルトゥールル号という船の座礁事件のときである．エルトゥールル号は，明治天皇に拝謁し，日本からオスマン帝国に帰る途中に和歌山県樫野崎沖で座礁し，沈没した．遭難現場近くの村民が乗組員を助けるとともに，新聞社が中心となって，義捐金を集めた．それを野田正太郎という新聞記者がオスマン帝国に渡って手渡した．その際，皇帝が青年士官に日本語を習わせたいということで，野田は２年間，オスマン帝国に滞在した．その間に，彼はイスラームに改宗し，最初の日本人ムスリムになったと言われている．その後，1904年に日露戦争が勃発したが，その頃から国策として，満州などの中国におけるイスラームが研究されるようになり，来日した外国人ムスリムから日本人はイスラームを学ぶようになった．また，メッカ巡礼をした日本人ムスリムが講演会などを行い，日本国内のイスラーム理解に努めるようになった［小村 2015：39-44］．

日本で最初に建設されたモスクは，インド系ムスリムやタタール人などからの喜捨によって1935年に建設された神戸モスクであり，これが日本に現存する最古のモスクである．翌36年には，日本や満州在住のムスリムによる喜捨や非ムスリムの日本人の支援を受け，名古屋市在住のタタール人によって名古屋モスクが建設された[9]．このモスクは，現在ある名古屋モスクとは別のモスクであり，1945年の空襲によって焼失してしまった．東京モスクは，戦中期の日本の回教[10]政策の一環として，日本政府・軍部・財閥などの支援によって1938年に建設された．老朽化のために1986年に取り壊されたが，2000年に「東京ジャーミイ」として同じ場所に開設された[11]［店田 2015：24-25］．

東京モスクは，タタール人のクルバンガリーが日本の政財界に働きかけて建設したもので，その開堂式には，右翼団体関係者や軍部関係者も出席した．1930年代後半は，日本政府や，その関係団体によって，日本国内でイスラームの宣伝活動が行われた．その意図は，日本の植民地支配を正当化し，それを政財界に対するアピールすることにより，ムスリムの多い東南アジアなどへ進出するためであった．1941年頃になると，東南アジア諸地域の日本軍占領地における回教政策が国策として重視されるようになり，ムスリムに改宗する日本人も増えていった［小村 2015：46-50］.

② 第２次世界大戦後から2010年頃まで

戦後になると，日本政府などの後押しがなくなったことにより，急速にイスラームに対する関心がなくなり，日本人ムスリムは自力で活動しなければならなくなった.

1952年に「日本ムスリム協会」が設立されるなど，いくつかのイスラーム団体が設立され，外国人ムスリムと一緒に活動が行われるようになる．その後，高度経済成長に伴い，日本企業が海外に進出するようになると，ビジネスのために中東地域に駐在する日本人が増え始め，イスラーム諸国と関わりを持つ日本人が増える中で，少しずつ，現地の情報が日本に入ってくるようになる．1973年には，石油ショックによって，中東地域が一般の日本人にも注目されるようになった．また，メディアを通して，一般の日本人も中東の事件を知るようになり，中東の宗教や文化が注目されるようになっていったが，イスラームに対する理解は進まなかった［小村 2015：51-61］.

1980年代後半から90年代始めのバブル期には，人手不足を補うために，外国人ムスリムが労働者として日本に入ってきた．中でも，パキスタン，バングラデシュ，イランと日本の間には，短期滞在査証相互免除協定があり，これらイスラーム圏の国から査証（ビザ）なしでの来日が増えた．ただし，ビザの免除が認められていたのは，「短期滞在」であり，この在留資格では，本来は，労働することはできない．しかし，労働目的で来日する外国人が後を絶たず，不法就労や超過滞在となる外国人が数多く存在するようになっていった.

そのため，外国人労働者に対して法的な規制を強化するとともに，パキスタン，バングラデシュとは1989年１月15日以降，イランとは1992年４月15日以降，短期滞在査証免除措置を一時停止することになった．その一方で，新たに，「外国人研修制度」を利用して，インドネシアやマレーシアからの来日が増えた．なお，この制度は，あくまでも「研修」が目的であり，働くことが目的ではないことから，最低賃金などの規制がなく，低額な研修手当を支給するだけで済ませることができた．そこで，この制度を利用し，安価な労働力として彼らを雇用する企業や農家もあった［小村 2015：69-71］.

1990年の入管法の大改正によって，日系ブラジル人などが「定住者」という新たな在留資格で大量に来日した．これは，合法的に労働力を確保するための政策の転換であった．しかし，その陰で，バブル期の人手不足を補うために，不法就労が黙認されてきたアジア系の外国人労働者が忘れられてしまった.「多文化共生」という言葉が生まれる前の出来事であり，その実態は，あまり明らかになっていないが，長年にわたって外国人支援を行ってきた人にヒアリングしたところ，当時のことを次のように語ってくれた．

> バブル期からA市には，ブローカーを通じて，アジア系の外国人が入ってきた．当時，イラン人が偽造テレフォンカードを売っているといったニュースがよく流れていたが，それと同時期に自動車産業の工場にやってきた．ブローカーは，ピンはねをしていたが，それでも，母国に比べれば，給料は高く，残業もたくさんしていたので，たくさん稼ぐことができた．（日本で）一軒家を持っている人もいた．外国人は保証人がいなくてローンが組めなかったので，現金で買ったりしていた．
>
> 当時，イラン人のリーダー格の人がいたが，バイク事故を起こし，不法滞在がわかってしまい，強制送還された．周りは不法滞在であることはわかっていたが，目をつぶっていた．不法滞在だと社会保険には入れないが，労災は未加入であってももらえる．バブルがはじける前は，社会保険への加入は，あいまいで緩やかであったが，はじけてからは厳しくなったため，法の網にかからないような阿漕なやり方に変わっていった．人材派遣会社の中に人材派遣会社が入っている場合もあり，責任が大手企業にまで及ばない仕組みになっていた．

バブルが崩壊し始めた頃から，バブル期に来日した外国人ムスリムと日本人女性の間での国際結婚が顕在化するようになった．そして，日本人女性と結婚することにより，外国人ムスリムは，「日本人の配偶者等」という在留資格を取得することができ，日本で安定した生活を送ることができるようになった.[12] 工藤［2008：82-83］によれば，日本における女性たちの「他者」への志向や労働市場における周縁性，既存のジェンダー関係や結婚に対する意識の変容などから，日本人女性はムスリムと結婚するようになったという．

結婚して日本で安定した生活を送るようになった外国人ムスリムの中には，中古車業で財をなす者も現れた．そして，1990年代に入り，日本各地でモスクが続々と建設されるようになっていく［小村 2015：79-82］．

モスクが建設されるようになったのは，労働者の増加だけでなく，1980年代初期に，外国人留学生の数を増やすという日本政府の方針（留学生10万人計画）により，イスラーム諸国からの留学生が増加したことも要因である．名古屋においては，まず，1988年に留学生を中心に「名古屋イスラム協会」が結成され，学生寮で集団礼拝などが行われるようになった．名古屋に居住するムスリムの数が増え，留学生以外も自由に使用できる礼拝施設の確保が急務となったため，翌89年にはアパートの一室を礼拝所にした．そして，国際結婚により名古屋を生活の基盤とすることを選んだ外国人ムスリムらを中心に募金活動が行われ，1998年に名古屋モスクが建設されることになる[13]．

その後，2007年8月には，日本とインドネシアの間で経済連携協定（EPA）が締結され，看護師や介護福祉士の候補者としてインドネシア人が来日するようになる．また，大学や高等専門学校等に留学生として来日するムスリムも増え始める［小村 2015：84-85］．

③ 2010年頃から現在まで

1980年代初期にやってきた留学生は，勉学が目的で来日したと思われるが，現在では，勉学のほかに労働も目的として，大学や日本語学校，専門学校に籍を置きながら働いている場合も多いと推測される．

ムスリム人口比率の高い国籍のうち，「留学」の在留資格が多いのは，2019年末現在で，① インドネシア（7512人）② バングラデシュ（3624人）③ マレーシア（3234人）の順となっている．2019年3月に，福祉系の大学において多数の留学生が所在不明になっていることが発覚したり，調査の過程で，系列の専門学校で定員を大幅に上回る受け入れが表面化したりした．それ以来，「留学」の在留資格に対して厳しい目が向けられるようになり，在留資格の更新が認められない留学生が増えてきた．こうした留学生の問題が発生し始めた時期は正確にはわからないが，この大学の系列の専門学校で定員超過が行われるようになったのは，2015年度からである[14]．したがって，遅くとも，この頃から，こうした問題が発生していたと考えられる．

また，前述したように，「研修」は労働ではないことから，労働関係法令が適用されず，低額な研修手当を支払うだけで済ませようとする企業などがあった．そのため，2010年7月に「技能実習」という在留資格が創設された．これは，従来は「研修」とされていた期間を「技能実習」の期間に入れ，労働者として扱えるようにしたものである．技能実習制度は，日本の優れた技術を海外の人に学んでもらうために創設されたものであり，国際貢献の一つである．したがって，建前としては，人手不足を補うためのものではない．しかし，実際には，人手不足を補うために，この制度を利用しているところも多く，「研修制度」に続いて，労働目的ではない在留資格によって人手不足を補うという同じ過ちを繰り返すことになる．その結果，「低賃金での過酷な労働」や「実習生の失踪」といった問題が表面化したこともあり，「技能実習制度」は，国内外から批判を受けるようになった．それを取り繕うように，技能実習生の受入団体や企業を監視するための「外国人技能実習機構」が2017年１月に設立され，11月からは，技能実習制度の対象職種に「介護職種」が追加された．

研修制度でもインドネシア人は多かったが，技能実習制度においてもインドネシア人は，ベトナム人，中国人，フィリピン人に次いで４番目に多く，2019年末現在で３万5404人が日本に滞在している．インドネシアから，「介護職種」の技能実習生を受け入れるために監理団体を設立した代表者は，次のように語る．

> 経済連携協定（EPA）では，受入希望施設と候補者のマッチングが行われるため，受け入れたい施設に確実に介護士が来るかどうかわからない．技能実習制度であれば，受け入れたい施設で確実に受け入れることができるといったメリットがある．しかし，現在は，様子見の施設も多い．

技能実習制度の対象職種に介護が追加されたのと同時に，「介護」という在留資格も創設された．この在留資格は，「国際貢献」という建前はなく，介護職として働いてもらうためのものである．この資格の取得には，介護福祉士養成施設で介護福祉士として必要な知識と技能を習得することが要件となっている．そのため，まず，「留学」資格で入国し，日本で勉強して介護福祉士にならなければならない．2019年末現在では，該当する人が少なく，すべての国籍を合わせても592人，うち，インドネシア人は28人，パキスタン人・バングラデシュ人は各１人となっている．

さらに，2019年４月から，「特定技能」という在留資格が創設された．こちらも働くための在留資格であり，改正の理由として，「人材を確保することが困難な状況にある産業上の分野に属する技能を有する外国人の受入れを図るため」とあり，初めて人材不足を補うための在留資格であることが明記された[15]．しかし，それでも国の方針は，「移民政策ではない」との建前を崩さず，抜本的な外国人の受入体制は未整備のままとなっている．2019年末現在，「特定技能」

の在留外国人数は，すべての国籍を合わせて1621人，うちインドネシア人は189人となっている[16]．

戦前のイスラーム熱は，アジアに大東亜共栄圏を確立しようという目的があったが，イスラームそのものに対する関心も高かったと思われる．戦前の右翼思想家である大川周明は，A級戦犯の容疑者になったが，東京裁判を逃れた後，一心不乱にやり遂げたのは，コーラン[17]の翻訳だった．一方，ムスリム側も，日本人に対して好感を持っていたようである．東京モスクの初代イマーム（指導者）は，日本人の礼儀正しさや清潔さなどに感動し，日本人に対する共感と親愛の情を示したという［田澤 1998：46–47；190–191］．

敗戦によって，日本とイスラームとの蜜月関係は終わり，一部の日本人を除いてイスラームのことは忘れ去られていった．バブル期に，アジアのイスラーム圏から多くの外国人が来日し，ムスリムに対する関心は高まったが，偽造テレホンカードの売買や不法就労といった悪いイメージが先行した．

1990年に改正された入管法は，単純労働も可能な日系人を主とする「定住者」という在留資格をつくりだした．この改正によって，短期滞在者をつかって労働力不足を補うという不都合な実態をリセットすることに成功し，その結果，在日ムスリムたちは見えなくなってしまった．桜井［2003:20］は，「現代イスラーム世界を研究してきた筆者も，＜中略＞1980年代後半から90年代初頭にかけてイスラーム圏から来日した人たちがその後どのような暮らしをしてきたのかといったことについて，知る機会はなかった」と書いている．

人手不足を補うために，次々に繰り出される制度の矢は，移民政策ではないとの建前のもと，実態との間に齟齬をきたし，狙った的（まと）にきちんと当たっていない．そうした制度に翻弄されるのは，日本に夢を抱いてやってきた外国人であり，その家族である．次節で取り上げる日本における外国人への対応が，「多文化共生」という理念を掲げ，行政の施策として取り組まれるようになったのは，1990年の入管法の改正によって日系ブラジル人たちが急激に増えてからである．不十分な受入体制の中で来日した日系ブラジル人たちは，日本社会の中で翻弄されていくことになるが，在日ムスリムたちは，それよりも前から翻弄されている．

日本人にとって，ムスリムは遠い存在のように感じられるが，1890年に起きたエルトゥールル号の事件から数えると，出会ってから130年近くになる．その間，関係性の濃淡はあるものの，つながりは連綿と続いている．

第2節　日本における外国人対応

日本の外国人対応には「多文化共生」という独特の考え方がある．これは，外国人も日本人も歩み寄りながら，共に生きる社会をめざそうという理念を示した言葉である．日本には外国人が2019年末現在で293万人も住んでおり，すでに多文化状態になっているが，多文化「共生」が現実になっているわけではない．「多文化共生」という言葉については，様々な批判があるが，日本における外国人対応の基本的な考え方であることに異議を唱える人は少ないだろう．そこで，「多文化共生」という言葉の歴史を追いながら，外国人への対応にあたって，市民活動，行政，宗教セクターが果たしてきた役割について見ていく．

（1）「多文化共生」の歴史

「多文化共生」という言葉は，元々，市民活動から生まれ，それが行政に取り入れられるようになったものである．その歴史を通して，多文化共生がめざしていたものは何だったのか，また，どのような経緯で行政が多文化共生に取り組むようになったのかを見ていく．

①「多文化共生」の黎明期

「多文化共生」という言葉は，新聞のデータベースをさかのぼっていくと，1993年に神奈川県川崎市の住民組織が「多文化共生の街づくり」を川崎市に提言することを報じた記事の中で見出される［山脇 2009:31］．この住民組織は，「おおひん地区まちづくり協議会」という．

おおひん地区は，京浜工業地帯の一画にあり，在日コリアンが多く，コリアンタウンもある．この地区の中には1988年に設置された「ふれあい館」がある．この「ふれあい館」は，「日本人と韓国・朝鮮人を主とする在日外国人が，市民としてこどもからお年寄りまで相互にふれあいをすすめること」を目的として川崎市が設置した施設であり，社会福祉法人「青丘社」が市からの委託を受けて運営している．青丘社は，キリスト教会が母体になった社会福祉法人であり，在日コリアンと日本人が共同で，民族差別をなくす市民運動の中から生まれた団体である．そして，民族差別をなくす市民運動が，行政とのパートナー

シップを求め，長い話し合いの中から生まれたのが，「ふれあい館」である.[18]

ふれあい館ができた頃，この地域では，すでに「多民族多文化共生」という言葉が定着し始めていた．90年代に入り，商店の経営者たちが，かつての賑わいを期待し，住環境の整備を求めて街づくりに取り組み始めたが，そうした動きと重なり，「多文化共生の街づくり」をキーワードに「おおひん地区まちづくり協議会」が発足した．そして，1993年11月には「おおひん地区まちづくりプラン」が策定された．その前文において，「私たちは，町の100年の歴史を踏まえ，地域に暮らす人々の文化背景を尊重した『多文化共生の街づくり』を基本理念とし，さらに子供，女性，高齢者，障害者，新しく日本に来て暮らす外国人などすべての人にやさしい街づくり，人権を大切にする街づくりを目指します」と宣言をしている.[19]

「多文化共生」という言葉が広まったきっかけは，1995年１月に発生した阪神・淡路大震災である．この震災では，被災地にボランティアが全国から駆けつけたため，1995年は「ボランティア元年」と呼ばれている．また，この震災によって，社会が多様化しているという「多文化共生」の気づきも生まれた．被災地の兵庫県は，国際都市の神戸を抱え，外国人も多く住んでいた．当然，日本人だけでなく，外国人も被災したが，被災者を助けようとする情報が被災地で行き交っても一向に恩恵を受けられない人がいることに人々は気がついた.[20]

そして，震災の翌日から，ボランティアによって「外国人地震災害センター」がつくられ，多言語ホットラインが設置された．その活動の中から，外国人は，災害時だけでなく，日常生活でも多くの困難に直面しているということが見えてきた．そこで，日常生活の支援をするために，1995年に「多文化共生センター」が大阪に設立され，その後，兵庫，京都，広島，東京と各地に多文化共生センターが設立された［山脇 2009：33］.

これを機に，多くの市民団体が「多文化共生」を掲げて活動するようになり，「多文化共生」という言葉が広がっていった．

論文として「多文化共生」という言葉が出てくるのは，1990年にアメリカの教育改革運動について書かれたものが最初である．しかし，この論文の副題に「多文化共生」という言葉は出てくるものの，本文のどこにも「多文化共生」という言葉は出てこず，説明もない．次に古い論文は，日本国際ボランティアセンター（JVC）の岡村達司が書いた「多文化共生をめざして——地域に暮らす外国人を理解するために——」である［山根 2017：143］.

この論文は，1992年３月に発行された日本福祉大学社会福祉学会編『福祉研究No.67』に掲載されたものであるが，元々は，同大学の主催するセミナーの分科会で使用された資料の一部である[21]．このセミナーは，「おおひん地区まちづくり協議会」が発足したのと同じ1991年11月に神奈川県で開催されている．

岡村［1992］は，インドシナ定住難民や外国人労働者に関わる中で感じたことを書いている．外国人が日本に定住する上で最も大きな鍵は「日本語」であり，岡村も日本語を教えていたが，日本語教室での「教える，教えられる」という一方的な関係はまずいのではないかと考えるようになり，彼らの文化や習慣を尊重し，理解しようとしなければ，人として対等になれないと感じるようになった．そして，日本社会がこれまで外国人にしてきたことは，同化を強いるものであったと気づき，最後に，「多文化共生をめざして」という見出しでまとめている．

岡村は，タイやインド，ネパールでの生活を通して，「あらゆるものが共存できる，社会の懐の深さ」を強く感じていた．また，JVCの設立者である星野昌子は，日本のように，画一的な価値観や生き方を押し付けるのではなく，また，同化しない異質なものを切り捨てる社会でもなく，ラオスで見たような「違うものが互いに寛容に認め合って共存する社会」を構築したいと願っていた［岡村 1992：75-83］．この論文には，特に「多文化共生」についての定義はされていないが，こうした考え方の中から，「多文化共生」という言葉の意味が伝わってくる．

このように，「多文化共生」という言葉は，市民活動をする中で，活動の理念を示す方向性として生まれたものであり，市民活動の目線から自然に広がっていったものである．現場主義的で市民活動的な発想であり，外国人だけでなく，日本人も日本社会も変わらなければいけないという双方向的で対等な考え方である．

② 「多文化共生」の普及期

現場主義的で市民活動目線の「多文化共生」という言葉を行政が取り入れたのは，ミスマッチだったと言えるかもしれない．「多文化共生」を取り入れたのは自治体であるが，自治体において多文化共生を推進するよう旗振り役を務めたのは総務省である．

総務省は，地域の国際化推進施策の重要施策として，「国際交流」，「国際協力」に続く第三の柱として「多文化共生」を位置付けた．そして，2006年３月に「地域における多文化共生推進プラン」（以下,「総務省プラン」という）を策定し[22], 各自治体に対して, 多文化共生の計画的かつ総合的な推進を呼びかけた.

なぜ「地域」なのかと言えば, 総務省プランに先駆けて公表された「多文化共生の推進に関する研究会報告書」によれば,「外国人の出入国に関する行政は国の所管であり, 外国人をどのような形態で日本社会に受け入れるかについての基本的なスタンスの決定は, 国が第一義的な責務を有している. しかし, いったん入国した外国人の地域社会への受入れ主体として, 行政サービスを提供する役割を担うのは主として地方自治体であり, 多文化共生施策の担い手として果たす役割は大きい[23]」とされている. つまり, 受入れの決定権は国にあるが, 受入れ主体は「地域」ということである. したがって, 多文化共生を推進していくのは,「地域」ということになる[24].

こうした, 地域主義的な考え方を持った総務省プランを雛形として, 各自治体では, 多文化共生推進プランが策定されるようになる.

ただし, プランの策定は自治体の義務ではなく, 策定のための財源は自治体任せである. そのため, 総務省プランができてから14年経った2020年4月時点でも, 多文化共生に関する指針・計画を単独で策定している都道府県は19（策定率40%）にとどまる. 指定都市は9（45%）と比較的策定しているが, 指定都市ではない市になると76（10%), 町は3, 村は0となっている[25]. こうした地域主義による多文化共生は, 自治体, あるいは, 担当する職員の「やる気」によって差が出てきてしまう. また, 根拠となる法律もないため, 施策として不安定である.

こうした問題を抱えながらも, 制度化されていないがゆえに, 多文化共生施策は自由であり, 外国人を管理する立場にない自治体は, 外国人に対して「強制」する必要がない. また, 専門職員が配置されていない中, 行政だけで多文化共生施策を行うことは, 人員の面でもノウハウの面でも不可能であることから, 必然的に, NPOやボランティア団体と協力しながら多文化共生を進めることになる.

こうしたことから, 多文化共生施策は, 現在でも, 市民活動とつながりを保ちながら行われていることが多く, 結果として,「市民性」が残っていると言える.

（2）「多文化共生」を行政が取り込むことによって見えなくなったもの

多文化共生施策は，行政としては珍しく市民活動とつながっているが，それでも，行政が取り込むことによって見えなくなってしまったものがある．それらを見ていくことにより，在日ムスリムが，なぜ，これまで多文化共生の文脈に現れてこなかったのかを見ていく．

① 日系ブラジル人中心，脱政治化

日本で暮らす外国人は，1952年に突然現れることになる．1945年の日本の敗戦時，植民地の朝鮮半島出身者は日本に210万人程いたと言われている．敗戦に伴って帰国した人たちもいたが，日本に残った人たちもいた．彼らは日本の植民地の出身者であるため，当時の国籍は「日本」であった．しかし，1952年のサンフランシスコ講和条約によって，朝鮮半島が正式に日本から独立すると，彼らは日本国籍を剥奪され，「在日コリアン」として，外国人になった．そのため，様々な不利益を被るようになり，外国人登録制度によって，外国人登録証明書の常時携帯や証明書の交付申請の際の指紋押捺が義務化された．国籍による就職差別もあれば，公営住宅への入居差別もあった．児童手当も支給されず，国民年金の対象からも外された．こうした差別は，1970年代の半ばから，民族差別と闘う数多くの組織や運動体が生まれたことによって，徐々に改善されていった．しかし，年金の国籍条項は撤廃されたものの，現在でも，撤廃される前から日本に住んでいた人には遡及適用が認められていない．また，就職についても，企業は就職差別につながるとして国籍条項を撤廃したが，公務員には国籍条項がまだ残っている[26)]〔「歴史教科書 在日コリアンの歴史」作成委員会編 2006：60-123〕．

1980年当時，外国人登録者総数78万2910人のうちコリアンは66万4536人で，84.9%を占めており，「外国人問題」と言えば，在日コリアンに関することであった．（1）で触れた青丘社は，在日コリアンに対する民族差別をなくすための市民活動の中で生まれた団体であり，市民活動による多文化共生は，在日コリアンから始まっている．

ところが，多文化共生が行政に取り込まれるようになると，在日コリアンは，意識されなくなってしまう．徳田〔2018：211〕は，その理由として，自治体として積極的に多文化共生に取り組み始めた北関東や東海・中部地方は，在日コリアンが集住している地域ではなく，1990年以降，急増した日系ブラジル人などの「ニューカマー」への対応に迫られていたためだとしている．

また，樋口［2010：7－9］は，「多文化共生」という言葉の使用は移民にかかわる事柄を脱政治化する作用を持ち，無難な執行部分にしか切り込まない状況を生み出したと指摘している．例えば，愛知県の多文化共生推進プランでは，「多文化共生社会」を，「国籍や民族などのちがいにかかわらず，すべての人たちが互いの文化的背景や考え方などを理解し，ともに安心して暮らし，活躍できる地域社会」と定義している［愛知県 2018：10］．自治体によって多少表現は異なるが，おおむね，このような考え方を「多文化共生」と呼んでおり，ここには権利保障や地位改善といったニュアンスはない．

行政職員は，「多文化共生」を仕事としてやっているため，政治化することは望まないし，できない．多文化共生が行政に取り込まれることによって，ニューカマーが中心となり，在日コリアンが意識されなくなるとともに，権利保障や地位改善といった側面がなくなり，脱政治化していったことになる．

② 在留資格の壁，縦割の壁

在日コリアンに対する差別が解消されないまま，1980年代以降，フィリピンから女性労働者が来日し，パブやクラブ，スナックで働き始めた．また，「きつい，きけん，きたない」の３Ｋと呼ばれた建設，製造業の人手不足を補うために，パキスタン，バングラデシュ，イランなどから，多くの労働者が来日した．

興行ビザで来日したフィリピン人や短期滞在で来日したパキスタン人などのアジアからの労働者，研修生，技能実習生，留学生は，在留資格の面から，滞在期間が定められており，定住が想定されていない人たちだった．興行ビザで滞在できる期間は６カ月である．短期滞在査証相互免除協定によって滞在できるのは３カ月までであり，そもそも短期滞在では働くことはできず，扱いとしては旅行者と同じである．実際には，滞在期間を超えて日本に住んでいる人たちもいたはずだが，実態がどうであろうと，自治体としては，彼らは，６カ月，あるいは３カ月で帰る人たちであり，長期に定住する人たちではない．研修生や技能実習生，留学生も，期間が過ぎれば帰る人たちというのが前提である．

自治体が意識するのは，「住民」であり，長く住む人たちである．行政が多文化共生に取り組むことによって，在留資格による壁ができ，滞在期間が限定されている人たちは，視野からはずれていく．

労働者以外の来日もあった．1979年に政府はインドシナ難民の受け入れを決定し，1981年には中国残留邦人帰国援護事業も始めた．こうした政策により，インドシナ難民や中国残留孤児が日本にやってきた．中国残留孤児は，小さい頃に日本人の親から離れ，中国人に拾われたり託されたりして育ってきたので，日本語もままならず，生活の上では，中国人であった．彼らは，国が受け入れを決めた人たちであるため，日本での定住支援のための施設がある．しかし，中国残留孤児への支援は，国が福祉の文脈で行っているため，自治体が独自に行う「多文化共生」とは相容れない．自治体で担当する部署はあるが，厚生労働省の施策の中にあり，福祉部局が国の制度に沿ってやっている．難民の受け入れに関しては，自治体としては，国際関係の話であり，国の仕事という意識のところが多く，難民を積極的に受け入れようとする自治体以外，担当する部署を設けていない場合がほとんどであろう．

安藤［2009：26–36］によれば，農村部においては，1985年に岩手県朝日町が行政主導で国際結婚を進めたのをきっかけに，次々に国際結婚が政策として進められていった．岩手県戸沢村では，1988年6月の村長選挙で，「農村後継者育成対策の充実，国際結婚の実施」が公約に掲げられた．この公約を掲げた村長のもと，戸沢村は，外国人配偶者のために，日本語だけでなく，生活面でのサポートや社会参加の促進も行っており，「外国人配偶者定住の成功例」と言われている．1990年4月に日本語教室を開講するに当たり，「外国人定住支援のための行政サービスは市町村固有事務である」「実施にあたっては，同化を目的としてはならない」「彼女たちが持つ文化や言語，考え方，日本人にない独特の感覚などを尊重する」「国際化は同化ないし均質化を意味するものではなく，相互に尊重し理解することが本質である」という4つの理念を示したという．

「多文化共生」という言葉が広まる前でありながら，極めて多文化共生的な考え方である．しかし，こうした事例は，過疎化対策や嫁不足対策の文脈でとらえられ，また，一方が日本人ということもあり，「国際結婚」は多文化共生の文脈からはずれていた．（1）で取り上げた岡村の論文では，不法労働者やインドシナ難民，農村花嫁についても言及している．市民活動目線では，在留資格がなんであれ，地域に暮らす外国人として，多文化共生の視野に入っていたが，行政が取り組むことによって，こうした人たちは見えなくなってしまった[27)]．

③ 宗教に対する抵抗感

宗教に対する抵抗感は，次節でも見るように，一般の日本人においても強いが，行政職員においては，「政教分離」の考え方が染み付いており，より一層強いのではないだろうか．

日本の政教分離原則の根拠は憲法第20条にある．同条１項後段に，「いかなる宗教団体も，国から特権を受け，又は政治上の権力を行使してはならない」とあり，３項には，「国及びその機関は，宗教教育その他いかなる宗教的活動もしてはならない」とある．さらに，憲法第89条には，「公金その他の公の財産は，宗教上の組織若しくは団体の使用，便益若しくは維持のため，＜中略＞これを支出し，又はその利用に供してはならない」とある．

行政と政教分離に関する判例としては，いわゆる「津地鎮祭事件」（最判昭52・７・13民集31・４・533）が有名である．これは，三重県津市で市立体育館の起工式が市の主催によって行われたことに関して適法性が争われたものである．起工式で，市の職員が進行係となり，神社の宮司ら４名の神職主宰のもとに神式に則り挙行され，その挙式費用が公金から支出されたのが問題視された．1971年５月の高等裁判所の判決では，違憲判決が出たものの，1977年７月の最高裁判決では，適法との判断になった．

最高裁判決では，過去において，国家と神道が密接に結びつくことによって様々な弊害を生み出したため，現憲法では，「新たに信教の自由を無条件に保障することとし，更にその保障を一層確実なものとするため，政教分離規定を設けるに至った」としている．しかし，「宗教は，信仰という個人の内心的な事象としての側面を有するにとどまらず，同時に極めて多方面にわたる外部的な社会事象としての側面を伴うのが常であって，＜中略＞諸施策を実施するにあたって，宗教とのかかわり合いを生ずることを免れえないこととなる．したがって，現実の国家制度として，国家と宗教との完全な分離を実現することは，実際上不可能に近いものといわなければならない．更にまた，政教分離原則を完全に貫こうとすれば，かえって社会生活の各方面に不合理な事態を生ずることを免れない」としている．

そして，宗教とのかかわり合いが「相当とされる限度を超えるものと認められる場合にこれを許さないとする」としている．「相当とされる限度を超えるもの」とは，「当該行為の目的が宗教的意義をもち，その効果が宗教に対する援助，助長，促進又は圧迫，干渉等になるような行為をいうものと解すべき」としている．

つまり，行政は人々の生活を扱う以上，宗教との関わりを避けることはできないし，完全に政教分離をしようとすれば，かえって不合理になる．施策の効果が，その宗教を有利にしたり不利にしたりしないのであれば，政教分離には反しないという考え方である．

こうした判例からするならば，行政が宗教を避ける必要はない．しかし，何が政教分離に抵触して，何が抵触しないのかの判断が難しいため，問題が生じないように，行政職員は，政教分離原則を貫こうとする．外国人と宗教の関係をヒアリングする中で，あるブラジル人は，教会の仲間たちと公園でホームレスにおにぎりを配ろうと思い立って，市役所に相談に行ったところ，「この人たちはプロテスタントで……」と言った瞬間，急にとりあってくれなくなったという話をしてくれた．

（１）で見た青丘社はキリスト教会が母体になっているが，日本の宗教セクターは，戦後の日本社会において主要な課題と位置づけられてこなかった外国人住民に関わる活動を継続的に行ってきた［徳田 2018：223］．しかし，多文化共生が行政に取り入れられたことによって，「政教分離」が徹底され，「宗教」は遠ざけられるようになってしまった．

④ 在日ムスリムの場合

行政が多文化共生を取り入れることによって見えなくなったものについて，①から③により示してきたが，在日ムスリムの場合は，そのいずれにも当てはまることから，「多文化共生」の視野に入っていなかったと言える．

バブル期に，パキスタン，バングラデシュ，イランなどのムスリムは短期滞在査証相互免除協定によって来日している．この協定によって来日したムスリムは，短期滞在者である．短期滞在の期間を超えて日本にいる場合，新たにビザをとっていなければ，不法滞在者になる．また，日本人と結婚して合法的に長期に滞在できるようになったとしても，国際結婚したカップルは，施策の上では，多文化共生分野のこととして認識されなかった．在日コリアンでさえ，日系ブラジル人などの急増によって忘れられていく中，査証免除措置の一時停止によって激減したムスリムは，より見えない存在となっていった．加えて，ムスリムは，「宗教」が前面に出てくるため，政教分離原則を貫こうとする行政職員には関わりづらい存在だった．

在日ムスリムが行政の多文化共生の視野からはずれたことによって，市民活動からもはずれていった可能性がある．徳田［2018：219］は，「市民セクターの基本的な活動原理である『自発性』＜中略＞という考え方には，課題や支援ニーズが『可視的』あるいは『公認』されたものであるか等によって，調達できる資金やマンパワーに偏りが出やすいという弱点も存在する」と指摘している．

しかし，近年，流れが少し変わってきている．技能実習生や留学生がマスコミなどに大きく取り上げられるようになり，多文化共生の文脈の中でも語られるようになってきた．そして，技能実習生として多く来日しているインドネシア人や，留学生として多く来日しているバングラデシュ人などに関わる人たちの間で，ムスリムに対する関心が高まってきている．こうした流れの中で，在日ムスリムが少しずつではあるが，行政の多文化共生の枠組の中にも入ってきつつある．

2018年3月に策定された「あいち多文化共生推進プラン2022」には，「地域や学校，事業所など，外国人県民と接する日本人県民に対して，適度な配慮ができるよう，様々な機会をとらえて，宗教や文化，習慣などの理解が進むように支援していきます」との記載があり，その例として，ムスリムを挙げている［愛知県 2018：54］．全国の多文化共生推進プランにおいて，「ムスリム」という言葉が入ったのは，おそらく，これが最初である[28)]．

（3）「多文化共生」と宗教セクターの関わり

1952年に在日コリアンが外国人になったときから，宗教セクターは外国人に関わり続け，韓国系キリスト教会は日本における信仰の拠り所としてコリアンを支えてきた．（1）で見た青丘社は，在日大韓基督教会川崎教会の保育活動から生まれたものである．インドシナ難民に対しても，カトリック系の援助・福祉機関や仏教系新宗教などが関わった．1980年代以降，不法就労，不法滞在と位置づけられた外国人労働者や興業ビザで来日した女性たちの問題解決や困窮者救済，定住外国人の権利保障や地位改善をめざした市民運動も，キリスト教系の諸団体が重要な役割を果たした［徳田 2018：207］．

1995年の阪神・淡路大震災で復興支援の拠点となったのは，カトリックたかとり教会である．そこから，多文化で多彩で豊かなまちづくりひとづくりをめざす「たかとりコミュニティセンター」が生まれた[29)]．

このように，かつて在日外国人と宗教セクターとの関わりは強かったが，「多文化共生」が行政に取り込まれ始めることによって，宗教セクターが表舞台に出る機会は少なくなっていった．

「多文化共生」に関する施策は，日系ブラジル人を中心に行われてきたという批判があるが，宗教から目を逸らした取組が，日系ブラジル人にとっても有効だったかは，疑問の残るところである．

日系ブラジル人は，日本では，ブラジル系プロテスタント教会に多く通っている．Shoji［2008：55］の推計によれば，日本に住んでいる日系ブラジル人の宗教の割合は，カトリックが20.8％，プロテスタントが47.0％，日系新宗教が25.6％である．ブラジル本国では，カトリックが64.6％（アジア系は59.9％），プロテスタントが22.2％（アジア系は19.6％）であること[30]と比べると，プロテスタントの割合が極めて高くなっている．

ある日系ブラジル人は，同国人の宗教面での生活の一端を次のように話してくれた．

> 在日ブラジル人のつくった教会はたくさんある．ブラジルではカトリックが多いが，日本では，プロテスタントが多く，その中でも「福音派」が多い．
>
> 給料の10分の1を教会におさめることになっているが，教会に行くと，牧師さんが面倒を見てくれ，通訳もしてくれる．いろんな情報も入ってくるし，居場所になっている．教会では，礼拝をしたり，聖書を読んだりもしているが，信仰心から教会に来るというよりは，居場所としての比重が大きく，居心地のいい場所を求めて，教会を転々とする人も多い．
>
> 教会では，聖書を読んだり，料理をつくったり，司会をしたり，演奏をしたりと，いろいろと役割があり，活動できる場がある．ブラジルでは，低所得者であっても，年に数回程度はスーツを着る機会があるが，日本に来ると，スーツを着たり，ヒールをはいたり，ドレスを着たりする機会がない．しかし，教会ではスーツを着られるし，ネクタイを締められるので嬉しい．自撮りしている人もいて，ワクワク感がある．平日はやりがいのない仕事をしているので，受付でもいいのでやりたいと思っている．ブラジル人の教会に行く人は，ハーフ（片方がブラジル人で，片方が日系人）の家庭に多い．日本の文化を受け継いでおらず，日本語も日本文化もわからない人たちなので，（日本の中の）ブラジル人社会に入っている人が多い．日本の情報が入ってこないので，教会のような場所が必要になってくる．
>
> プロテスタント（福音派）では，お酒はだめだし，タバコもだめである．離婚もダメだし，スポーツも好ましくない．動物の血の入った食べ物もダ

> メである．女性は髪の毛を切ってはダメだし，膝下まであるスカートをはかないといけない．こうしたことを守ろうとするときついが，牧師さんがいろいろ話をしてくれるので通い続けている人が多い．行政でも窓口で相談は聞いてくれるが，時間が限られているし，ハートの部分はそんなに聞いてもらえない．

Hirschman［2004：1228］によれば，移民コミュニティは宗教に対して，refuge（避難所），respectability（尊敬），resources（資源）の３つを求めているという．このブラジル人教会の例にも，この３つが当てはまる．話してくれた内容がすべての日系ブラジル人に当てはまるわけではないだろうが，教会が居場所（避難所）になっており，活躍（尊敬）の場や情報（資源）を得る場になっていることがわかる．

行政が多文化共生に取り組み始めたとは言え，いまだに多くのブラジル人たちに，居場所も活躍の場も与えられず，情報を届けることもできていないのが日本の現実である．そうした中，宗教セクターの果たす役割は大きい．

これはブラジル人だけでなく，他の外国人にとっても同じである．名古屋市にあるカトリック教会では，ベトナム人の技能実習生の若者の相談に応じて，弁護士を紹介したり，出入国管理局などと交渉をしたりしている．また，ミサのあとには，ごみ出しのルールやあいさつの仕方など日本の生活の助言を行っている．この教会に通うベトナム人女性は，「会社では日本語が難しくて友達ができない．教会に来るとふるさとに帰ったように心が落ち着く」と語っている[31]．

ムスリムにとっては，それがモスクである．行政は，こうした宗教の役割を知り，宗教セクターと連携していくことにより，多文化共生を推進していくという方法があることに気づくべきだろう．

第３節　日本人と宗教

日本人にとって，ムスリムと宗教は切り離せないというイメージがある．そこで，ムスリムとの共生や配慮を考えるにあたり，日本人と宗教の関係について見ていくこととする．

（1）日本人の宗教的意識や行動

NHK放送文化研究所が参加している国際比較調査グループISSP（International Social Survey Programme）の2018年のテーマは「宗教」であった[32].

この調査によれば，日本人で「宗教を信仰している人」は36％である．それに対し，「信仰している宗教はない人」は62％となっている（無回答２％）．一方で，神についてどう考えるかという質問をすると，「神の存在を信じない」という人はわずか11％である．一番多いのが「神の存在を信じる時もあるし，信じない時もある」で31％，次に多いのが「神が存在するかどうかわからないし，存在するかどうかを明らかにする方法もないと思う」が25％，「神がいるとは思わないが，何か超自然的な力はあると思う」が20％となっている［小林 2019：71；66］.

昔の人が山や川，井戸や「かまど」にいたるまで，多くのものに神の存在を感じたり，神をまつったりしてきたが，そうしたことを理解できるかという質問に対し，「理解できる」が22％，「どちらかといえば，理解できる」が52％となっており，４分の３が理解を示している．また，初詣に行ったことがない人は９％，墓参りに行ったことがない人は６％だけである［小林 2019：70–71］.

こうした結果から，何らかの宗教を信仰していると明言できる人は少ないが，神や超自然的な力を否定している日本人も少ないと言える．

さらに，「神や仏に願いごとをすると，何となくかなえてくれそうな気がする」に対して，「そう思う」と回答した人は36％，「神でも仏でも，心のよりどころになるものが欲しい」は28％，「人には知られなくても，悪いことをすれば，いつか必ずむくいがあるものだ」は62％，「人間には，自分の力ではどうすることもできない運命というものがある」は53％となっている［小林 2019：70］.

第４章で在日ムスリムの日本人に対する意見を紹介するが，複数の人から，日本人の考え方は，ムスリムに近いという話を聞いた．悪いことをすれば報いがあるという考え方は，最後の審判のときに個々の行状が記された帳簿によって天国に行けるかどうかが決まるというイスラームの教えに似ている．

しかしながら，この調査において，「親しみを感じる宗教」について聞いたところ，仏教62％，神道21％，キリスト教12％であったのに対し，イスラム教は0.5％だけだった．また，「世界中を見回してみると，宗教は平和よりも争いをもたらすことの方が多い」という質問に対して，「そう思う（「どちらかといえば，そう思う」含む）」は43％となっており，「そうは思わない（「どちらかといえば，そうは思わない」含む)」は12%となっている.「信仰心の強い人々は,そうでない人達に対して不寛容になりがちである」という質問に対して,「そう思う(「どちらかといえば,そう思う」含む)」は38%となっており,「そうは思わない(「どちらかといえば,そうは思わない」含む)」は14%となっている[小林 2019:70;65].つまり,宗教に対して,「争い」や「不寛容」というイメージを持っている日本人が多いと言える.

日本人は無宗教の人が多いと言われるが,特定の宗教を信じていないという点では,そのとおりである.しかし,超自然的なものに対して畏敬の念を持っている人は多い.そうした畏敬の念を規範として日本人は生活をしており,初詣や墓参りなどの宗教的行動も継続的に行っている.

ただ,宗教に対して日本人の持っている「争い」や「不寛容」といったイメージと,日本人自らの宗教的感覚や行動がかけ離れているため,超自然的なものに畏敬の念を持っていても,それが宗教だとは感じられず,無宗教だと思い込んでしまっている人が多いと言える.

(2)日本人はなぜ無宗教か

阿満[1996:8-17]によれば,宗教は「創唱宗教」と「自然宗教」に分かれる.創唱宗教とは,「特定の人物が特定の教義を唱えてそれを信じる人たちがいる宗教のこと」である.キリスト教や仏教,イスラム教が代表的で,新興宗教もその類である.自然宗教とは,「自然に発生し,無意識に先祖たちによって受け継がれ,今に続いてきた宗教のこと」である.そして,日本人の多くは,自然宗教の信者なのだという.その例として,初詣やお盆,春秋の彼岸を挙げている.特別な教義や儀礼,宣教師はいないが,「年中行事」という教化手段をもっており,人々はそれを繰り返すことによって,生活にアクセントをつけ,心の平安を手にしている[33].

日本人は,宗教と言えば,教祖や教団があると思い込んでおり,風俗や習慣となった「宗教」は宗教ではないと思い込んでいる.クリスマスはキリスト教の行事であるし,葬式仏教も日本仏教であるが,宗教とみなされないことが多く,こうしたことを自らがやっていても,自分は「無宗教」だと思っている.神道に関しては,注釈が必要となる.阿満の考えによれば,神道は自然宗教を基盤にして生まれた宗教ではあるが,自然宗教ではない.天皇を中核とする宮廷信仰が中心にあり,自然宗教のなかで培われてきた神概念が中国の思想などによって再構成されたものが神道である．しかし，これを明治政府は「宗教」ではないとした［阿満 1996：17–20］．

そもそも，「宗教」という言葉は，キリシタンの取り扱いをめぐって明治時代に生まれたものである．キリシタン禁制は，天皇の神聖を危うくしないよう，新政府が江戸幕府から引き継いだ政策であった．ただ，列強諸国と外交をしようとすると，キリシタン禁制は大きな障害になる．そこで，キリシタン禁制の高札を撤去することにより，体外的にはキリシタン禁制がなくなったかのように説明し，国内的にはキリシタン禁制は周知のことだから高札を撤去したと説明した．しかし，こうした二枚舌を維持することが難しくなり，キリスト教にどのような対策をもって臨むかを論じる中で，キリスト教や仏教，神道を扱う概念が必要となり，それを「宗教」という用語で表すことにした．つまり，最初から，「宗教」という言葉には，自然宗教は含まれていなかった．このことによって，日本人の多くが創始宗教の信者ではないという意味で「無宗教」と称するようになった［阿満 1996：73–76］．

「宗教」の定義は，その後，変容する．最初，「神道」は「宗教」の中に入っていたが，宗教ではなくなってしまう．その発端は，やはり，キリスト教との関係においてである．明治政府は，キリスト教に改宗する日本人が増えてくる中で，キリスト教を全面禁止にするのは列強との関係からできないが，そうかといって全面的に許すわけにもいかない．井上毅という官僚は，個人が心の中でキリスト教を信じることは許すが，布教活動などは認めないというのが現実的だと結論づけた．つまり，統治と法律に反するような社会的に目立つ行為は禁止するということである．こうした議論の中で，大日本帝国憲法の第28条に，「日本臣民は安寧秩序を妨げず及び臣民たるの義務に背かざる限りにおいて信教の自由を有す」という規定が設けられた．信仰は，個人の心のなかにとどめておく場合にのみ許されるという考え方は，その後の日本人の宗教観の原型になる［阿満 1996：77–82］．

明治政府は，天皇を絶対化するため，神道を中心とする新たな国教づくりをしたかったが，キリスト教との関係や国内の僧侶たちからの反対にあってできなかった．また，「信教の自由」の原則もあるため，いったんは神道の国教化に挫折した．しかし，挫折した後もあきらめず，ついに，以後，日本人の間に深く浸透することになる「神道非宗教論」という理屈を編み出した．つまり，神道は宗教ではないという解釈である．神道を宗教とみなさなければ，神道を国民に強制しても「信教の自由」に反しない．こうして，神道は宗教ではなくなった．この理屈も井上毅が考えたものである．井上によれば，神道を宗教だと考えるのは近世に入ってから，わずかな国学者が言い出したことであって，元々は，祖先を崇拝し，その祭祀に従うことが神道である．こうしたことは，宗教ではなく，国家の掟に属するものであり，国家の掟であるならば，国家を構成する人民がそれに服するのは当然という理屈である．この理屈によって，神道に服することは，「信教の自由」に抵触しないことになった［阿満 1996：82-93］．

仏教の一大勢力である浄土真宗側は，これに賛成した．浄土真宗には，「真俗二諦」という教えがあり，「真諦」は宗教的真理のことであるが，「俗諦」は世俗生活の真理であり，「世間の支配者に従い，世間の秩序を守り，道徳を遵守する」ということである．これは，織田信長の時代に，信心が政治権力と衝突するようになったため，信心は個人の内面にとどめておくよう，浄土真宗側が信者に要求したものである．ところが，国家への忠誠を誓うことが，神道への従属を意味するとすれば，神道が宗教であっては都合が悪い．そのため，神道とは，祖先を崇敬する道であり，宗教とは言えないという論法はありがたいものだった［阿満 1996：94-100］．

キリスト教側としても，戦争が近づくにつれ，信者の神社参拝拒否などの事件が多発していたため，信者の暴走を沈静化したいとの思いが強かった．そのため，神社参拝や敬礼は，「愛国的意義」を持つものであり，「宗教的意義」を持つものではないことを明らかにしてほしかった．そこで，神社参拝や敬礼について文部省に照会したところ，「学生生徒児童等を神社に参拝せしむるは教育上の理由に基づくものにして，この場合に学生生徒児童の団体が要求せらるる敬礼は愛国心と忠誠とを表すものにほかならず」と回答があり，それを信者に広めた［西山 2000：40-52］．

在日ムスリムに対してヒアリングをしたところ，心ない言葉を浴びせられた経験を持つ人もいたが，おおむね日本人はやさしく，日本は住みやすいといった意見であった．日本での生活は大変なこともあるが，「ムスリムはアメリカやヨーロッパの方がいじめられる．日本人は宗教的なことがわからないからいい」と言う人もいた．

しかし，近代に入ってから，日本において宗教的迫害がなかったわけではない．満州事変（1931年）前後から宗教弾圧が激しくなり，様々な事件が発生するようになる[34]．これらは，宗教そのものに対する迫害というより，宗教が体制やマジョリティと対峙するようになったために起きた迫害と言える．その一例として，1929年から1933年にかけて断続的に発生した「美濃ミッション事件」を取り上げる[35]．

> 1929年9月24日，岐阜県大垣市の県社常葉神社祭礼に合わせ，小学校で神社参拝に出かけることになった．そのとき，美濃ミッション教会員の子女4名が早退を願い出た．2名は許可されたが，1名は許可されずに鳥居の近くまで教師に引率され，後に帰宅，1名は病気か家庭の用事でもなければ早退は認められないということで，参拝を強要された．後日，教会の設立者で宣教師のワイドナーは，校長と担任と面談し，「日本の憲法で保護している宗教の自由を妨害するものである」と抗議した．これが新聞で「小学児童の神社参拝を拒否 国民思想を根底から覆す 大垣市会の問題となる」と報道されて，人々に知られることになる．
>
> 1933年6月に，別の小学校で，伊勢神宮参拝旅行に参加するかを担任に問われた男子が，「真の神を信じる者として，神社は偶像であるから，信仰上絶対に参拝できない」と答えた．校長に呼び出された母親は，「国民として国祖・皇祖・祖先は敬うが，宗教儀式を行い，信仰の対象としては参拝しない」と説明した．弟も小学校に通っていたが，神社参拝に対しての意見を求められ，母親や兄と同意見であると答えた．そのときから，母子3人は，繰り返し，校長や職員の呼び出しを受け，停学・退校，放校するという脅迫を交えた教育指導を受けるようになった．
>
> これが，また新聞に載り，美濃ミッション排撃運動へと移行していった．新聞上の論争だけでなく，美濃ミッションを排撃するための決議文やポスターが市内に貼り出された．路傍伝道をしていると，暴徒が乱入して妨害し，見物の市民も同調して投石･殴打などを信者たちに浴びせた．さらに，陸軍中佐が決議文を提出したり，代議士が文部省に圧力をかけたりした．校長に引率されたとうわさされる児童たちが，「守れ国体，葬れ邪教」という歌を美濃ミッションの門前で合唱したりもした．結局，参拝を拒否した児童は処分を受け，県外の私立小学校に転校した．また，美濃ミッションの3人の牧師は警察に召還され，教会行為停止の命令が下された．

第４節　宗教的配慮を要する外国人の受入環境整備等の状況

在日ムスリムに対する配慮に関する調査としては，総務省中部管区行政評価局が2017年８月から11月にかけて行った「宗教的配慮を要する外国人の受入環境整備等に関する調査――ムスリムを中心として――」(2017年12月公表．以下,「総務省調査」という）が唯一のものである．この調査は，中部管区行政評価局の管内である愛知県，富山県，石川県，岐阜県，静岡県および三重県の６県にあるムスリムが多い事業所，大学，自治体などを対象としたものである．調査対象は,「事業所及び大学における環境整備」「児童生徒への配慮」「旅行者等への配慮」の３つであるが，ここでは,「事業所及び大学における環境整備」と「児童生徒への配慮」について見ていく[36)]．

（１）事業所・大学

イスラーム圏に事業展開し，国内にもムスリムの従業員や研修生がいると想定される20事業所とイスラーム圏からの留学生がいる15大学を選定して調査が行われた．項目は,「食事への配慮」「礼拝への配慮」「その他特徴的な取組」の３つである．

① 食事への配慮

「食事への配慮」がされているのは，20事業所中13事業所（65%），15大学中12大学（80%）であった．具体的には,「食堂で宗教的背景に配慮したメニューを提供」が７事業所（35%）・８大学（53%),「一般の料理メニューに原材料（豚肉の使用の有無等）を明示」が５事業所（25%)・９大学（60%),「厨房や調理器具，食器等の利用形態がハラール対応（ハラム食材と区別して利用)」が１事業所（５%)・６大学（40%）であった．

その他，事業所では,「懇親会等の食事注文時には，豚肉を除いた物も提供」「会社主催の食事会（忘年会等）では豚肉料理は避けるようにしている」といった配慮がされている．大学においては，ハラールのカレーを提供したり，コンビニでハラール食品や菓子などの販売を行ったりしている．

食事への配慮に関する事業所としての意見は,「今後，社員食堂でハラール食を提供したいが，ハラールの食材や調味料を安定して調達することが極めて困難」「社員食堂で使うハラール食材は輸入品であるが，地方には取扱店が少ないため遠方から取り寄せている」「事業所が地方にあるため，事業所の外に出ると，ムスリムにとっての食事環境が全く充実していない．食事等日常生活の環境が整備されていなければ，ムスリムが入社をためらう可能性もあるので，行政機関には特に食事に関する環境整備を望む」といったものがあった．

② 礼拝への配慮

「礼拝への配慮」がされているのは，14事業所（70%）・8大学（53%）であった．具体的には，「礼拝場所の提供」が12事業所（60%）・7大学（47%），「ウドゥ[37)]のための施設の提供」が11事業所（55%）・2大学（13%）であった．専用の礼拝施設を設置しているのは，3事業所（15%）・2大学（13%）だけであり，多くは，会議室や建物内の一角に簡易な礼拝スペースを確保して対応している．専用のウドゥの設備を整備しているのは6事業所（30%）・1大学（7%）にとどまっている．

礼拝への配慮に関して，大学から，「礼拝スペースを確保したいが，費用がかかるため，補助金制度があればよい」「ウドゥの際に手洗い場の床が濡れることについては度々問題になっており，当事者たちに注意喚起しているが，根本的な解決のためには，（車椅子の人にとっても使いやすいような）低い位置に手洗い場を設置する必要があり，大学のユニバーサルデザイン検討の中でもその必要性が認識されている」といった意見があった．

③ その他特徴的な取組

「その他特徴的な取組」としては，「断食月（ラマダン*）」「金曜礼拝[38)]」「医療」「その他」に分けて紹介されている．

「断食月」については，事業所では，「通常は隔週で昼夜勤務シフトのところ，希望者については2週間連続夜勤」「職場朝礼時に体調不良の有無を確認」「脱水症状等の体調不良にならないように周りが注意」「社員食堂で提供しているランチメニューを，夕食用にハラール弁当に変更して提供」といった配慮がされている．大学では，「学生に過度の運動をさせないよう配慮」「留学生担当教員が，健康状況について声かけ」「不用意に食事に誘わない」「附属施設で宿泊を伴う講義がある場合，夜間に食事できるよう可能な範囲で調整」「夜の礼拝（タラウィ）のために，学内施設の使用予約を認めている」といった配慮がされている．

「金曜礼拝」については，事業所では，「毎週金曜日は，就業時間中に近隣の集会礼拝所での礼拝に参加することを認めている」といった配慮がされている．

大学では,「国際交流会館の集会室の使用を許可」「留学生用宿舎の研修室を集会礼拝場所として提供」「大学内の一室を使用に供している」「大学近くのモスクに行けるよう,金曜日午後の初めには学生を呼び出さない」といった配慮がされている.

「医療」については,事業所では,「受診時等の母国語通訳をサポート」「言葉がわかる者が,受診時等に付き添う」といった配慮が,大学では,「外国語で対応できる医師や女性の医師がいる医療機関を把握し,必要に応じて紹介」「健康診断時,女性の留学生には女性の医師に対応してもらうよう配慮」といった取組がされていた.

(2)小中学校

文部科学省は,外国人児童生徒の公立学校への円滑な受入れに資することを目的として,2011年3月に『外国人児童生徒受入れの手引』(2019年3月改訂.以下,「文科省手引」という)を作成した.

その中に,学校生活で配慮すべき事項として,「宗教的な背景の違い」についての言及があり,「例えば,イスラム教圏の子供たちの場合,給食や体育についても配慮が必要です.また,学校において宗教的な実践であるラマダン(断食月)の行事を児童生徒が行うかどうかなどについても保護者と事前に相談を行い,判断する必要があります.これらの場面では,基本的には保護者の宗教的な判断を尊重すべきことが多く,受入れ初期に共通理解をしておくことが重要になってきます」〔文部科学省 2019:7〕と書いてある.こうしたことを踏まえながら,小中学校では,宗教面での配慮がなされている.

「児童生徒への配慮」の調査は,中部管内6県から,2015年の国勢調査などにより,インドネシア人またはパキスタン人の在留外国人数が多い20市の教育委員会を選定して行われた.調査項目は,「宗教的な背景の違いに配慮が必要な児童生徒への対応方針」,「児童生徒やその保護者から個別に配慮を要する事項の把握方法」,ムスリムの子どもたちが在籍している小中学校における「個別に配慮する事項への対応状況」の3つである.

「個別に配慮を要する事項への対応状況」については,給食,断食月,礼拝,**ヒジャブ***などへの対応状況が示されているが,詳細は,第3章において,在日ムスリムへのアンケート結果と合わせて見ていく.それ以外の「対応方針」「把握方法」については,次のとおりである.

【宗教的な背景の違いに配慮が必要な児童生徒への対応方針】

・宗教的な背景の違いに配慮しながら，保護者や本人と相談をして進める．
・児童生徒の受入れ初期に保護者と学校とでよく話し合い，今後の学校生活の過ごし方についての共通認識をもつことが大切．基本的には，保護者の宗教的な判断を尊重．
・各学校において，それぞれの保護者と連絡を取り，個別に対応し，共通理解を図っている．
・各小・中学校で児童生徒や保護者の意向を踏まえてきめ細かな対応を行っている．
・可能な限り個に応じたきめ細かな対応をし，一人一人の人権を大切にしていく．
・保護者，児童生徒の思いを尊重し，できる限りの配慮をしていく．
・宗教上の理由で不利にならないよう適切に対応する．
・それぞれの児童生徒によって宗教の信仰度合いが異なるため，現段階では各学校に対応をまかせており，各学校には十分保護者と話し合いを持つ機会をもつように周知を図っている．

【児童生徒やその保護者から個別に配慮を要する事項の把握方法】

・教育委員会学校教育課の転編入窓口に来た際に保護者の意向をよく聞き，学校へ連絡する．後日，外国人児童生徒教育相談員，登録バイリンガルとともに，保護者と学校で対応方法を考える．
・編入手続時の窓口での面談で，「宗教，アレルギー等で食べられないものはありますか．」と質問し，そこから宗教について詳しく聞き，所属校へ伝え，所属校での面談のときにさらに詳しく話をして，対応策などを考える．
・入学時・転入時の個人環境調査票（又は，家庭状況調査票）の記載事項から把握する．また，家庭訪問，教育相談により把握する．
・編入時に保護者と教育委員会担当者が面談し，配慮事項について把握する．学校でも同様に面談を行い，配慮事項について対応を相談する．

また，宗教的な背景の違いへの配慮に関する意見として，次のようなものがあった．

・児童生徒，保護者ともに日本語ができず，コミュニケーションが十分にとれないことがある．外国人相談員（当該言語のできる指導員）を配置しているが，十分ではない．

・イスラム圏から編入，転入してくる児童生徒やその保護者を含めた人への通訳が不足しており，学校との意思疎通に時間がかかることが課題としてあげられる．本格的に宗教的な配慮を考えるのであれば，編入，転入してくる児童生徒を含めた外国籍の人たちが，自分たちの思いを学校に伝えやすくする手段を考えていくことも重要なのではないかと考える．

・近年イスラム圏の児童生徒の編入・転入が増えてきた．個々によって宗教に対する信仰度が異なるため対応も異なる．市内統一した対応はできないが，各学校での対応は教育委員会として把握していく必要がある．また，保護者との話し合いは，日本語や英語で行っているが，本来は母国語の通訳のもとで行うほうがよいと思われるが，通訳の人材確保が難しい．

・宗教的事情の除去食対応について，すべて配慮していくことも難しい課題である．

・学校からは，音楽・体育の水泳などの別室授業では，教員の数から限界を感じている等の意見がある．

・宗教的な事情への配慮も十分必要であるが，配慮しすぎると，学校での学習活動が十分保障できないこともある．それを保護者が理解した上で就学をしないと，誤解が生じてしまう恐れがある．就学後の学校における合理的配慮が提供できるかどうかは，個々のケースによる．保護者との合理的形成を図った上で，可能な範囲で提供する．

・国や県教委が，ムスリムの児童生徒の受入れに関する正確な情報を知る機会（講座等）をもうけてくれるとありがたい．

・文部科学省等が，各自治体，学校の対応事例をHPで周知してくれると助かる．

以上のとおり，総務省調査は，ムスリムへの配慮の状況を詳細に調べたものであり，貴重な資料である．ただし，「受入環境整備」に関する調査であることから，受入側中心になっている．ムスリムに対する配慮は，受け入れる側の問題であると同時にムスリム側の問題でもある．ムスリムがどういった配慮を求めているのかという視点も重要である．

そこで，第２章から第４章では，「ムスリムの声」に耳を傾ける．「ムスリムの声」は，基本的には，筆者が行ったヒアリング調査によるものだが，アンケートの自由記述欄に書かれた内容も含まれている．

注

1）参考資料Ⅰの表Ⅰ-1参照．
2）参考資料Ⅰの表Ⅰ-2参照．
3）参考資料Ⅰの表Ⅰ-3参照．
4）詳細は参考資料Ⅱの表Ⅱ-1参照．出典は「在留外国人統計」だが，2011年末までは「登録外国人統計」と呼ばれていた．2012年7月に外国人登録制度が廃止になったためである．なお，「登録外国人統計」では，短期滞在者等も含めた外国人登録者数が基本になっているが，序章の注2にあるとおり，本書では，「中長期在留者」および「特別永住者」の数値を使用することとしているため，外国人登録者の「総数」から「短期滞在者等」を除いた数値を算出して比較している．
5）最初から「永住者」の在留資格を取得することはできない．何らかの在留資格で来日し，長年，日本で生活することによって「永住者」資格に切り替えることが可能となる．「永住者」資格を取得すれば，日本国内での活動内容に制限はなく，就労にも制限がない．在留期間は無期限であるため，更新する必要もない．
6）詳細は参考資料Ⅱの表Ⅱ-2および表Ⅱ-3参照．
7）詳細は参考資料Ⅱの図Ⅱ-1参照．
8）Islamic State．イスラム教スンニ派の武装組織ISIS（ISILとも）が2014年6月に宣言した新たな組織名．イラク北西部からシリア北東部を事実上支配し，カリフ制国家の樹立を宣言したが，国際社会は承認していない［『デジタル大辞泉』（小学館）］．
9）1931年に結成された「名古屋回教徒団」によりモスクが設立されたという記録はあるが，礼拝所は，この団体の会計担当の居宅であり，本書の「モスク」の定義からすれば，「ムサッラー」である（用語説明【モスク】参照）．『名古屋ムスリムモスク――開所式の際に発行された記念冊子――』（名古屋トルコ・タタールイスラム教会発行1937年1月）によれば，1936年に木造モルタル2階建のモスクが建てられ翌37年に開堂式が行われたことが記されている（名古屋イスラミックセンター「最初のモスク」（http://nagoyamosque.com/about/history/%e6%9c%80%e5%88%9d%e3%81%ae%e3%83%a2%e3%82%b9%e3%82%af, 2020年8月2日閲覧）．
10）イスラム教のこと．
11）3つのモスクは，回教政策の中で論じられることが多いが，神戸と名古屋のモスクは，国内外のムスリムの寄付によって自主的に建設されており，民族構成や規模に違いがあるものの，時代や在日タタール人の存在などの共通要素が多い．また，神戸と名古屋のコミュニティは，東京モスク建立に主導的役割を果たしたクルバンガリーと敵対しており，一線を画している．建立計画としては，東京モスクがもっとも早く，1909年に話が持ち上がっており，計画の推進には，元陸軍中佐や大アジア主義者らの日本人協力者もいたが，この計画は頓挫している［福田 2010：32-33］．
12）「日本人の配偶者等」の在留資格の場合，就労制限はない．

13）名古屋イスラミックセンター「名古屋モスクの歴史」および「名古屋イスラム協会」（http://nagoyamosque.com/about/history，http://nagoyamosque.com/about/history/%e5%90%8d%e5%8f%a4%e5%b1%8b%e3%82%a4%e3%82%b9%e3%83%a9%e3%83%a0%e5%8d%94%e4%bc%9a，2020年8月2日閲覧）による．
14）「東京福祉大系留学生，帰国の動き　名古屋のコンビニ・飲食店『急増したら大混乱に』」中日新聞（夕刊）2019年7月13日．
15）法務省「出入国管理及び難民認定法及び法務省設置法の一部を改正する法律案」．
16）特定技能には1号と2号があるが，2019年末時点では1号のみ．
17）唯一神（アッラー）から預言者ムハンマドに下された啓示をまとめたもので，イスラームの第一の聖典．「クルアーン」の方がアラビア語の発音に近く，そのように表記されている文献も多いが，本書では，日本人になじみのある「コーラン」で統一する．ただし，引用する場合には，「クルアーン」と記す場合がある．
18）社会福祉法人青丘社ホームページ（http://www.seikyu-sha.com/，2020年8月2日閲覧）．
19）飯塚正良（川崎市議会議員）の旧ホームページ内のまさよしクリップボード第29号「おおひん地区まちづくりに向けて」（https://www.iizukahotline.com/old/syoukai/clip-029.htm，2020年8月2日閲覧）．
20）にしゃんた「阪神・淡路大震災から日本が得たもの～『ボランティア』と『多文化共生』の誕生日としての1.17」YAHOO!JAPANニュース2015年1月18日（https://news.yahoo.co.jp/byline/nishantha/20150118-00042332/，2020年8月2日閲覧）．
21）1991年11月17日に日本福祉大学が横浜市で開催した「神奈川社会福祉セミナー」のA分科会「国際化と地域社会」の基調報告として使用した資料．
22）総務省［2006］「地域における多文化共生推進プランについて」（https://www.soumu.go.jp/kokusai/pdf/sonota_b6.pdf，2020年9月26日閲覧）．
23）総務省［2006］「多文化共生の推進に関する研究会報告書――地域における多文化共生の推進に向けて――」5頁（https://www.soumu.go.jp/main_content/000539195.pdf，2020年9月26日閲覧）．
24）2020年9月に総務省プランが14年ぶりに改訂された．外国人住民の増加・多国籍化，在留資格「特定技能」の創設，多様性・包摂性のある社会実現の動き，デジタル化の進展，気象災害の激甚化といった社会経済情勢の変化を踏まえて改訂されたものだという．改訂後のプランには，国の動きも書いてあり，これまでのプランより国の関わりが感じられるものとなっているが，内容的には，これまでのプランをアップデートしたものであり，受入れ主体は「地域」という考え方は変わっていない．むしろ，「多様性と包摂性のある社会の実現による『新たな日常』の構築」などの点から，地域において多文化共生施策を推進することは，今日的な意義を有しており，重要性が増しているという認識が示されている（https://www.soumu.go.jp/main_content/000706263.pdf，2020年9月26日閲覧）．
25）総務省「多文化共生の推進に係る指針・計画の策定状況」2020年4月1日現在．ただし，国際化施策一般の指針・計画や総合計画の中に多文化共生施策を含めているものも含めれば，都道府県は47（策定率100％），指定都市は20（100％），指定都市ではない市は550（71％），町は210（23％），村は26（14％）となる（https://www.soumu.go.jp/main_content/000692492.pdf，2020年8月1日閲覧）.

26）国家公務員については1953年に内閣法制局が，地方公務員については1973年に旧自治省が，公権力の行使または国家（地方公共団体）の意思の形成への参画に携わることはできないという見解を示している．一部の自治体では，公務員の国籍条項は撤廃されているが，公権力の行使や意思形成への参画に携わる職にはなれない.

27）もちろん，ここで触れた外国人や①で触れたコリアンは，多文化共生施策の対象外というわけではない．そもそも，多文化共生は，外国人も日本人もともに暮らせる社会をめざしていることから，日本国内に住むすべての外国人・日本人が対象である．しかし，多文化共生施策を考える上で，彼らはほとんど意識されてこなかった.

28）愛知県［2018］は，第3次プランであるが，第1次プラン（2008年策定）にも第2次プラン（2013年策定）にも宗教への配慮やムスリムに関する記述はない.

29）「たかとりコミュニティセンターについて」（https://tcc117.jp/tcc/tcc.html，2020年8月2日閲覧）

30）“Censo Demográfico（国勢調査）2010”のTabela 1.4.5の中の「Cor ou raça（色または人種）」の「amalera（黄色）」の数値をアジア系として割合を算出（https://biblioteca.ibge.gov.br/visualizacao/periodicos/94/cd_2010_religiao_deficiencia.pdf，020年8月2日閲覧）.

31）「働く外国人の来訪急増 教会やモスク 定住手助け ゴミの出し方から進学相談も」『中日新聞』（夕刊）2019年7月19日.

32）調査期間は，2018年10月27日から11月4日まで，調査対象は全国の18歳以上の2400人，うち，調査有効数は1466人であった［小林 2019：52］.

33）ムスリムの生活に引き付けて考えるなら，ムスリムが日々行っている礼拝やラマダンの断食なども生活にアクセントをつけ，心の平安を手にしており，そうした点では同じである.

34）高木［1985：245-246］によれば，日本カトリック教会の圧迫事件はキリシタン時代や明治維新前後における長崎地方の異宗徒迫害事件ばかりではなく，大正年間からも，たびたび軍部によって引き起こされたという．例えば，1914年に国学院大学カトリック学生の靖国神社不参拝事件，長崎県下カトリック信者小学生の日独開戦奉告祭における猿田彦神社不参拝事件，1917年に函館のカトリック信者中学生の招魂社不参拝事件，1926年に暁星中学校生徒の徴兵忌避事件，1928年に秋田聖心愛子会事業妨害事件，1929年に暁星中学校・海星中学校・大島高等女学校等での神宮式年遷宮祭不実施事件が発生した．いずれも誤伝とされている面もあるが，実際に新聞紙上に掲載されたものである．これらは，軍部や右翼団体によって起こされたことであったが，実力行動はなく単にいやがらせだけであった．満州事変以後に引き起こされた事件の場合は，いずれも軍部が直接介入し在郷軍人や右翼団体，新聞社などを使い，その後ろ盾として警察や憲兵隊を控えさせ，内務省・外務省を介在させていたため，外交問題にまで発展したものもあった．例えば，1932年には東北高等女学校事件，長崎海星中学校歴史作文中傷事件，別府カトリック教会事件，上智大学・暁星中学校・海星中学校配属将校引揚事件，函館トラピスチヌ修道院事件，1933年には大島高等女学校事件，鹿児島カトリック教会事件，種子島カトリック教会事件，1934年には上林高等女学校事件，北海道トラピスト修道院事件，奄美大島秋名教会事件，聖名高校女学校事件，室蘭カトリック教会事件，1936年には新義州カトリック教会事件，那覇教会事件，奄美大島笠利事件，名瀬教会事件などの事件が発生した．

35）以下の内容は，「美濃ミッション」のホームページに掲載されている「『美濃ミッション事件』1930年『美濃ミッション事件』あるいは『ワイドナー事件』」（http://www.cty-net.ne.jp/~mmi/pdf/minojiken/pdf_minojiken.pdf，2020年8月2日閲覧）を要約したものである．

36）第4節における調査結果は，すべて総務省中部管区行政評価局「宗教的配慮を要する外国人の受入環境整備等に関する調査――ムスリムを中心として――の結果報告書」および「宗教的配慮を要する外国人の受入環境整備等に関する調査――ムスリムを中心として――資料編」（https://www.soumu.go.jp/main_content/000521087.pdf, https://www.soumu.go.jp/main_content/000521058.pdf，2020年9月26日閲覧）による．

37）礼拝の前に体の一部を水で清めること．

38）成人ムスリム男性の義務（病人，旅行者除く）．集団で行わなければならない．

第2章　在日ムスリムの声を聴くⅠ　生活編

第1節　ハラール

（1）ハラールの店は増えている

宗教的な面で困っていることや課題について，例として“ハラール”を挙げると，ヒアリングした外国人ムスリム19名のうち13名（68%）が，最近では，「業務用スーパーやインターネットで買えるから困っていない」と回答し，「ハラール食材で困っている」とはっきりと答えた人は1名しかいなかった．ヒアリングの対象者は日本語がわかる人たちなので，「日本語がわかる限りにおいては」という限定はつくが，ハラール食材には困っていないと言える．日本語がわからないと困るだろう，あるいは，日本語がわからなかったときは困ったといった話も聞かれたが，それについては，（2）で見ていく．

来日当初は，ハラールの店がなくて困ったという話は8名（42%）から聞いたが，現在は，ムスリムが増えてきており，ハラールショップやハラール食品を置いている店が増えてきている．特別に非ムスリムの日本人たちがハラールに取り組まなくても，「地域にムスリムが住むようになると自然に増えてくる．ムスリムのための店は，どんどん増えているが，口コミでやっているのでつぶれない」と長年ムスリムとして生活している日本人は話す．

また，母国ほどハラールショップがあるわけではないが，「日本には，ムスリムが少ない．そうした少ないところにハラールショップが増えているので，今は足りている．イスラム教の国と同じではないが，しょうがない」と考えて満足している人もいた．

ハラールレストランは，食材だけでなく，厨房もハラールにしなければならないため，ハードルが高く，まだ少ない．しかし，ヒアリングを中心的に行った愛知県内には，すでにいくつものハラールレストランがある．また，ヒアリングをする中で，最近になって，新たに4カ所オープンしたという情報も得られた．

自らハラールビジネスを始めた外国人ムスリムにもヒアリングを行った．彼らは，自分のためというよりも，日本に住むムスリムのため，あるいは，自分の子どものためにビジネスを始めた．ハラールのパン屋を始めた人は，「ハラールの食べ物を日本人につくってもらうのは申し訳ない．自分でやらないといけないと思い，ハラールのパン屋を始めた」と語る．ハラールレストランを開店したインドネシア人は，インドネシア料理以外にもハラールラーメンやハラール餃子なども出している．これは，子どもが，日本人の友だちがラーメンを食べているのを見て，「食べたい」と言ったのがきっかけでつくり始めたそうである．

（2）それでも困っている人はいる

おおむねハラールに関しては，環境が整ってきているが，それでも日本語がわからないと困ることは多い．そもそも，日本に住む上では，ハラールのことだけでなく，「日本語がわからないと怖い」という声も聞かれた．大学の留学生は，英語ができれば，先生に相談することができるが，そうでないと，同じものしか食べられなかったり，せっかくハラールのものが売っていてもわからなかったりする．来日当初，日本語がわからない中で，一番苦しかったのは，食べ物だったと語る人もいた**【ムスリムの声 1[1)]】**．

日本にいるとハラール関係の情報が入ってこなくて，「来たばかりのときは，ハラールショップの情報がないし，インドネシア料理店もなくて悲しくて帰りたかった」という人もいた．今では，ハラールショップやレストランを紹介する便利なアプリがあるそうだが，言葉がわからないと，こうしたアプリがあるという情報すら入ってこない．

また，日本語がわかっても，食品表示があいまいなので，ハラールかどうか判断できないという人もいた**【ムスリムの声 2】**．

ハラールレストランが，もう少し増えるとありがたいという意見もあった．ハラールレストランが増えれば，選択肢が増え，より住みやすくなる．ご主人がパキスタン人の女性は，「外食に行くことはあまりない．日本のレストランだと日本人ばかりなのであまり気にならないが，パキスタン料理の店だとパキスタン人が多いので家族ルームでないと（落ち着いて）食べられない」という．ハラールに関しては，同国人同士の方が気を使う場合もある．家族ルームがあるハラールレストランはあまりないため，彼女は，わざわざインドレストランまで行くこともあるという．

【ムスリムの声１】

・日本語が読めないと，食料品に使われている食材も読めないので，基準がゆるくなるか，同じものばかり食べることになってしまう．食べられる物の写真を写して店員に見せたり，（食べられる物の入っていた）袋を持っていく人もいる．あるいは，ハラールマークがついているものしか買わない場合もある．

・業務スーパーにはハラールのチキンとかがあるが，ハラールのチキンがありますよと日本語で書いてあるので，日本語が読めないとわからない．主人は，日本語は話せるが読めないので，なかったと言って帰ってくるが，わたしが行って店員に聞くとあったりする．

・（日本に来た）当初，一番苦しかったのは，食べ物で，コンビニで食べ物を見ても何を食べたらいいかわからなかった．米は，白い御飯のパックを買って１日１食だけ，夜に食べていた．昼はコンビニでパンを買うしかない．コンビニのパンに何が入っているかを調べて買うのは面倒臭いし，豚の油が入っているかどうかといった深いことはわからないので，そのうちに気にせずに食べるようになった．

【ムスリムの声２】

・（食品成分の）表示があいまいで，マーガリン・ショートニング・油が動物由来なのか植物由来なのかわからない．「乳化剤[2)]（豆由来）」と表示されている商品もあるが，そうでない商品は電話しないとわからない．ハラールマークはあればありがたいが，認証してもらうには，お金もかかるので，無理は言わない．ただ，動物由来かどうかくらいは書いてあるといい．マーガリン・ショートニング・油は，動物からでも植物からでもつくれるので，特に怪しい．肉のように明らかなものならいいが．

（３）ハラールに対する基準は人それぞれである

ムスリムにとって一番大切なことは，食べ物のことではない．当たり前のことであるが，アッラー[3)]を信じることが一番大切であり，これがムスリムの基本的な姿勢である**【ムスリムの声３】**．

ハラーム（禁忌）のものは避けようとするが，ムスリムがマイノリティである日本では，難しい場合もある．日本語がわからなかった当時，ハラームである豚肉を食べてしまったことがあるという人がいた【ムスリムの声 4】.「以前は，ハンバーガー屋でハラールでないものを食べていた」という人や，「酒を飲んでいる人を何人か知っている．さすがに豚肉は食べないが，ハラールでない牛肉とかも食べている」という人もいた．しかし，彼らは，自らをムスリムだと思っている．アッラーを信じているからである．

ハラールに対する基準は様々である．ヒアリングの中で，インドネシア人の基準は緩いがパキスタン人は厳しいといった話を聞いた．しかし，厳しいと言われていたパキスタン人に話を聞くと，「パキスタンは，それほど厳しくない」と言う．同じムスリムでも他国のことは伝聞でしかわからない．

また，同じ国籍の人同士でも厳しさが違う．そのため，国籍によって宗教的厳しさを判断することは意味がなく，モスクによっても考え方が違う【ムスリムの声 5】．ボーン・ムスリム（生まれながらのムスリム）よりも改宗した日本人ムスリムの方が厳しいと言う人もいる．

海産物のハラールの基準の違いは，より顕著である．ある地域では，貝やタコ，イカは食べてはいけないもの（ハラーム）だが，ある地域では食べてもいいもの（ハラール）である．エビはハラールだが，ロブスターはハラームという地域もある．ヒアリングの中で，「ムスリムということで大まかに決めようとしても国ごとに微妙に違うのではないか」と分析する人がいた．阿良田[2018: 66-69] によれば，海産物がハラールかそうでないかは，母国が沿岸部かそうでないかによって異なるし，宗派・法学派の違いによる影響が大きいという．したがって，あるムスリムにとってのハラームを別のムスリムがハラールのものとして食べている可能性が十分にある．

【ムスリムの声 3】

・イスラームは，元々フレキシブルであり，食べ物のことが一番大切なわけではない．大切なのは，アッラーを信じることである．

【ムスリムの声 4】

・豚肉を間違って食べてしまったことがあったが，そんなに悪いものではなく，おいしかった．イスラム教の国でも，ハラールの鶏肉と牛肉でつくったハムやソーセージがあるが，日本に来て，知らずに（豚肉の）ハムとソーセージを食べてしまった．味が一緒だったので，なぜ日本のはダメなのかわからなかった．<中略>宗教は好きにやればいい．見えないもの，さわれないものは信じられない．ただ，わたしは，ムスリムとして生まれたのでムスリムである．1日5回もしないが，礼拝はしているし，仲間をつくるためにモスクに行っている．

【ムスリムの声5】

・レストランに行くと，豚肉がはいっていないか（だけは）聞く．日本人と一緒にいるときは，牛肉はOKだが，厳しそうなインドネシアの人と一緒だったら，ハラールを食べましょうと言ったりする．同じインドネシア人でも考え方は違う．日本では，ずっとハラールのものを食べるのは難しい．牛肉はお祈りして食べればいいと思っているし，神様に許してくださいとお願いをして食べているが，厳しい人はハラール肉[4)]でないと絶対に食べない．

・友だちとは一緒に焼肉屋に行き，牛肉を食べに行ったりもする．考え方が同じなのでいいが，他のムスリムの人と一緒だと気を使う．

・ムスリムは，モスクの中の狭い世界で完結しているので，先に来た人に頼る傾向にある．日本には，情報がなく，言葉がわからないからである．したがって，モスクによって考え方が異なっており，ハラールについても，例えば，あるモスクでは，乳化剤をダメだとしているので，そこに通うムスリムもそう思っているが，ここのモスクでは気にしていない．

（4）ハラールに対する意見

ハラールに対する意見は，日本人ムスリムと外国人ムスリムで違いがあるので，分けて見ていく．

日本人ムスリムの意見

改宗した日本人ムスリムは，ムスリムのことも日本社会のこともわかっており，ハラールを相対化できる．そのため，非ムスリムの日本人によるハラール・ブームやハラール重視の傾向に対して疑問を抱いている人が多い．

ハラールに対する考え方は，人それぞれであり，ハラール食でなくても食べられるものはある．ムスリムにとって大切なのは，アッラーを信じることである．したがって，信仰から離れるくらいなら，ハラールにはこだわらない方がいいというのが基本的な考え方である．一方で，日本社会に対しては，ハラール対応を期待することは最初から難しいことだとわかっているので，無理強いしないようにしたいと考えている．無理強いをして，面倒くさい人たちだと思われたくないので，日本人にとって楽になる方向で考えたいと思っている**【ムスリムの声6】**．

非ムスリムの日本人が配慮する場合，ずれていることがある．当事者であるムスリムに聞かないからである．配慮してほしければ，ムスリム側からお願いするし，お願いしたことに対して，ここまでならできますと言ってもらった方がムスリムとしてはありがたい．また，ムスリムだけを特別扱いする必要はなく，食品成分の多言語化やピクトグラム（絵文字）化をすれば，ムスリム以外の人々を含め，食のバリアフリーが進められる**【ムスリムの声7】**．

外資系の会社で，ムスリムではない外国人から，牛肉は食べたくないとかビールは飲みたくないとか言われ，世界的に見れば，食べたり飲んだりできないことを主張するのは普通のことだと気づいたという人もいた**【ムスリムの声8】**．

【ムスリムの声6】

・非常時には，豚肉を食べても，アルコールが含まれていてもいいにも関わらず，食べてはいけないと思っている人がいる．イスラームに対する考え方は，国籍によっても違うし，知識の差によっても違う．

・ハラール食の提供がされていても，当事者がそれに満足しているのかわからない．ハラール食がまずくて，ハラール食でないものの中から，食べられそうなものを選んで食べている人もいる．

・コンビニのおにぎりは大丈夫だと思って食べていたのに，ゼラチン[5]が入っていてショックを受けたという外国人ムスリムがいた．タラコとか明太子にはゼラチンが入っているものもあるし，肉エキスの入ったものもあるが，開示されていない．しかし，マイノリティのためのイスラム法学（ムスリムがマイノリティの国におけるイスラム法学[6]）というのがあり，イスラームがマジョリティでない国においては，例え，豚由来のゼラチンであっても，成分が変わっていればいいという考え方がある．そういう解釈をしないと，イスラームを守っていくのは大変であり，信仰から離れていってしまう．信仰を離れるくらいなら，こだわるのはやめましょうという考え方である．

・原材料を電話で確認する人もいるが，食品表示を見てもわからなければどうしようもない．そんなことを追求するためにムスリムになったわけではない．ムスリムの生活において，食はほんの一部であり，ハラールは食にだけあるわけではない．ムスリムにとって一番大切なのは，アッラーを信じることである．ムスリムがマイノリティの国では，基準を緩くしてもいいという研究書もある．イスラム教は厳しそうだからと（非ムスリムの日本人が）過剰に配慮してくれなくてもいい．

・日本がムスリムの国になることはあり得ないので，ムスリムのやり方を非ムスリムの日本人に無理強いするのはいけないと思っている．面倒くさい人たちと思われたくないので，日本人にとって楽になる方向で考えたい．その点，子どもの方がボーン・ムスリムなので，そこまでの考え方にはなれない．子どもは，ムスリムであることが当たり前なので，例えば，親戚が集まると酒が出たりするが，そうした場所にはいたくないようである．

【ムスリムの声７】

・ピクトグラムなどの整備を行政が行ってくれるとありがたいが，現在は，個別に対応すべき部分（この食品がハラールかどうかということ）を一生懸命やっている．一番基準の厳しいムスリムに合わせてハラールを考えているが，それを乳化剤も平気なムスリムにも当てはめようとしている．

・ハラールについては，日本人は，わからないながらも対応してくれようとして，ありがたいが，なぜかムスリムに聞かずに，ネットで（ハラールの情報を）探したりしている．

・一人一人に配慮していたらきりがない．どうしても配慮してほしければ言うし，言ったことに対して，ここまでならできますと言ってもらった方がお互いにいい．こうしたやり取りを子どもの前で見せることによって，妥協の仕方を身につけられるようになるといいと思っている．いきなり社会に出ると困ってしまうからである．

・日本を俯瞰的に見ると，ヒンドゥ教の人もいればモルモン教，敬虔な仏教徒，ユダヤ教徒，ベジタリアンもいるので，なぜムスリムだけ主張していいのか，ということになる．観光庁は，ムスリムを受け入れるためにいろいろやっているが，他の外国人だって来る．

・食のバリアフリーは，情報開示をすれば済むし，食品成分の多言語化やピクトグラム化をすればいい．消費者庁で27品目の食物アレルギーを起こす恐れのある食品の表示に取り組んでいるが，これにアルコールを付け加えてもらえれば，ハラールかどうか見分けられる．ムスリムだけに限って言えば，27品目も必要なく，牛肉，鶏肉，豚肉，ゼラチンの４つの表示さえあればいいのだが，他の人たちのことも考慮すると27品目＋アルコールの表示が必要である．

【ムスリムの声８】

・２つの会社を経験した．１つ目は，日本的な価値観が蔓延した会社で，飲み会に出ないことを理解してもらえなかったので，参加した．ただ，酒は注いだが飲むことはしなかった．２つ目の会社は小さかったが，外資系で，社長はアメリカ人，従業員も多国籍で，日本人も留学経験がある人ばかりだった．懇親会の幹事が順番に回ってきたが，自分が幹事になったとき，カナダ人から，ビーフは食べたくないとかビールは飲みたくないとか言われ，世界はそうなんだと納得し，豚肉が食べられないとかアルコールは飲めないというのは普通のことなんだと思った．

外国人ムスリムの意見

外国人ムスリムの場合は，非ムスリムの日本人にハラールが知られることについて歓迎しており，周囲の人たちも配慮してくれるようになったと感じて喜んでいる人が多い【ムスリムの声９】．

また，日本の文化に染まり，酒を飲んだり，ハラールでないものを食べたがらないようにしないといけないと思っている人もいるので，ハラールが知られ，ハラールのものが増えることは望ましいと思っている．ただし，ハラールに関して，日本人に何かしてほしいとは思っておらず，自分たちで，宗教的なことをどう守っていけるかを考え，やれることは自分たちでやろうとしている【ムスリムの声10】．

外国人ムスリムは日本人ムスリムよりもハラールを重視する傾向にある．しかし，ムスリムとしての考え方は，基本的には同じである．宗教というのは，何を食べるか，何を飲むかが大事なのではなく，神様のイメージをつくることが大事ということである【ムスリムの声11】．

非ムスリムの日本人によるハラール・ブームに対して，日本人ムスリムの場合は懐疑的であるのに対し，外国人ムスリムの場合は感謝している．しかし，いずれも，最も大切なことはアッラーを信じることであり，ハラール対応については，非ムスリムの日本人に求めるのではなく，自分たちで何とかしようとしている点では共通している．

【ムスリムの声９】

・最近は，ムスリムでなくてもハラールのことを知っていてうれしい．日本人の友達も，これは食べられるからいいよとか気を使ってくれる．

・今は，日本政府がイスラームに関してよくやってくれ，ハラールを広めてくれるので，ありがたい．地域の日本語教室に行っているが，「これは豚肉がはいっているからだめだよ」と注意してくれたりしてありがたい．

・料理教室に入ったら，肉料理だったので，「ムスリムなので，料理できません．すみません」と言ったら，参加者から，アレルギーと同じだから，謝らなくていいと言われ，それをきっかけに食文化についての話し合いになったこともある．

【ムスリムの声10】

・（子どもが宗教的なことを守れるかどうかは）親次第であり，日本でのなじみ方をどう教えられるかである．自分一人違っていても間違っていないということや，豚やクリスマスはダメということを母親が先に教えないと日本になじんでしまうし，ハラールでないものを食べたがってしまう．一人では信仰を守れないので，勉強会をしないといけない．そうしたものに参加していない人の中には，酒を飲んだり，豚を食べている人も多い．

・（わたしの支持している政党は）必要なことは自分でやらないといけないという考えであり，日本に来たら日本のためになるように，日本の役に立つ人間になるように，という考え方である．イスラームの先生にも，日本人のためにもなるように，日本人の仕事を増やさないように，と教えられている．満足していなかったら，日本には住まない．ハラール食だって作れるし，自分のことは自分でやれる．ムスリムは，住むところによって合わせられる．人間性が強い．必要なことがあれば（自分で）すればいい．ありのままでいいと考えている．

【ムスリムの声11】

・ハラール認証があるのはいいが，誰も見ていないとそうでないものを買って食べているムスリムもいる．固い人は母国から食べ物を持ってきている場合もあるが，長く日本に住んでいる人はあまり気にしないのではないか．わたしも日本に来た当初は，多少気になったが，宗教というのは，何を食べるか，何を飲むかが大事なのではなく，生きるための神様のイメージをつくることが大事なのではないかと思っている．

（5）ハラール認証に対する意見

非ムスリムの日本人によるハラール対応は，ムスリムにとって，ちぐはぐであるとか，過剰であるといった違和感だけでなく，不安感を引き起こしている．その不安感は，「ハラール認証」において，より顕著となる．

ハラールショップが増えてハラール食材が手に入れやすくなったことや日本社会がハラールを理解すること自体をムスリムたちは否定していない．ただ，「ハラール認証」というものが知られるようになって，ハラールのイメージだけが先行してしまい，イメージだけで非ムスリムの日本人が安易にハラールに取り組むことに対して警鐘を鳴らしている．

非ムスリムの日本人が取り組むハラールは，必要以上に厳しい基準となっている場合が多い．そうした基準が定着してしまうと，本来，イスラームの原則は「許容」であり「寛容」である[7)]にも関わらず，厳格な宗教であるといった誤った理解をされてしまう．そして，そのことによって，ムスリムと非ムスリムの間に壁が築かれてしまうことを危惧している．

第2回ムスリムミーティングでは，ハラールに関して共同声明文を出しており，ムスリムと非ムスリムの間に壁を築くような風潮を非難し，認証は不要であると主張している[8)]．

<第2回ムスリムミーティング　共同声明文（抜粋）>

・「ハラール」や「ハラル」とは，ムスリムのためだけの宗教的な戒律ではなく，全人類が，現世のみならず，死後においてもまた幸せになるための規準である．商業主義的でごく一部の限られた者の利益にしかならないような活動や，ムスリムと信者ではない人々との間に新たに壁を築くような行いを強く非難する．

・事物の原則は許容であり，聖典クルアーンと預言者ムハンマドの言行であるスンナに明確な根拠がない限りハラーム（禁止）とはされない．ハラールの認証（マーク）がなくとも，ムスリム消費者が日本で摂ることのできる飲食物は数多く存在する．
・ハラールとハラームを決定できるのは，至高なるアッラーだけである．ムスリムは，ハラール認証の有無にとらわれることなく個々人の判断で商品やサービスの選択を行うべきである．日本国内では，たとえば原材料表示やピクトグラム（絵文字）等による情報提供があれば判断を行うことが十分可能であるため，ハラール認証は原則として不要であると言える．

ハラール認証に取り組む非ムスリムの日本人たちは，ムスリムのためを思ってやっているのだろう．しかし，そのことによって，ムスリムたちは，「ムスリムはハラール認証されたものしか食べられない」と誤解されてしまうことを心配している．ほとんどのものが食べてもいいもの（ハラール）であり，一部，食べてはいけないもの（ハラーム）があるだけである．それにも関わらず，ハラール認証のあるものしか食べてはいけないという誤解が蔓延してしまうと，ほとんどのものが食べられないものになってしまう．最近では，水や野菜，卵，お茶にまでハラール認証がされているが，お茶は，これまでムスリムは気にせずに飲んできているので，過剰な配慮である．遺伝子レベルで豚由来のものが入っていないか調べている認証機関もあるが，そんなことまでされるとムスリムの食べられるものがなくなってしまう．また，過剰に配慮されることにより，ムスリムは面倒くさい存在だと思われるのではないかという心配もある【ムスリムの声12】．

一方で，ハラール認証の取組を急ぎ過ぎると，一時的なブームに終わってしまい，ブームが去ったあと，ハラールに関心がなくなってしまうことや，高額な料金を払って認証に取り組んで失敗してしまうと，それに懲りてハラールに挑戦しなくなってしまうことを心配している人もいる【ムスリムの声13】．

ハラール認証に関する心配は，日本人ムスリムから多く聞かれた．ヒアリングした外国人ムスリムからは，ハラール認証自体に対する否定的な意見はなく，日本語がわからない場合は，ありがたいといった意見もあった【ムスリムの声14】．

もっとも，ハラールに詳しい外国人ムスリムは，日本のハラール認証が正しいとは思っていない．また，ホテルのレストランで，ここにはハラール認証の食べ物はないから食べられませんと断られたという話が伝わっており，ムスリムはハラール認証のついたものしか食べられないと日本人には思ってほしくないと思っている．一方で，ムスリム自身もそう思わないように教える必要があるとも思っている【ムスリムの声15】．

結局のところ，ハラール・ブームやハラール認証に対する考え方も人それぞれである．ハラールが広まることを無条件に喜ぶ人やハラール認証のある肉しか食べないという人もいる．ハラールマークを楽しみにしている子どももいる．また，ハラール認証が間違っていても，それは認証した側に責任があるという考え方をしている人もいる【ムスリムの声16】．

【ムスリムの声12】

・肉にハラール認証のマークがつくのはありがたいが，ハラールビジネスでキッチンまでハラールかどうか確認するのはどうかと思うし，ムスリムは認証されたものしか食べないと思われるのは嫌である．豚肉は食べないが，他のものは食べているし，人によって何を食べないかは違う．「ここまで対応できます」とはっきり言ってくれれば，あとは食べるものを選ぶことができる．ムスリムは，今まで，過剰に配慮されなくてもなんとかやってきた．そんなに無理していないし，苦労もしていない．むしろ，ムスリムは面倒くさいとか，対応するためにはお金がかかるとか思われる方が嫌である．

・別にハラール認証をしてほしいなんてお願いはしていない．認証されているものの中でもおかしいと思うものも多い．ムスリムでもないのにハラールを理解するのは無理である．何が食べられるかはムスリムが選ぶので，選べるようにしてほしいだけである．

・ハラールマークはありがたいが，水や野菜にまでつけるのはおかしいと思う．肥料が肉系ではないということかもしれないが，それで儲けており，イスラムを穢していると感じる．

・水や卵，お茶にまでハラール認証をして，これでムスリムも安心してお茶が楽しめますとか言っている企業もあるが，お茶は今までムスリムは飲んできているので過剰な配慮である．遺伝子レベルで豚が入っていないか調べている認証機関もあるが，そんなことをされると，ムスリムの食べられるものがなくなってしまい，困ってしまう．ネギさえ買えなくなってしまう．ハラームが使われている可能性があるということで，肥料にまで細心の注意をされてしまうと，認証されていないものを食べることに罪悪感を感じてしまう．

・（一般の日本人は）ハラームのものばかりの中に一部ハラールのものがあり，

そのうちの一部に対してハラール認証がされているというイメージだが，これは嘘である．ほとんどのものがハラールであり，一部ハラームがあるだけである．

【ムスリムの声13】

・日本は，国の政策によってハラール認証を急ぎすぎており，違った方向に行くのではないかと心配している．ハラール認証は，ムスリムと関係のないコンサルタント会社によって取り組まれているが，ムスリムでさえ，ハラール（かどうかを判断すること）は難しい．そんなにすぐにできることではない．付け焼刃では，すぐに終わってしまう．地元のムスリムの意見を聞きながら，じっくりやってほしい．

・ハラール・ブームに対する心配は，認証にあたって，高額な料金をとるところがあるが，たいてい採算が合わずに，失敗してしまうと思うので，その後，それに懲りて，ハラールに挑戦しなくなってしまうことである．

・ハラール認証は誰でもできるものではなく，世界で認められている認証機関でないと，いくら認証を受けても輸出できない．高額なお金を払って認証をとったのに（アラブ首長国連邦の）ドバイに送ったらダメだったという話がある．こうした悪いニュースを聞いて，ハラールに取り組むのが嫌になったという会社が出ないか心配である．ムスリムは，アッラーに背くことになるので，責任を持って認証をする[9]が，非ムスリムはそうでもない．ハラール認証を取りたい会社があれば，いろいろと教えてあげたい．ハラールの食べ物が多くなると，もっと住みやすくなるのでサポートしたいと思っている[10]．

【ムスリムの声14】

・ハラール・ブームがなくても，これまで問題はなかったが，ハラールマークがあるのはありがたい．今は，（わたしは）言葉が通じるからいいが，通じない人はハラールマークがないと困るのではないか．肉団子でも何の挽肉かわからないので，聞けない人は困るだろう．

・ハラール認証が増えるのはいいことだと思う．日本では，ムスリムが少ないので，認証があるとありがたい．日本語ができないムスリムには，ハラールマークがあると助かるし，日本語が読めても，いちいち確認しなくて済む．

【ムスリムの声15】

・ハラール認証については，間違っているなりにウェルカムである．ここのところ，急に進んだ感じがする．ホテルや結婚式場は意識が高く，自分自身，結婚式場でパートタイムで働いているが，食べられないものはないか聞かれ，肉はダメと言ったら，毎日，昼食に魚を出してくれる．

・ハラール認証する機関が増えてもいいとは思っているが，ハラールマークがないと食べられないと日本人にもムスリムにも思ってほしくない．ホテル（のレストラン）で，ここにはハラール認証の食べ物はないから食べられませんと断られることもあるそうだが，認証がなくても食べられるものはある．ビジネス的で嫌だという考え方もあるが，ハラールのものが増えたらいいと思うので，こうした動きはいいのではないかと思う．ただ，ハラールマークのついたものしか食べられないわけではないことをムスリムに教えないといけない．

【ムスリムの声16】

・子どもはハラールマークを見ると喜ぶ．すぐには必要ではないものでも，マークを見ると，「なくなるといけないので，あるときに買って」と言われる．

・日本人の経営しているハラールレストランでもハラール認証のマークが貼ってあれば喜んで行く．もし，ハラール認証が嘘だったとしてもその責任は，レストラン側にあるので，自分が信じていればいい．

（6）ハラール以外の課題もある

忘れてならないのは，ムスリムが日本で暮らす上では，食べ物がハラールかどうかといったこと以外にも問題があるということである．食べ物に関して言うなら，国際結婚の場合，ハラールかどうかということよりも，食材や味付けが合わないといった問題がある[11)]【ムスリムの声17】．

外国人ムスリムの多くは，ハラールのものが増えることについては歓迎である．しかし，そもそも，日本でハラールのものを入手したり食べたりすることは，それほど大きな問題とは考えていない人もいる．ただし，「外国人としての問題はたくさんある」と言う．ハラール以外の課題については，次節以降で取り上げていくが，ハラール以外の問題として，礼拝する場所が足りないといった宗教的な問題だけでなく，日本語がわからないと仕事するときに困るし，病院や役所でも通訳がいないと困ってしまう．日本語は，話すことができても読むのが難しい．また，第４章で取り上げるが，ムスリムに対する偏見の問題も大きい【ムスリムの声18】．

【ムスリムの声17】

・子どもは（最近，日本に呼び寄せたので）日本の食事に慣れていないから，料理が難しい．揚げ物は大丈夫だが，煮物は味が合わない．弁当はパキスタン風の味付けにしている．主人と２人のときはパキスタン風でなくても食べてくれたが，子どもが来てからは，パキスタン風の味にした．

【ムスリムの声18】

・食べ物よりも，礼拝の場所に困っている．デパートとかに遊びに行っても礼拝の場所がない．観光客も困っていると思う．ハラールレストランがなくても，コンビニで，ゼラチンや酒が入ってないかは確認するものの，おにぎりを買えば済むが，礼拝する場所が足りない．＜以下，礼拝する場所に関して発言＞

仕事する際，日本語がわからないと困ってしまう．また，病院に行っても通訳がいないと困ってしまうし，役所でも同様である．これはムスリムに限ったことではないが，言葉の面の課題があり，話すことができても読むのが難しい．ハラールフードが普及してきたので，食べ物に関しては，ムスリムとしては困っていないが，外国人としての問題はたくさんある．

日本人はイスラム教を知らないので，イスラム教を誤解しており，ミスコミュニケーションになってしまう．ムスリムは日本人に変な目で見られているのではないかと感じてしまうし，以前，実際に言われたこともある．

（７）アンケート結果による補足

以上のヒアリング結果をアンケート結果によって補足する．アンケートでは，「あなたや，あなたの家族が日本社会で暮らしていく上で望むことは何ですか．望む順番に回答してください（最大５つまで）」と聞いている．その結果については，**表２−１**のとおりである．

「ハラール対応する宿泊施設や飲食店が増えること」を優先順位１位にした人は２番目に多いが，16％である．圧倒的に多かったのは，「イスラム教に対する悪いイメージ（テロ，怖い等）がなくなること」で，58％である．優先順位２位，３位においても，「ハラール対応する宿泊施設や飲食店が増えること」は，

表２－１　日本社会で暮らしていく上で望むこと

n＝69

		イスラム教に対する悪いイメージ（テロ、怖い等）がなくなること	ムスリムは戒律に厳しい特別な人たちだと思われないこと	ハラール対応する宿泊施設や飲食店が増えること	外出先で礼拝できる場所が増えること	多言語による情報提供や通訳相談窓口等が充実すること	日本語の学習できる場所が増えること	労働環境の改善が図られること	子どもに対する教育が充実すること	日本の生活ルールや習慣などを知る機会が増えること	非ムスリムの日本人と交流する機会が増えること	その他	計
１位	回答者数	40	6	11	4	1	0	3	3	0	0	1	69
	割合	58%	9％	16%	6％	1％	0％	4％	4％	0％	0％	1％	
２位	回答者数	9	24	20	7	1	0	1	4	0	2	0	68
	割合	13%	35%	29%	10%	1％	0％	1％	6％	0％	3％	0％	
３位	回答者数	4	8	17	11	7	3	2	4	4	5	0	65
	割合	6％	12%	25%	16%	10%	4％	3％	6％	6％	7％	0％	
４位	回答者数	1	4	4	12	6	3	5	9	7	6	2	59
	割合	1％	6％	6％	17%	9％	4％	7％	13%	10%	9％	3％	
５位	回答者数	1	2	1	6	8	1	4	6	5	13	5	52
	割合	1％	3％	1％	9％	12%	1％	6％	9％	7％	19%	7％	
合計	回答者数	55	44	53	40	23	7	15	26	16	26	8	313
	割合	80%	64%	77%	58%	33%	10%	22%	38%	23%	38%	12%	

出典：筆者作成.

それぞれ29%，25%となっており，要望としては高いが，最優先事項ではない．

「ハラール対応する宿泊施設や飲食店が増えること」に関して，優先順位１位の割合は16%であったが，日本人・外国人別に見ると，日本人29%・外国人７%となり，有意差が認められた．つまり，日本人の方が「ハラール対応する

表２－２　宗教的な配慮をしてほしい場所

n＝68

	職場	大学	高校	小中学校	地元の商店	大型スーパーマーケット	レジャー施設	レストラン	公共施設	病院	友人・知り合いの家	計
回答者数	22	18	23	30	3	19	16	20	23	16	1	191
割合	32%	26%	34%	44%	4％	28%	24%	29%	34%	24%	1％	

出典：筆者作成.

宿泊施設や飲食店が増えること」を望んでいると統計的に言える．ヒアリング結果では，外国人の方がハラール対応を求めており，一見，矛盾しているように見える．しかし，これは，外国人がハラール対応を望んでいないというより，「イスラム教に対する悪いイメージ（テロ，怖い等）がなくなること」を優先したためだと推測される．統計的に有意な差にはなっていないが，この項目を優先順位１位にした割合は，日本人46％に対して，外国人66％となっている．

ヒアリング結果からは，ハラール食材やハラールレストランに関して，総じて，増えてくれるとありがたいが，大きな問題とは考えていないことがわかった．アンケート結果からも，最優先事項ではないということがわかる．

「あなたや，あなたの家族にとって宗教的な配慮をしてほしい場所はどこですか．（最大３つまで）」という質問に対する回答は，**表２－２**のとおりである．

配慮してほしい場所は，「小中学校」が一番多く，「高校」・「公共施設」，「職場」，「レストラン」，「大型スーパーマーケット」と続く．「大型スーパーマーケット」は，日本人11％・外国人40％となっており，有意差が見られた．日本語が読めないと，ハラールのものがあることがわからなかったり，食料品に使われている食材が読めなかったりする．どのような配慮が必要かはアンケートでは聞いていないが，ヒアリング結果から，表示の面での配慮が求められているのではないかと思われる．小中学校や高校については，第３章で詳しく見ていく．

第２節　礼拝

（１）モスクの状況

バブル期にアジアの国々から来日したムスリムたちは，当初は，東京に集中して住んでいた．しかし，飽和状態になり，バブルがはじけ，地方に流れ始めた．ヒアリングを中心的に行った愛知県もその流れでムスリムが増え始めた．その頃は，愛知県やその近郊にモスクはなく，毎週金曜日に神戸モスクにまで行って礼拝をしていたこともあったそうである．

1998年に開堂した名古屋モスクの場合は，ムスリムの留学生がアパートを借りて礼拝所にしていたが，「湾岸戦争などの影響により，アパートを追い出され，転々としたため，追い出されない建物がほしくて名古屋モスクをつくった」とのことである．それ以来，名古屋モスクは，地域との関係を大切にしており，地域との交流を積極的に行っている．ラマダン（断食月）にはイフタールの食事[12]を配ったり，イード[13]の贈り物としてデーツを配ったりしている．

関東にある30年近く前に設立されたモスクの関係者にヒアリングしたところ，「地域とのコミュニケーションもあり，最近は，日本人も大体イスラームのことを知っているので，周りもやさしい」とのことであった．また，イードを近くの公園で行っている愛知県内の別のモスクの人に話を聞いても，毎年やっていることなので，市役所も警察も問題なく認めてくれるそうである．モスク側の努力もあり，おおむね近隣との関係は良好なようである．

ただ，最近，ムスリムが増えてきたこともあり，駐車場問題に頭を悩ませているモスクもある．金曜礼拝のときには，モスクの駐車場が一杯になり，他の場所に停めるので，近隣に迷惑をかけてしまう．また，モスクに入り切れずに，人が外にまであふれ出てしまうため，町内会経由で苦情の連絡が入ってくることもある．来日当初に比べ，モスクが増えたので，お祈りする場所には困らなくなってきたと言う人がいたが，最近は，ムスリムが増え，モスクが手狭になってきたという新たな問題が出てきている．

モスクでは，近隣に迷惑をかけないように気を使っている．それでも，ラマダン中は，日没後のイフタールの食事に多くのムスリムがやってくるため，一部，迷惑行為をする人が出てくる．モスクの外で話してうるさくしたり，他人の家に自転車を置いたりする．そうした近隣からの苦情はモスクに寄せられる．

2019年６月５日に名古屋モスクが開催したラマダン明けのイードでは，礼拝の前に，モスクからのメッセージが参加者に対して発せられた．メッセージは，ラマダン中，多くの人がイフタールの用意や後片付けに労力を費やしてくれたことに感謝する一方で，一部のムスリムによる迷惑行為がモスクと近隣の人たちとの関係を悪くしている事実が伝えられた．そして，「ムスリムのせいで誰にも迷惑がかかりませんように．私たちムスリムが日本や世界のために善行を重ねられますように．イスラームが本当は美しい宗教であることをヤングムスリムたちに示すことができますように」といったことが伝えられた[14)]．

モスクは，お祈りをするだけでなく，情報を得る場所にもなっている．ヒアリングでは，「あまり勉強していないからモスクに行かないという人もいるが，モスクに行かないと情報が入ってこない」という意見があった．また，仲間をつくるためにモスクに行っているという人もいた．第１章で見たように，宗教施設は信仰のための場だけでなく，情報収集や居場所としての役割を果たしていることがわかる．

（２）礼拝に対する考え方

礼拝[15)]は，必ずしもモスクで行う必要はない[16)]．ヒアリングでは，日本は「礼拝をしようと思えば勝手にできる」し，「あまりとがめられない社会」だと言う人がいたが，やはり，お祈りするスペースがあると落ち着いて礼拝ができる．これは，外国人ムスリムも日本人ムスリムも変わらない．そのため，ショッピングセンターに働きかけて，礼拝所をつくってもらったという例もある【ムスリムの声19】．

礼拝時間[17)]は決まっているが，幅があり，その時間内にやればいい．１日５回礼拝することになっているが，外出していてやれないときは，家に帰ってから，まとめてやるか，事前にやればいいので，働いていても礼拝を守ることはできる．しかし，働いていると時間に余裕がなくて，やれていなかったと反省する人もいた．礼拝についても，ハラールと同じように，人によって考え方が違うし，環境によっても左右される．職場の理解があれば，就業時間中の礼拝を認めてくれる場合もある．総務省調査でも，「毎週金曜日は，就業時間中に近隣の集会礼拝所での礼拝に参加することを認めている」といった事例が紹介されている．なお，ハラールと同様，日本語がわからないと，職場で礼拝したいと言い出すことが難しくなり，１日５回の礼拝ができない人が多くなる【ムスリムの声20】．

礼拝する場所に関しても，ムスリムは柔軟な考えを持つ．モスクや礼拝所でないとお祈りができないわけではない．やろうと思えば，駐車場でもできる．教会に行かないとお祈りができない宗教もあるが，イスラームの場合は，どこでもお祈りすることができる【ムスリムの声21】．

ムスリムへの配慮として，非ムスリムの日本人が，ムスリムの意見を聞かずに礼拝スペースを整備すると，ハラールと同様，ずれた配慮になってしまう.「モバイルモスク」というトラックを改造した移動式モスクができたが，モスクの形式を備えておらず，少し違和感のあるものができてしまったという【ムスリムの声22】.

総じて，宗教施設に対するこだわりはあまり持っていない．神社に入ることについてもこだわりがないという人もいる．神社に入っても参拝しなければいいし，信じなければいい．特に，日本人ムスリムにはこだわりがない．修学旅行で，神社に参拝しないことを認めている学校もあるが，神社に行かせないことによって，第二世代が日本のことを知らないままに育つことの方を心配する保護者もいる．第３章の小中学校での配慮の状況に関するアンケート結果を見ると，神社などへ参拝する抵抗感は，外国人ムスリムの方が強いことがわかる[18]が，ヒアリングした限りでは，外国人・日本人ともに，強いこだわりを持っている人はいなかった【ムスリムの声23】.

参考のために，ハラールのところで見た**表2－1**を見ると，「外出先で礼拝できる場所が増えること」は，優先順位１位から３位において，「ハラール対応する宿泊施設や飲食店が増えること」に次いで割合が高くなっている．優先順位１位は６％，２位は10％，３位は16％となっている．この結果から，礼拝できる場所が増えることは望まれているが，礼拝は様々な場所ですることができ，できなければ，まとめてやることが可能なことから，切迫した課題ではないということがわかる.

ムスリムと言えば，厳格で礼拝ばかりしているイメージがあったが，ヒアリングを繰り返すうちに，そうではないことに気がついた．そのことをヒアリングしたムスリムに伝えたら，「もちろん，お祈りばかりをしているわけではなく，普通に暮らしている」と笑われた.

【ムスリムの声19】

・礼拝の前に手や足を浄めるのだが，手を洗う場所はあるが，足を洗える場所はなかなかないので，多目的トイレとかで洗っている．また，外でも礼拝をすることはできるが，目立たないところがない．日本なのでしょうがないと思っているが，もう少し便利だとありがたい.

・最近では，（礼拝室が）空港やイオン（大型ショッピングセンター）にはあるのだが，他の場所にもあれば，もっと楽しく遊べる．パーキングエリアとかにもあるといい．礼拝しているところを見られると気になるので，隠れられる場所があるといい．

マレーシア，インドネシア，ブルネイ，シンガポールには，公共施設に礼拝室がある．これから，日本には，ムスリムが買い物のためにたくさんやってくると思うので，小さくてもいいので礼拝できる部屋とかスペースがあるといい．

・お願いしたいのは，大きい駅に，１人分くらいでいいので，礼拝できるスペースがほしいということである．今は，空港とイオンに礼拝室があるが，駅にはない．これまで，旅行するときは，電車の中でやっていたが，本来は，お祈りする場所が動いていてはいけないし，お祈りする方角もあるので，家に帰ってから，昼や夕方の分をまとめて夜にやったりしている．

・イオンに働きかけ，礼拝所をつくってもらった．これにより，これまでは礼拝時間になると帰らないといけなかったが，帰らなくてもよくなった．これは，子どもを連れていくために環境を整えたいとの思いからやったことである．

【ムスリムの声20】

・主人が働いていた会社は，礼拝を認めてくれた．礼拝時間に職場を抜けるが，その分，帰る時間をずらすといった対応をしてくれた．

・金曜礼拝は，途中で会社を抜け出してやらせてもらっている．それ以外の礼拝は，自分で会社の中に場所を見つけ，休憩できるときに自由にやっている．会社はそれを認めてくれている．

・日本語学校にいたときは，お祈りはダメだと言われた．

・金曜礼拝はスンナ（慣行）であり，行けるときには行ったほうがいい，というものである．ただ，工場で働いていると行けない．

・お祈りは，働いていたり外出していてできないときは，家に帰ってから，まとめてやったり，事前にやったりしている．

・以前は，会社勤めだったが，通訳になり，時間に余裕ができ，モスクにも行けるようになったので，（礼拝を）守れるようになった．会社で働いていても，守ろうと思えば，家に帰ってからやればいいので，できなくはないのだが，やれていなかった．できないのを忙しいせいにしていたが，ちょうど10年前は，病気になって会社を辞め，通訳になって変わろうとするときだった．それ以来，ふとんに入るときには必ずお祈りをする習慣になった．

・長男はモスクに行くが，女の子はモスクにはほとんど行かない．女性向けの集まりがあるときもあるが，行かない．家でお祈りをするくらいである．

・日本は住みやすいが，日本語がわからないと怖い．礼拝や断食，ヒジャブを被ることについて，言い出すのが怖くなる．1日5回の礼拝をしない人も多い．

【ムスリムの声21】

・静かできれいな場所があれば，部屋はなくていい．礼拝マットが置いてあるとおもてなし感が出る．また，パーテーションや足を洗うための桶とペットボトルがあるといい．この程度であれば，わざわざ礼拝室をつくらなくても，今日からでもできる．日本人はお金をかけるのが大事だと思っているようだが，駐車場の一角でもいい．

・大学に礼拝室が整備されている例もあるが，キャンパスは広いので，授業の合間に行く時間がないかもしれない．静かな場所があり，礼拝できる雰囲気さえあればいい．大学ならまだいいが，わざわざ礼拝室を整備して，もし，ムスリムがいなくなったら無駄になってしまう．

・お祈りは，服を着替えるところや駐車場でもできる．

・他の宗教は教会に行かないとお祈りできないが，イスラム教は，どこでもできるので，ちゃんとした施設がなくても大丈夫である．イスラム教は厳しくない．

【ムスリムの声22】

・（モバイルモスクは）お祈りをするプレイヤールームとしてはいいと思うが，イマーム（指導者）がいないし，毎日使えないので，「モスク」にはならない．ウドゥも男女別ではないし，おそらく，ムスリムが関わっていないので，ズレている．日本人には，自分たちの宗教がないから，逆に，ムスリムのためにやってあげようとする．自分たちの宗教があれば，そうでない人たちにやってもらうことの違和感があるはずである．ゆっくりでも問題ない．自然に（ムスリムの住みやすい環境に）なっていけばいい．

【ムスリムの声23】

・ムスリムは，神社等に入ることはできるので，みんなと一緒に神社等に入っても，参拝だけしなければいい．他の宗教では入れない場合もあるが，ムスリムには，わざわざ配慮する必要はない．ただし，そういうことを知らないムスリムもいるかもしれない．

・個人的には，神社にも気にせずに入ることができる．神道が絶対に正しいと言われると嫌だが，そうでなければ，ただの建物だと思って入ることができる．イスラームに対するしっかりした信仰心さえあれば，神社に入っても変わらない．それよりも，神社に行かせないことによるネガティブな面が心配である．日本のことを知らないと日本では生きづらい．配慮してもらうことによって，第二世代が日本社会にとってネガティブになるのが嫌である．

・近くの神社でお祭りがあり，盆踊りを習ったが，それはダメだと言われたことがある．お寺や神社に入るのはいいが，お祈りをしてはいけない．お寺の柱を体験としてくぐったことがあるが，信じなければいい．仏像も立派なものをつくったなあと思って見る．文化として見るが信じてはいない．

第３節　ヒジャブ

（１）ヒジャブに対する考え方

ヒジャブは，ヴェールの形や色，着用方法などに関する詳しい記述がコーランにないことから，時代や場所によって，様々な解釈がされている．インドネシアでは，1980年代以前は，ヴェールの着用は限られた層の女性たちだけのものであった．20世紀後半のイスラーム回帰という世界的な現象の中で，アラブ世界では女性たちの「再ヴェール化」が始まった．インドネシアでは，これまで大衆レベルでの女性たちのヴェール化は見られなかったが，1980年代頃から都市部の若い女性たちの間で「初めてのヴェール化」が見られるようになった［野中 2015：28-29］．

ヨーロッパでは，後述する「スカーフ論争」のように，ヒジャブに対する風当たりが強いが，日本においても，ヒジャブをしていると，テロに結びつけられやすく，不利益や偏見に晒されることがある．そのため，ヒジャブをする上では，それなりの覚悟や注意をしている人が多い．自信を持ってヒジャブをしている人もいるが，子どもがいじめられるので，授業参観にヒジャブで来ないでと言われる母親もいる【ムスリムの声24】.

ヒジャブをすることは，ムスリムであることの表明である．日本に来てからヒジャブをするようになった人もいる．彼女は，外国人としては珍しい資格を取得したため，注目されるようになった．そこで，日本人にヒジャブを見慣れてもらうために，公の場に出るときは，わざとヒジャブをするようになったそうである．ヨーロッパでは，ヒジャブは「女性への抑圧」の象徴のように言われているが，ヒアリングした女性の中で，そのように感じている人はいなかった．むしろ，ヒジャブをするのは楽しみであり，ヒジャブをしたいという人の方が圧倒的に多かった【ムスリムの声25】．14名のムスリム女性にヒアリングを行ったが，そのうち，13名（93%）がヒジャブをして待ち合わせ場所に来てくれた.

男性ムスリムの場合も，髭を生やしたり，帽子を被ったりしていると偏見の目で見られる．しかし,男性もプライドを持ってムスリムの格好をしている【ムスリムの声26】.

最近では，ヒジャブをしている人が増えたこともあり，配慮をしてくれるようになってきている．かつてヒジャブをして就職面接に行ったら不採用になった人の友達は，今，その職場でヒジャブをして働いている．しかし，融通が効かない対応となっている場合もあり，同じ会社であってもヒジャブが被れなかったり，後から被りたいと言うと認められなかったりする場合がある【ムスリムの声27】.

【ムスリムの声24】

・スーパーでは，お客さんであるにも関わらず,「ヒジャブしててはダメでしょ」と言われたり,「日本は平和な国だから変なことしないで」と言われたりする.

・学会の通訳をした際，国際会議なので，ムスリムの人たちは普通にムスリムの格好をしているにも関わらず，通訳会社のポリシーで，スーツで来てくれと言われた．先生からダイレクトに頼まれる場合はヒジャブをしていても許されるのだが.

・見た目が問題ではなく，やること，やる態度が重要である．ヒジャブを被っていて（地域や学校のことを）何もやっていないとあいさつもしづらい.

・ヒジャブを被っていると，テロにつながると思われるかもしれないので，普段の生活は目立たないようにしている．見た目が違うので，行動に気をつけないといけないと思っている．

・以前は，ヒジャブを被っている姿を日本人は見なかったと思うが，最近は見る機会も増えているのではないか．ただ，差別ではないが，パリの事件があったときに，ヒジャブを被っていたら，友達に，「おじいさんが睨んでたよ」と言われたことがある．わたしは，最初からヒジャブを被ると決めているので，睨まれていても見えないことにしているが，友達は気にしていた．睨んでいる人と目を合わせると（睨んでいる人の方が）視線を逸らすのだが．

・就職面接の際，ヒジャブをして行った．採用の連絡があった際，「この前の格好では来ないでください」と言われ，ヒジャブをしているのが普通なのに，「普通の格好で来てください」と言われたことがある．その経験から，最初から，この格好で働きたいと言うようにした．

・今住んでいるところは田舎なのでよかったと思う．都会では子どもたちのいじめがひどいと聞く．母親に，授業参観にヒジャブを被って来ないでと言うらしく，ムスリムであることを出せない．

【ムスリムの声25】

・13年前に日本にきたときは（わたしは）ヒジャブをしていなかったし，していない友達もいる．7年前，子どもが3歳のとき，生活が少し落ち着いてきたので，したいと思って始めた．ちょっと巻いてみたら，息子に，「ママかわいい」と言われたので始めた．若いときには，インドネシアでもヒジャブをしている人はいなかったので，皆と同じにするために，しなかった．でも，神様にいい方向に導いてもらえるように，ヒジャブをしようと決めた．

ムスリムは怖いものではない，皆と同じだということを示したいと思っている．日本で初めての（救急法の）外国人指導員になって，わたしが注目されることにより，なんでヒジャブをするのと言われたりするし，いろいろな小学校に行くと，子どもたちには珍しいようで，興味津々で，暑くないのとか，男の子はしないのとか聞かれたりする．子どもたちには，やさしく，宗教だから，イスラム教の証だからと答えたりしている．見慣れてもらうためにはいいことかなと思っている．

・近くの大学の留学生は，皆ヒジャブをしている．女性のコミュニティで勉強会をしているが，そこでも皆ヒジャブをしている．今は，ヒジャブをするのは楽しみである．服と合わせるのが楽しかったりもする．

【ムスリムの声26】

・正直なところ，髭を生やしているので，日本人から怪しい目で見られることがある．大人も子どももである．髭は預言者ムハンマドが生やしていたので，それを真似したいだけである．

・ムスリムの格好をして，帽子を被って外に行くと，いい風には見られない．しかし，この格好は自分のためにやっていることである．パスポートの写真は，帽子を被っていてはダメだと言われたが，この格好でないと，「わたし」ではないので，それがダメならパスポートはいらないと言ったところ，数日してから連絡があり，再度説明したら，帽子を被った写真でパスポートを取ることがOKとなった．日本で帽子を被ってパスポートを取った最初の人だと言われた．わたしは，ムスリムとして生きたいし，帽子を被っているのは自慢である．旅券交付窓口の担当者はルールを説明し，わたしは，なぜ帽子を被った写真でないといけないかを説明した．宗教の帽子だから被っていたいのである．世界的には，キリスト教の聖職者が宗教の帽子だからということでOKになった例もある．帽子はアイデンティティの一部である．そうしたことを手紙に書いたら許された．人間関係が解決してくれたということである．

【ムスリムの声27】

・ホテルのベッドメイキングの仕事をしようと面接を受けたことがあるが，ヒジャブをして行ったら断られてしまった．そこで働いている友達になぜ断られたのか聞いてもらったら，ヒジャブを被っていたからだと言われて，初めて気がついた．まだヒジャブが珍しかったからかもしれない．ただ，わたしとしては，いい方向に考え，自分は仕事に関しては真面目だし，採用しない方が損だと思っている．最近，ヒジャブをしている人が増えている．（某アパレル産業）でも断られたが，今では，友達はヒジャブをしてそこで働いている．日本人の目がよくなったのだと思うが，以前は断られることが多かった．

・（インドネシアの研修生の世話をしていたことがあるが，）インドネシアの工場でヒジャブを被っていてもよかったので，日本でも被れるのかと思ったら，同じ会社なのに，日本ではルールだから被れないと言われたことがある．研修生は6カ月に1回交代する．1回目の子は入る前に（ヒジャブを被りたいと）言わなくて失敗したので，2回目の子からは最初に言ったらOKになった．ただ，前の子は（ヒジャブを被らなくても）よかったのに，なんでと言われたりすることもある．前の子は，日本語で言えなかっただけかもしれないし，同じインドネシア人であっても違う宗教かもしれないのに．

（２）スカーフ論争

ここで，フランスで起きた「スカーフ論争[19]」について簡単に触れる．

1989年９月，パリ郊外の公立中学校で３人のムスリムの女子生徒が，スカーフを着用して授業を受けようとしたところ，彼女たちの行動がライシテ[20]に反すると考えた教師らはこれを阻止しようとした．このことがメディアで大きく取り上げられ，「スカーフ論争」が始まった．この事件に対し，知識人たちは，公立学校でスカーフを着用し，イスラームという私的属性を公的領域に持ち込むことは，職員も利用者も一切許されないと主張した．さらに，スカーフは，「男性による女性の抑圧」という論点も提起された．この論争に対して，国務院[21]は，公立学校でライシテが要求されるのは教育する側であり，生徒ではないとの判断をした．ただし，授業の実施などに支障を与える宣教的なものであってはならず，何が宣教的であるのかの判断は各校長に委ねられることとなった［浪岡 2017：44–45］．

しかし，次第にフランスの文化やアイデンティティが重視される風潮になり，2004年３月に，「公立学校において誇示的な宗教的標章の着用を禁じる法律」（いわゆる「スカーフ法」）が成立し，女子生徒のスカーフ着用が禁止された．2008年には，モロッコ国籍の女性の帰化申請がブルカ[22]の着用を理由として却下されたが，これを契機として，2010年10月に「公共空間において顔を隠すことを禁じる法律」（いわゆる「ブルカ禁止法」）が成立し，公道でのブルカ着用が禁止された．さらに，2008年から始まった「Baby Loup事件」では，私立の保育所でスカーフを着用した職員の解雇を巡る裁判が行われ，2014年まで争われた［浪岡 2017：50–51］．

他にもムスリム女性の着衣に関するものとして，「ブルキニ論争」というのがある．ブルキニは，ブルカとビキニを合わせた造語であるが，これが2016年の夏から，13の自治体のビーチで禁止されたという．また，2019年に大手スポーツ用品店がランニング用ヒジャブの販売を発表したところ，非難の嵐となり，販売が断念されている[23]．

伊藤［2018：15–16］は，ライシテは，「法的な枠組みでもあるが，国民国家のイデオロギーとして，さまざまな価値観とも結びつく．それゆえ，<中略>あたかもひとつの宗教であるかのような相貌で立ち現れてくる場合もあるだろう」と分析している．スカーフ論争において，こうした相貌が垣間見えてくる．ライシテの根拠となる政教分離法の第1条で，良心の自由と自由な礼拝の実践が謳われているが，結果として，このライシテによって自由が奪われる女性たちがいることになる．

「男女平等」の観点から，スカーフは「女性への抑圧」ではないかという議論もされている．中には，「女性への抑圧」として，被らされているムスリム女性たちもいるかもしれないが，岩下［2011：133-134］は，「第二世代の多くは，世俗化の傾向にあり，法制定とスカーフ着用の現状は矛盾する」と指摘する．つまり，第二世代は，世俗化していながら，宗教的な意味合いのあるヒジャブを被っているのは，被りたいから被っているだけであり，抑圧されているわけではない．これは，ヒアリング結果とも一致している．ヒアリングした女性たちの中には，強制的に被らされている人はおらず，むしろ，被っているからこそ，外出ができると言っていた．

差別や排除の意識がなくても，スカーフの意味をわかっていない人たちが，自分たちの価値観の中で解釈をして，「女性への抑圧」だと言っている場合もあるだろう．ムスリム女性を解放するために，善意からスカーフを被ることに反対していたのだとしても，結果として，スカーフを被りたいムスリム女性から，その自由を奪うことになる．しかし，善意の人びとは，自分たちがムスリム女性から自由を奪っていることに気づかない．

第4節　様々な生活上の課題

その他の生活上の課題として，「断食」「葬式・埋葬・介護」「医療・保健」「女性」について，順に見ていく．

（1）断食

最近の事業所では，ムスリムに対して，ある程度の宗教的配慮をするようになってきている．しかし，ラマダン期間中の「断食」をやったことがない日本人からすれば，体力面での心配があるため，やめてほしいと言われることもある【ムスリムの声28】．

【ムスリムの声28】

・本人は，断食には慣れているし，暑いインドネシアでもやれたので大丈夫だと言うが，インドネシアではラマダンになると社会全体がスローになる．本人はやりたがるが，会社は心配して許してくれないということを本人に説明しないといけない．日本では，会社の人はイスラム教のことはわからないので，それをわかった上で会社に入ってくださいとあらかじめ説明している．「郷に入っては郷に従え」という諺もある．できることは会社に対応してもらうが，できないことは諦めてほしいと言っている．最近の工場は，ムスリム・フレンドリー[24)]なので，ある程度は配慮をしてくれ，お祈りの場所もあったりする．それでも，断食のときは，せめて水くらいは飲んでほしいと言われたりする．本当は，ラマダン中は，水も飲んではダメだが，日本人にもイスラム教に慣れてほしいので，本人には妥協してもらって，水くらいは飲むようにしてもらった．

（イードの日に休みをとることについては）実習生は3年でインドネシアに帰るので，例えば，先に帰る人を優先するとか順番を決めてやっている．こうしたことは，最終的には会社が決めることではあるが，会社や本人と話し合いながら決めている．

（2）葬式・埋葬・介護

在日ムスリムの高齢化は，まだ進んでいないが，永住化が進んでおり，あと10年もすれば高齢化の問題が発生してくると予想される．そこで，高齢化に伴う課題として，葬式・埋葬・介護を取り上げる．

① 葬式

葬式は宗教色が強く，その対応について，ムスリムも迷っている．特に，国際結婚の場合，親族は非ムスリムの日本人であり，対応には気を使うことになる．ヒアリングした中では，まだ，直接，本人や配偶者が関わる事態にはなっていなかったが，今後，関わらざるを得ない状況になると，様々な問題が出てくるだろう．

「葬式」は「葬儀」と「告別式」を合わせたものである．このうち，「葬儀」は家族や親族が故人の冥福を祈り，見送る宗教的な儀式なので，ムスリムは出られない．しかし，「通夜」は宗教的な儀式は含まれないので，出ることができる．こうした微妙な解釈は難しい．また，参加するだけなら，形だけ合わせるということもできるが，喪主になると，「葬儀」という宗教儀式を主催することになるので，喪主をやれない．ムスリムが日本で暮らす上では，こうした家族関係の問題があり，第三者では解決できない【ムスリムの声29】．

【ムスリムの声29】

・(日本人の) 義父が亡くなり，葬式を経験した．義母たちは気を使ってくれて，手を合わせなくてもいいよと言われたが，仏教を信じてはいないが，家族に対する尊敬の気持ちはあるし，義母の親戚もいるので，ポーズだけ手を合わせた．お坊さんが何か唱えていたが，何を言っているかわからなかったので，歌として聞いていた．お焼香もやらなくていいと言われたが，やった．

・(日本人の) 主人のお父さんが亡くなった際には，同じ宗教ではないからといって，お葬式に出ないと主人が困るので，出た．焼香は，無駄だと思ってもやらざるを得なかった．日本で暮らす上で，テロに対する偏見やハラールといった問題だけでなく，こうした家族関係の問題がある (ことをわかってほしい)．

・格好だけ焼香をしている．お葬式に出ずにお通夜に行くという方法もある．

・(日本人の) 主人は長男で，結婚する1年前に改宗したが，最初，(喪主がやれないということを) 親に言えなかった．お父さんが亡くなったときには，お母さんが喪主をやったが，お母さんが亡くなっても主人はやれないので，次男がやることになる．結婚するときに，そうした話もしたが，最近になって，お母さんは，主人に，喪主をやってくれないの，と言ったりしている．

② 埋葬

ムスリムは土葬であるが，日本では火葬が一般的である．法律上は，土葬は禁じられておらず，一部の自治体において，条例や規則によって禁止されているだけである．しかし，現在，日本で土葬のできるムスリム墓地は7～10カ所程度しかないと言われている．今後，ムスリムの増加や高齢化が予想される中，ムスリムが埋葬できる墓地が不足する可能性が指摘されているが，土葬や異文化に対する不安感から，住民の理解が得られず，各地で確保に苦労している[25)]．

なお，日本で火葬が広まったのは江戸時代だと言われているが，明治に入って，火葬は仏教的であるとして，一時期，神道式の土葬に切り替えるための火葬禁止の太政官布告が出されたこともある．現在，日本の火葬率は，ほぼ

100％であるが，1935年は50％を超える程度であったという[26]．また，イギリスの2018年の火葬率は約78％，アメリカは約53％，フランスは約37％，イタリアは約24％，ロシアは約12％となっており[27]，世界的に見ると，火葬はそれほど一般的とは言えない．

それでも，火葬が一般的となっている日本社会に生まれた日本人は，土葬に対する抵抗感が強い．結婚を機に改宗した日本人ムスリムでさえ，土葬ではなく，火葬がいいと考えている場合があり，配偶者がボーン・ムスリム（生まれながらのムスリム）の場合には，家族の中でも考え方が違うことになってしまう．ボーン・ムスリムは，火葬はかわいそうだと感じる．こうした家庭内での問題は，ムスリム墓地が増えたからといって解決できる話ではない．また，本国で埋葬してほしいという希望もあり，それに応じようとすると費用の面で大変になってしまう【ムスリムの声30】．

【ムスリムの声30】

・知り合いのインドネシア人の奥さんが自宅で亡くなった．奥さんはムスリムだったが，（日本人の）家族の意思は火葬で済ませたかった．しかし，イスラム教的にはどうしても土葬が望ましい．話し合いの場を設けてみたが，御主人の意思が強かったため，結局，火葬となったが，私たちにはすごく痛いことであった．日本で生活するにおいて，ムスリムのことは理解していただきたいが，今回は，同じムスリムのはずの御主人が土葬を望まれないということが，一番のバリアだと思う．なので，日本人がムスリムの事情を知ることも必要であるが，それよりも，まず，家族を一つの考え方にする必要があると思う．

・（日本人の）主人は，死んだら火葬がいいと思っている．土葬だと虫に食われるし，踏まれるのが嫌なようである．

・火葬場に行ったときには泣いた．イスラム教徒としては，火葬に対して，かわいそうだと思ってしまう．イスラーム的には，人は亡くなっても感じていると考えている．亡くなったあと，やさしく洗うのはそのためである．本当は感じているのに，火で焼かれるのは，かわいそうだし，さみしい．（日本人の）主人は，自分が死んだら，火葬にしてほしいと言うが，義父が火葬されたのを見たら心が痛んだので，土葬にしようと説得したいと思っている．

・パキスタンでは，国が埋葬料を負担するし，海外に住んでいる場合は，国に送り返すお金も負担してくれるそうである．エンバミング[28]して送るそうだが，この近くでそうした処理ができるのは，１社くらいしかないらしい．（パキスタン人の）主人にも，国に送り返してほしいと言われているが，最近，海外に住むパキスタン人が増えているので，いつまで国が負担してくれるのだろうかと思う．もし，国が負担してくれないと火葬するしかないだろう．主人の友達が亡くなったときには，４日間くらいモスクでお祈りをしていた．奥さんは日本人だが，そのお世話が大変そうであった．お祈りをした後，パキスタンへ送った．

③ 介護

ムスリムは家族を大切にするため，イスラームの国では，高齢者の面倒は家族が見るのが一般的である．日本で介護士として働いているインドネシア人女性は，最初，「なぜ介護が必要なのかわからない」と思ったそうである．インドネシアには「介護」という概念がない．しかし，介護のことを勉強するにつれ，日本では，子どもが家で世話をすることができない場合があることを知り，「介護は親を捨てることではなく，親のためでもあるということを知った」という．

1990年の入管法改正を機に急増した日系ブラジル人の高齢化の問題が囁かれ始めているが，ムスリムと結婚したのを機に改宗したブラジル人女性は，ムスリムの高齢化も心配している．介護施設に入ることになれば，非ムスリムに比べ，食事の面などで，より一層の配慮が必要になってくると思われるからである【ムスリムの声31】．

ご主人の母親がデイサービスを利用している日本人ムスリムは，出てくるおやつがハラールではないので，他の日本人の分も含めてハラールのお菓子を買って持って行くという．この場合は，日本人が関わっているので，ある程度，介護制度のことがわかっており，こうした対応をすることができるが，外国人だけの場合は難しいかもしれない．ムスリムの場合は，高齢者の面倒は家族が見るのが一般的とはいえ，それでも介護サービスの中には，使えるサービスがあるかもしれない．したがって，サービスを利用するかどうかは，それぞれで判断すればいいが，介護制度自体は伝えていく必要があるだろう．

【ムスリムの声31】
・入管法の改正に伴って日本に働きにきたブラジル人は，今は60～70歳になっている．今，わたしは日本に来たときの親の年齢と同じくらいになったが，歳をとると，もうブラジルには帰れないし，病気とかにもかかりやすくなるし，いずれ介護施設も必要になってくる．今後は，こうした面での外国人への配慮の必要性が増えてくると思う．ましてや，ムスリムの場合は，食事とか，さらに配慮が必要になってくるだろう[29]．

（３）医療・保健

① 医療

事業所や大学における医療面での取組状況は第１章で見たが，主として言語面での配慮であった．言語面での配慮が必要なのは，非ムスリムの外国人であっても同じであるが，ムスリムの場合は，宗教的な配慮を求める場合には，より必要になってくる．一方，日本語ができ，病院側にも理解があれば，サポートは不要である．病院に入院したことのあるムスリムに話を聞いたところ，食事の面で気を使ってくれたと感謝している．また，薬にハラームのもの（飲んではいけないもの）が使われているかもしれないと思ったが，病気を治す方が先であり，そこまでは気にしなかったという【ムスリムの声32】．

しかし，自宅と同じように入院生活を送ろうとすると，日本語ができても大変である．入院は，病院で生活することなので，様々な生活上の問題が発生する【ムスリムの声33】．だからと言って，医療機関側が，イスラームのことをすべて知る必要はないし，不可能である．ある医療通訳者は，次のような事例を紹介してくれた．

> 産婦人科で入院の説明の通訳をしたとき，病院の用意する食事が食べられないので，どうするかという話になった．全部持ち込みにすると，面会時間は決まっているので，いくら旦那さんが有給休暇をとっても３食持ち込むことができない．ただ，おかずが食べられないだけで，パンとミルクなら大丈夫とのことであった．しかし，病院側は，おかずもセットにするか，食事はなしにするかのどちらかしかないとのことだった．妊婦さんは，あまり動かないので，パンとミルクだけでもいいのに，そうした対応をし

てもらえなかった．学校でも柔軟な対応をするのに融通が効かないと思った．

この事例に対応をするためには，ほとんどイスラームの知識は必要ない．ハラールの食事を用意してほしいと頼んでいるわけではない．パンとミルクだけ出してほしいとお願いしているにすぎない．

別の医療通訳者からは，次のような事例を聞いた．

かつて，中東出身のムスリムの入院患者の通訳をしたことがある．患者は子どもで，寝るときも母親が付き添っていた．単なる付き添いではなく，文字通り添い寝．さすがに子どものケアの邪魔になりかねないので，看護師は反対したが，父親の強い姿勢におされて，とりあえずそれで様子を見ましょうということで妥協．また，スカーフをはずしているかもしれないので，入室するときにはノックをしてから入ってほしいといったことを通訳し，ルール化してもらった．

持続的に点滴を行う場合は，針を血管に刺し，そこに点滴チューブを接続して行うが，点滴が終わったら，いったんチューブははずし，針はそのまま残しておく．その際，針から逆流した血液が固まってつまらせないよう，ヘパリン（抗凝固薬）の希釈液で点滴のルート内を満たしておくが，その原料は，豚の腸粘膜から採取されたものであり，ムスリムには，豚由来のものはハラームであるため，親としては，受け入れられないものであった．そこで，話し合いを重ねながら，代替方法を探っていった．

これは，父親からの申し入れであったが，医療側にはその知識はゼロだった．薬剤師が調べたところ，この病院で使っていたブランドのヘパリンには，豚由来成分が使われていることが判明．さらに調べたところ，豚由来成分を使っていない代替案があることがわかり，以降そちらを使用．最初，医師はとてもとまどった様子だったが，父親の非常に強い姿勢におされて，このようなgood practiceにつながったと思う．

話し合いながら，お互いに歩み寄りながら妥協点を見つけ出していくと，患者から医療機関に対する信頼が増していく．こうした配慮は，医療機関には面倒くさいかもしれないが，患者さんに満足してもらえるのでお互いにいいのではないか．医療通訳は，足したり引いたりせずに，機械のように訳すのがいいと言われるが，こうしたアドボカシーの役割も果たせるといいと思う．

この事例のポイントは，「お互いに歩み寄りながら妥協点を見つけ出していく」ということであり，ヘパリンという薬に豚由来成分が使われているかどうかという知識ではない．たまたま，その患者の父親が，そのことを知っており，そこにこだわっただけであり，気にしないムスリムもいるだろう．そうしたことまであらかじめ知っておかないといけないとしたら，医療行為はできなくなってしまう．病気を治す方が先という考え方の人もいる．「話し合いを重ねながら代替方法を探っていった」ということが大切であり，そのための医療通訳者の役割は大きい．

【ムスリムの声32】
・病院に入院したことがあったが，食事の面でも気を使ってくれてありがたかった．薬とかにひょっとしたらハラームのものが使われていたかもしれないが，まずは病気を治す方が先なので，そこまでは気にしなかった．

【ムスリムの声33】
・主人が入院したことがあったが，食事や部屋の面で大変だった．肉は全部食べられなかったし，煮魚も酒が入っているからダメだった．主人によれば，煮てアルコールを飛ばしてもダメだそうである．主人には食事制限はなかったが，もし食事制限があったら，もっと大変だっただろう．部屋は他の人の出入りがない個室にしてもらった．自分の姿を見られたくないからである．このときの入院は緊急ではなかったから，いろいろと病院に頼めてよかったが，緊急の場合だとどうするんだろうと思った．

アルコール消毒はいいんだろうかとか，薬もカプセルはゼラチンでできていたりするので大丈夫だろうかと思ったりするが，主人に聞かれない限り，そこまでは言わなかった．普通のゼリーもゼラチンが入っているので，寒天系しか食べられないし，お菓子もお酒が入っているとダメなので，病院での食事は，果物，御飯，魚くらいにしてもらい，お吸い物はすまし汁にしてもらった．食品の保存料もいいものといけないものがある．お酒が入っていなくて動物系のものが入っていなければ大丈夫だと主人は言っている．ただ，牛乳は無調整のものでないとダメなので，やはり入院するのは大変である．

② 保健

保健の面での課題もある．ある外国人支援者によれば，母国から一緒に来日したり，呼び寄せられたりした外国人ムスリム女性の場合には，母国と同じ習慣が持ち込まれやすく，日本語ができないこともあり，女性は外出ができなくて孤立してしまう場合がある．そのため，新生児訪問をしようとしても，なかなか連絡がつかず，やっと連絡がついて，通訳やご主人を経由して話を聞いてみると，産後うつになっている場合がある．また，子どもを検診に連れて行かないといけないのに，ご主人が忙しいと連れて行けないこともある．虫歯や太り過ぎの子どもがいるといった心配もあるという．

一方，別の外国人支援者からは，バブル期に豊かな生活を求めて日本にやってきた外国人ムスリムが，長年の日本での厳しい暮らしの中で，メンタル面でやられてしまったという話を聞いた．職場でのひどい扱いの中で，仕事が続かなくなり，定職につけない状態になってしまったという．

ただし，こうした事例は，外国人支援者が介入した事例であり，全体から見れば，特別なケースであることに留意する必要がある．

（4）女性

外国人相談業務に携わっている外国人支援者によれば，ムスリム女性は，男性が一緒だと，男性が代わりに話をしてしまい，ほとんどしゃべらない傾向にあるという．男性が女性の代わりに話すのは，宗教なのか，文化なのかわからないが，男性がいる場で，女性が話さないのを無理に話させることは難しく，時には，男性に席をはずしてもらうことも必要ではないかと考えているそうである．また，宗教に理解のない男性によって，宗教的なことを禁じられるという「宗教ハラスメント」が行われている場合もある．DVや夫婦関係の問題に加え，こうしたハラスメントがあると，相談内容は，より複雑になってくる．

別の支援者によれば，就労制限のない「定住者」や「永住者」の在留資格を持った「外国人女性」と結婚するムスリム男性が増えているという．「定住者」資格は，主に日系人に与えられ，長年日本で暮らすことにより，「永住者」資格がもらえる．こうした在留資格を持っている日系人は，ブラジル人やフィリピン人に多く，彼女らと結婚するムスリム男性が最近増えているそうである．結婚を機に改宗した「日本人女性」については，第1章で見たとおりであるが，結婚して改宗した外国人女性は，日本人女性とは異なる立場に置かれる．この支援者は，「日本人の女性と結婚した場合，ムスリム男性も日本の文化や習慣に合わせようとするが，外国人女性との場合は，女性の国に合わせようとしない．そうした外国人女性は，文化的にも宗教的にも習慣が違う上に，言葉の問題も加わるので大変だ」と話す．

こうした事例は，（３）の「保健」の事例と同様，当事者から直接話を聞くことが難しく，外国人支援者から間接的に話を聞くことになる．なかなか表面化しない問題を明らかにする上では貴重な情報であるが，支援者のサポートを必要とする事例は，大変な状況に置かれている場合が多い．したがって，ムスリムの女性だからといって，こうした状況にある人ばかりではない．日本社会で活躍しているムスリム女性もたくさんいる．その中の１人は，ムスリム女性に対する「何もできない」という偏見をなくしてほしいと訴える**【ムスリムの声34】**．

ただし，確かに，ムスリム女性は，男性と２人だけになることを避けようとする傾向にはある．ヒアリングした外国人支援者や（３）で紹介した医療通訳者は，すべて女性だったので，うまく話を引き出すことができたのだろう．医療通訳者に話を聞くと，医療機関は，医師が男性の場合が多いので，ムスリム女性が受診する場合，ご主人が付き添ってくることが多いそうである．女性の医師を指名する人もいて，そうした場合には，ムスリム女性が１人で受診する場合もあるそうだが，日本には女性の医師が少ない[30)]という問題がある．女性の医師が増えれば，日本でも医療機関を受診しやすくなるだろう．

日本のジェンダーギャップ指数は，0.652で153カ国中121位となっており，先進国主要７カ国の中では最下位である．第１章でムスリムの多い国として挙げた６つの国の順位を見ると，日本より上位なのは，バングラデシュ50位（0.726），インドネシア85位（0.700），マレーシア104位（0.677）の３カ国，下位は，トルコ130位（0.635），イラン148位（0.584），パキスタン151位（0.564）の３カ国となっている[31)]．この結果から，ムスリムが多い国であることと男女の格差の大きさは関係がないことがわかる．

日本社会において，女性の社会進出が進むことが，在日ムスリム女性にとっての暮らしやすさにつながると言えるだろう．

【ムスリムの声34】
・日本では，イスラームの女性は，何もできないというイメージがあると思うが，インドネシアでは，男性と一緒にやることが禁じられているものもあるが，学校では女性も勉強をしており，そんなことはないということをわかってほしい．

注

1）本文を補足するため，「ムスリムの声」を各項（場合によっては細目・区切り）の末尾にまとめた．**【ムスリムの声○】**は，まとめの番号に対応している（以下，同じ）．なお，「ムスリムの声」は，基本的には，ヒアリングでの発言内容であるが，アンケートの自由記述欄に書かれた内容を記載する場合もある．その場合には，「ムスリムの声」の文末に＜アンケート自由記述欄から＞と記した．また，発言者が異なっていても，類似する内容の場合は，同じ番号でまとめてある．その場合は，発言者毎に行間を空けてある．

2）水と油のように混合しない2つの液体を混ぜて一方を他方の中に分散させることを「乳化」と言うが，その状態を保つために加えられる物質のこと．パン，チョコレート，アイスクリームなど多くの食品に使われている．アレルギーの観点から，乳化剤（豆由来）と書いてある場合もあるが，ほとんどは植物性か動物性か分からない．

3）「唯一の神」を表すアラビア語．

4）イスラーム法に則って正しく屠畜された肉．

5）コラーゲンから抽出された動物性たんぱく質．

6）イスラーム学者ユースフ・アル・カラダーウィは，2005年に『ムスリム・マイノリティ法学』を著した．日本語訳は塩崎悠輝編著［2012］に収録されている．

7）「許容」や「寛容」の考え方は，コーランの［雄牛章　2：185］［家畜章　6：145］などにある（コーランからの引用の場合は，［章名 第○章：第○節］で表記する）．「ラマダーンの月こそは，人類の導きとして，また導きと（正邪の）識別の明証としてクルアーンが下された月である．それであなたがたの中，この月（家に）いる者は，この月中，斎戒しなければならない．病気にかかっている者，または旅路にある者は，後の日に，同じ日数を（斎戒する）．アッラーはあなたがたに易きを求め，困難を求めない．これはあなたがたが定められた期間を全うして，導きに対し，アッラーを讃えるためで，恐らくあなたがたは感謝するであろう」［雄牛章　2：185］．「言ってやるがいい．『わたしに啓示されたものには，食べ度いのに食べることを禁じられたものはない．只死肉，流れ出る血，豚肉——それは不浄である——とアッラー以外の名が唱えられたものは除かれる．だが止むを得ず，また違犯の意思なく法を越えないものは，本当にあなたの主は，寛容にして慈悲深くあられる．』」［家畜章　6：145］．

8）2016年8月6日に慶應義塾大学相南藤沢キャンパスで開催された「第2回全国ムスリムミーティング」での共同声明文（https://www.kri.sfc.keio.ac.jp/ja/press_file/20160819_

islamlab.pdf, 2020年８月２日閲覧).

9）ハラールとハラームを決定できるのは神だけであり，勝手にハラームにすることは許されない.「あなたがた信仰する者よ，アッラーがあなたがたに許される，良いものを禁じてはならない.〈後略〉」[食卓章 5：87].「あなたがたは，アッラーの御名が唱えられたものを，どうして食べないのか. かれは，あなたがたに禁じられているものを，明示されたではないか. だが，止むを得ない場合は別である. 本当に多くの者は，知識もなく気まぐれから（人びと）を迷わす. あなたの主は，反逆者を最もよく知っておられる.」[家畜章 6：119].

10）この発言者は母国でハラール認証を行っている機関（世界ハラール評議会の正会員）の関係者である.

11）国際結婚であっても，ハラールに関しては,「主人は（日本人だが）年齢が上なので，元々，肉はあまり食べない」から，食事には困らなかったという人もいた.

12）ラマダン月は，日没まで飲食を絶ち，日没後，食事をとる.

13）イード・ル・フィトル（断食明けの祭り).

14）名古屋イスラミックセンター「Eid-ul Fitrをお祝いしました 2019」(http://nagoyamosque.com/11212.html, 2020年８月30日閲覧).

15）ここで取り上げるのは，宗教的義務としての「礼拝」で，アラビア語で「サラート」という. 礼拝前に身を浄め（ウドゥ)，意図（ニーヤ）を明らかにし，キブラ（メッカにあるカアバ神殿の方向）に向かって立ち，拝礼や平伏などの一連の儀礼の動作を行う[『イスラム事典』(平凡社)]. なお，アッラーにお願い事をする場合には,「ドゥアー」という任意の礼拝もある.

16）ただし，墓地，屠殺場など不浄の場は除かれる.

17）夜明け前（ファジュル)，正午過ぎ（ズフル)，午後（アスル)，日没時（マグリブ)，夜（イシャー）の５回行う（シーア派は３回). 礼拝時刻は，太陽の位置によって決まるので，毎日，少しずつ違ってくる.

18）本書102頁参照.

19）本書では, 女性のベールに関しては「ヒジャブ」という用語を使っているが, ヨーロッパで起きている論争については，一般的に「スカーフ論争」と呼ばれることから，この項においては,「スカーフ」を使う.

20)「政教分離」や「世俗主義」と訳されることが多いが，伊藤［2018：15］は，一義的な定義は不可能であるとし,「宗教的に自律した政治権力が，宗教的中立性の立場から，国家と諸教会を分離する形で，信教の自由を保障する考え方，またはその制度のこと」であるとしている.

21）最高行政裁判所. フランス政府の諮問機関としての役割も持つ.

22)「用語説明」の注９参照.

23)「フランスで巻き起こるイスラムのスカーフ論争. フランスでの反応まとめ」Mousouadvisor (https://mousouadvisor.com/mode-islamique/, 2020年８月２日閲覧).

24）ここでは「ムスリムに友好的」といった意味で使われている. ハラール認証はとっていないが，実質的にハラールな料理を提供できるという意味での「ムスリム・フレンドリー」（第５章の注３）とは異なる．

25）「日本のムスリム墓地不足顕在化 土葬や異文化への不安視も」産経新聞2019年９月12日,「土葬『不足』『高額』……ムスリムの墓地新設模索 静岡の団体,宗教法人格取得」『静岡新聞』2020年７月４日,「ムスリム，土葬の墓地なく」『中部経済新聞』2020年８月６日．

26）鵜飼秀徳「世界一の火葬大国ニッポン，カブトムシも荼毘に」『日経ビジネス』2016年11月１日（https://business.nikkei.com/atcl/book/16/102400002/102800004/，2020年９月５日閲覧）．

27）NPO法人日本環境斎苑協会「諸外国の火葬数，火葬率」（http://j-sec.jp/files/f_1582181277.pdf，2020年９月５日閲覧）．

28）embalming．遺体を消毒や保存処理，また必要に応じて修復することで長期保存を可能にする技法．

29）この発言者は，ムスリムとの結婚を機に改宗したブラジル人である．

30）経済協力開発機構（OECD）の“Health at a Glance 2019：OECD Indicators”によれば，2017年の日本の女性医師の割合は21％で加盟国最低となっている（加盟国平均は48％）（https://www.oecd-ilibrary.org/sites/４dd50c09-en/１/３/８/３/index.html?itemId=/content/publication/４dd50c09-en&_csp_=82587932df７c06a６a３f９dab95304095d&itemIGO=oecd&itemContentType=book，2020年９月12日閲覧）．

31）WORLD ECONOMIC FORUM の“Global Gender Gap Report 2020”（http://www３.weforum.org/docs/WEF_GGGR_2020.pdf，2020年９月12日閲覧）による．ジェンダーギャップ指数は１に近づくほど平等ということになる．この指数は，経済，政治，教育，健康の４つの分野のデータから作成されているが，日本は，教育（0.983，91位），健康（0.979，40位）では高いスコアになっているが，政治が低く，0.049で144位となっている．ムスリム主要６カ国の中で日本より政治のスコアが低いのはイラン（0.037，145位）のみである．実際，インドネシアでは女性の大統領が，パキスタンでは女性の首相が選ばれたこともある．また，本書執筆時点（2020年10月末）でバングラデシュの首相は女性である．

第3章　在日ムスリムの声を聴くII　　教育編

第1節　給食

（1）アンケート結果

子どもの場合は，保育園や学校といった閉じられた特殊な空間の中に，長時間，集団で過ごすという点で，大人の日常生活以上に課題が鮮明になる．また，自分のことではなく，保護者の立場からイスラームに向き合うため，日本でムスリムとして生きていく上での方針や考え方が明確になる．

そこで，ムスリム側に対して，小中学校における宗教的配慮の状況と満足度や必要性についてアンケートを行った．総務省調査では，20市の教育委員会に対して小中学校における「個別に配慮する事項への対応状況」を調べている．その結果，配慮されている項目が15にまとめられているが，本アンケートにおいては，同じ配慮項目について，配慮される側の立場から，「お子さんが通う（通った）小中学校では，宗教的配慮がありますか．また，配慮がある場合には，その配慮に満足か不満足か，ない場合には，その配慮が必要か不要かについて回答してください」という質問を行った．その結果は，表3－1のとおりである．

この節では，給食に関する項目について見ていく．総務省調査では，「弁当持参」は70％の市で認められているが，「給食から豚肉など食べられないものを除去」は40％にとどまっている．「保護者に給食の原材料（豚肉の有無等）に関する情報を提供」は15％だけである．

一方，ムスリムに対して行ったアンケート結果を見ると，「弁当の持参」を認めてもらったのは42名（84％）であり，総務省調査の70％に近い．持参が認められなかった場合でも，最初から不要と考えている人もいるため，実際に認められなくて困った人は，「配慮がなく，配慮が必要」の4名（8％）のみである．弁当持参が認められても，「配慮に不満足」は7名（14％）いるが，これは，毎日弁当を作るのが大変とか冷めてしまうといった理由だと考えられる．ただし，後で見るように，不満足という回答はしているが，認めてもらっているこ

表3－1　小中学校での宗教的配慮の状況と満足度・必要性

	配慮がありその配慮に満足	配慮があるがその配慮に不満足	配慮あり	配慮がなく配慮が必要	配慮がないが配慮は不要	配慮なし	計	（参考）総務省調査 配慮あり	配慮なし	計
①弁当の持参を認めてもらう	35	7	42	4	4	8	50	14	6	20
	70%	14%	84%	8％	8％	16%		70%	30%	
	83%	17%		50%	50%					
②給食から豚肉など食べられないものを除去してもらう	12	3	15	19	15	34	49	8	12	20
	24%	6％	31%	39%	31%	69%		40%	60%	
	80%	20%		56%	44%					
③保護者に給食の原材料（豚肉の有無等）に関する情報を提供してもらう	37	6	43	7	1	8	51	3	17	20
	73%	12%	84%	14%	2％	16%		15%	85%	
	86%	14%		88%	13%					
④断食月は図書室など学校職員がいる別室で過ごさせてもらう	18	2	20	7	19	26	46	7	13	20
	39%	4％	43%	15%	41%	57%		35%	65%	
	90%	10%		27%	73%					
⑤断食月は給食前に早退する，または数日欠席することを認めてもらう	10	1	11	7	29	36	47	3	17	20
	21%	2％	23%	15%	62%	77%		15%	85%	
	91%	9％		19%	81%					
⑥別室（空き教室や保健室など）で礼拝できる環境を提供してもらう	21	3	24	11	12	23	47	10	10	20
	45%	6％	51%	23%	26%	49%		50%	50%	
	88%	13%		48%	52%					
⑦調理実習で使用食材に豚肉がある場合は，代替食材を使わせてもらう	21	2	23	17	7	24	47	4	16	20
	45%	4％	49%	36%	15%	51%		20%	80%	
	91%	9％		71%	29%					
⑧音楽会で楽器を演奏しない，または歌わないことを認めてもらう	7	0	7	9	28	37	44	2	18	20
	16%	0％	16%	20%	64%	84%		10%	90%	
	100%	0％		24%	76%					
⑨修学旅行の際，食事について，別メニューにするなど配慮してもらう	28	5	33	11	3	14	47	5	15	20
	60%	11%	70%	23%	6％	30%		25%	75%	
	85%	15%		79%	21%					
⑩神社等の参拝に参加しないことを認めてもらう	19	2	21	11	16	27	48	1	19	20
	40%	4％	44%	23%	33%	56%		5％	95%	
	90%	10%		41%	59%					
⑪修学旅行に参加しないことを認めてもらう	12	0	12	7	26	33	45		20	20
	27%	0％	27%	16%	58%	73%		0％	100%	
	100%	0％		21%	79%					
⑫スカーフやヒジャブの着用を認めてもらう	15	3	18	6	6	12	30	7	13	20
	50%	10%	60%	20%	20%	40%		35%	65%	
	83%	17%		50%	50%					
⑬肌を見せないよう長袖，長ズボンの着用を認めてもらう	19	2	21	4	3	7	28	3	17	20
	68%	7％	75%	14%	11%	25%		15%	85%	
	90%	10%		57%	43%					
⑭水泳の授業は参加せず見学することを認めてもらう	10	0	10	5	12	17	27	3	17	20
	37%	0％	37%	19%	44%	63%		15%	85%	
	100%	0％		29%	71%					
⑮水泳に参加する場合，肌を隠す専用の水着の着用を認めてもらう	14	0	14	8	6	14	28	5	15	20
	50%	0％	50%	29%	21%	50%		25%	75%	
	100%	0％		57%	43%					

注：上段の割合は，回答した人数の合計を母数として算出したもの．下段は，「配慮あり」あるいは「配慮なし」に占める「満足／不満足」あるいは「必要／不要」の割合を算出したもの．

出典：筆者作成．なお，「（参考）総務省調査」は，総務省中部管区行政評価局「宗教的配慮を要する外国人の受入環境整備等に関する調査――ムスリムを中心として――の結果報告書」（https://www.soumu.go.jp/main_content/000521087.pdf, 2020年9月26日閲覧）を基に作成．

と自体には感謝している人もいる．

「給食から豚肉など食べられないものを除去」については，15名（31％）が対応してもらっている．こちらも総務省調査の40％に近い数値である．「配慮なし（除去してもらっていない）」のうち，「配慮が必要」と考えている人は19名（56％），「配慮は不要」は15名（44％）と拮抗している．

「保護者に給食の原材料（豚肉の有無等）に関する情報を提供」に関しては，アンケート結果では，43名（84％）が対応してもらっている．総務省調査では15％しか配慮されておらず，本書のアンケート結果と大きな差が出ている．これは，アンケートの回答者は，愛知県およびその周辺に在住している人が多いが，後で見るように，この地域では，詳細なメニューは学校に言えば簡単にもらえることがムスリムの間で知られている．また，学校でも，このような対応が一般的に行われていることから，保護者からの要求があれば，容易に対応してもらえると思われる．こうした対応は簡単にできることもあり，「配慮は不要」と考えている人は１名しかいない．

本書では，次節で配慮項目について，試行的に評価基準を設け，項目ごとに配慮すべきかどうかの評価を行っているが，「原材料に関する情報提供」は，実施が容易であり，保護者も求めていることから，「配慮すべき」項目と言える．一方，「豚肉などの除去」は，そこまでは求めない人も多く，「できれば配慮した方がよい」程度である[1)]．

（２）実際の対応

保育園では，以前は，弁当持参さえ認めてもらえないところもあったが，現在では，ハラール対応の給食を出してくれるところさえある．保育園の調理員と相談しながら，献立の中の食べられないものに色をつけてリスト化して対応してもらったり，肉を魚に代えてもらったりもしている．その際，ムスリム側としては，保育園側の負担にならないよう，家庭より緩めの基準にして，折り合いをつけながら，「できれば」ということでお願いをしている．保育園では，園で給食をつくるところが多いため，こうした対応が可能になる場合もある．しかし，いくら気をつけていても，子どもが間違って，食べてはいけないものを食べてしまうことはある【ムスリムの声35】．

小学校の場合を見ると，給食センターでまとめて調理することもあり，ハラール対応の給食を出すことは難しいが，「弁当持参」は，おおむね認められている．

学校から給食の献立表をもらって給食に似せた弁当をつくったり，給食の中で食べられるものがあるときだけ給食を食べさせたりするなど対応は様々である．献立表は，１カ月分のものではなく，調理員が実際に給食をつくるための毎日の詳細なものがある．ヒアリングの際に見せてもらった献立表には，献立名のほか，材料名，購入量，使用量，調理方法，衛生に関する注意事項，アレルギー物質が書かれていた．こうしたものがあることは先生でも知らない場合があるが，お願いすれば，たいていの場合，学校からもらえるという【ムスリムの声36】．

小中学校においても，ムスリムは，学校側に無理は言わず，また，子どもに対しても無理をさせないよう，ハラールの基準を緩く考えていることが多い．弁当を毎日つくるのは大変なため，保護者自身も無理しない範囲でつくっている．あたたかいものを食べさせたくて，給食の始まる少し前に学校に弁当を持って行っていたが，大変なので，子どもに相談して，朝行くときに持たせるようにしたといった話もあった．ヒアリングした限りでは，弁当持参を認めてくれるだけで感謝している人が多く，ハラール対応の給食まで求める声はなかった【ムスリムの声37】．

もっとも，ハラール対応の給食が現状では難しいことから，代替措置として弁当持参をしているのであり，当然に，保護者が弁当をつくるということではない．ある小学校では，子どもは皆と同じものを食べたいだろうから，給食のメニューに合わせて弁当を持ってきてくれと言う先生がいたそうであるが，これは，場合によっては，保護者に無理を強いることになる【ムスリムの声38】．

弁当持参は，おおむね認められているが，外国人ムスリムの場合，日本語でうまく説明できないと，配慮のお願いをすることが難しい．言葉の面だけでなく，両方の立場がわかる日本人ムスリムと一緒にお願いに行くと，スムーズに対応してもらえるようである【ムスリムの声39】．

ヒアリングした限りでは，理解のある学校が多かったが，中には，そうでない事例もあり，アレルギーなら対応するが宗教は関係ないと言われた人もいる．以前は対応してもらえたそうなので，先生個人の考え方によって配慮されるかどうかが左右されることもある【ムスリムの声40】．

また，「食べること」に対する配慮であれば，弁当を持参すれば対応は可能だが，給食当番をやろうとすると，「牛乳やご飯の配膳はできるが，豚肉はできない」し，「金曜日の礼拝をするためにモスクに行くので，給食当番は手伝えない」．この場合は，他の子どもたちにわかってもらうために，先生に説明をしてもらったという．

小中学校における宗教的配慮は，「文科省手引」に記載があるとおり，「保護者と事前に相談を行い」「受入れ初期に共通理解をしておく」といった対応がされている場合が多い．最初に話し合うことは望ましいことではあるが，もちろん，途中の変更を妨げるものではない．しかし，最初にお願いしないと対応が難しいと言われる場合もある【ムスリムの声41】．

【ムスリムの声35】

・長男が保育園に通っていた頃は，アレルギー食という考え方もなく，弁当持参さえダメというところが多かったので，弁当OKのところを探した．長男の通っていた保育園では，保育園の方で対応すると提案があったので，お願いしたが，次男は弁当を持って行った．三男・四男のときは，無認可ではあるが，自分で幼稚園（プリスクール）を開いていたので，ハラール対応できる業者から給食を取り寄せていた．

・大学が近くにあり，留学生の子どもが預けられていたので，最初の１～２年は，奥さん同士，９人で交代で毎日弁当をつくっていた．給食に似せてつくっていたので，材料費が高かった．ただ，保育料に給食代が含まれていることがわかったので，日本人ムスリムと一緒に保育園に行き，食べてはいけないものを示し，保育園の方で対応してもらえることになった．毎月，給食の中身をチェックして，保育園の給食の人と相談しながら，献立にある食べられないものに色をつけてリスト化した．

・今，わたしの子どもは保育園に通っているが，肉を魚に代えてもらったり，チキンコンソメを抜いてもらったりしているが，家庭より緩めである．保育園側も大変だと思うので，ラインを決めて折り合いをつけており，「できれば」ということでお願いをしている．

・保育園は，パキスタンの留学生の子どももいて，合わせて４人くらいいたので，給食を別につくってくれ，感謝している．

・現在住んでいるところは，ムスリムの子育て世代が多く，付き合いが多いのでいいが，長男が４歳のときまでいたところでは，食べ物に困った．保育園の給食で，ハンバーグとサラダがメニューにあったので，（ハラール肉を使った）ハンバーグだけ作って（弁当を）持って行ったが，子どもは，まだハラールがわからなかったので，給食の余ったハンバーグも食べてしまった．しょうがないことではあるが，主人に，保育園には入れるなと言われた．

【ムスリムの声36】

・給食は，学校からメニューをもらっており，豚肉がないときは食べさせているが，豚肉があるときは弁当を持っていくことにしている．豚肉が入っていなくても，ハラールではないものが入っているかもしれないので，本当は食べさせてはいけないが，自分だけ違うのは精神的に問題があるだろうと思って，豚肉があるときだけ弁当にしている．ずっと弁当だと嫌だろうし，皆の給食は温かいのに，自分の弁当だけは冷めているとかわいそうだし，みんなと一緒じゃないとさみしいと思う．先生には，最初から，豚肉があるときは弁当を持たせ，ないときは給食をお願いしますと言ってある．

・給食のリストを学校から毎月もらって，豚肉や豚エキス，みりんが入っていれば，弁当を持っていく．そうしたものが入っていなければ，みんなと同じ給食を食べている．最初，弁当は大変だったが，元々，インドネシアでは弁当なので，普通のことである．リストをもらって，これは食べられないということで学校に提出すれば，給食のときに，子どもに渡さないようにしてくれる．持って行った弁当は給食の容器に入れる．おかずは給食のメニューと似たものを持っていく．みんなは，弁当だということを知っているが，理解しているので，問題はない．

・学校の給食は，メニューが詳しく書いてあるので，豚肉や豚の脂，乳化剤が入っているときだけは，そのメニューを避けて，代わりのものを持っていく．ただ，人によって対応は違っていて，留学生の子どもは，最初から弁当を持たせることが多い．わたしは，これから子どもは日本で育つので，日本の味を知ったほうがいいと思っている．豚肉や豚由来のものが入っているときは代わりのものを持たせるが，野菜とかは食べられるので，給食を食べさせている．子どもが，神様に嫌々ではなく従えるようにしたいと思っている．豚肉はイスラム教の中ではよくないものとされているので，子どもになぜ食べてはいけないかを説明して，納得してもらっている．

・献立は，たいてい言えばもらえる．献立は，1カ月分のものではなく，調理師さんがつくるための一日一枚のものである．材料や分量，調理方法まで書いたものであるが，担任でさえ，そうしたものがあることを知らないが，教えてあげれば，対応してくれるはずである．今はジャーがあるのでいいが，以前は，冷めないよう，昼に弁当を届けに行った．給食のすべてがダメなわけではなく，ごはんや牛乳は大丈夫なので，食べられないものだけを弁当で持って行き，給食の食器に入れたので，見た目には，他の子と変わらない．

【ムスリムの声37】
・学校の給食も対応してもらえるところは対応してもらい，してもらえないところは（自分たちで）なんとかしている．以前は，ムスリムの母親７人くらいのグループをつくり，当番制で，１人ずつ弁当をつくった．たくさんつくった方が，材料に無駄がない．子どももあまり気にしていなくて，最初は，学校のメニューと同じものを持っていったが，子どもも好き嫌いがあるので，シュウマイとか好きなものがあると，それだけを持っていく．そのうち，子どもは何を食べてもいいかわかるようになるので，わざわざ弁当をつくらなくてもよくなる．給食で食べられないものを残しても先生は何も言わないし，最初から，食べられないものはとらなければいい．

・長女の学年には15人ムスリムがおり，全学年で20人くらいいる．この小学校は，毎月メニューを送ってくれ，豚肉には赤で×をつけてくれる．１カ月に１回くらいは，すべて食べられるメニューがあり，そうしたメニューには○をつけてくれる．

・弁当は冷めるので，あたたかいものを食べさせたくて，給食時間の12時20分より少し早い12時に持っていった．ただ，そうなると，そのために（自分の）行動が制約されるので，子どもたちに聞いたら，冷めていても大丈夫と言われたのでやめた．弁当は，冬は冷たいし，夏は腐るのが心配だが，これ以上，学校に頼むのは失礼であり，大変だと思うので無理はしない．

・（学校は）最初から，給食ではなく，弁当を持たせることを認めてくれ，あたたかく迎えてくれた．

【ムスリムの声38】
・三男の小学校では，子どもは皆と同じものを食べたいだろうからという理由で，給食のメニューに合わせて弁当を持ってきてくれと言われ，作り方を書いた紙をもらい，ほとんど同じものを作って持って行かせた．この小学校では，以前にもムスリムの子どもがいて，こうしたやり方を踏襲しているようである．日本人で料理を作るのが得意な人ならいいが，外国人は大変だろうと思う．

【ムスリムの声39】

・一番上の子どもが１～２歳くらいのときは困ったが，（自分は日本語ができるからいいが）日本語ができなかったりすると，言葉が通じず，弁当を持ってくることさえできないので，さらに困っただろう．弁当もなしで，給食で出される（白い）御飯しか食べない子どもがいた．御飯しか食べない子どもがいたら，先生も疑問に思うはずだが，そのままだった．

・外国人ムスリムの母親を持つ子どもは給食で豚肉を食べている．父親は日本人なので，それでもいいと思っているのかもしれないし，ひょっとしたら，日本語でうまく説明できなくて，そうなっているのかもしれない．

・小学校５年生の子どもを持つ友達がいるが，学校で出される給食は食べさせたくないということで，ポテトフライを持たせているそうである．

・保育園の経験があったので，小学校でも相談することができた．保育園のときは，日本人ムスリムと一緒に話に行った．日本人なので，両方の気持ちがわかるし，今のように，ムスリムが多くなかったので，対応してくれたのだろう．

【ムスリムの声40】

・３年前に教頭先生にお願いをしたら，アレルギーなら対応するが宗教は関係ないからダメだと言われたことがある．前の校長先生には，給食のことで相談したいと言ったら，「ハラールのことは知ってるよ．他にもムスリムの子がいるから大丈夫．できるだけメニューも豚肉が少なくなるようにします」と言ってくれたのに，この教頭先生には，「宗教のことは関係ない」と言われ，トラウマになっている．

【ムスリムの声41】

・宗教的配慮に関するお願いは，最初に言えば問題ないが，途中で言うと，なんで最初から言わなかったのかと言われる．最初，日本語で言えなかったから言わなかっただけなのに，途中から変えることは難しいと言われたりする．なので，新しいところに行く場合には，最初にお願いするようにしている．子どもが小学校に上がるときも，給食は，代用できる食べ物は代用してもらって，代用できないものは自分でなんとかするようにしている．

（３）配慮に対する考え方

配慮に対する考え方は，（２）の実際の対応からもうかがわれるが，保護者は，子どもに無理をさせないようにしている．子どもにとって，自分だけ弁当というのは精神的な負担が大きい．そして，子どもだけでなく，保護者自身も無理をしないようにしている．できるだけ給食のメニューに合わせようとするが，同じものまでつくるのは大変なので，似たものをつくる程度にしている人もいる．また，学校に対しても，無理強いをしないようにしている．ムスリムがマイノリティの日本では，きちんとできないことはわかっている．もっとムスリムの人数が多くなれば，ハラール対応してほしいと言い出せるかもしれないが，まだ，その時期ではないと考えている．中には，学校に対して対応を求めている人もいたが，ハラール対応の給食を求めているのではない．その学校では，弁当を持ってくるか給食を食べるかの二択しかないため，「おかずは弁当で持ってくるので，牛乳と御飯は給食で出してほしい」というだけの要求である．学校に負担を求めるものではない．以前は対応してもらえたそうであるが，先生が代わって認めてもらえなくなったという【ムスリムの声42】．

宗教的に配慮した給食を求めることは，社会的論争に発展しやすい．第２章でフランスの「スカーフ論争」を紹介したが，ハラール対応の給食についても，同じように意見が対立する[2]．フランスだけでなく，イギリス[3]やドイツ，デンマーク[4]でもハラール対応の給食にすることの是非について論争が起きている．

したがって，日本人ムスリムの中には，「マイノリティとしての自覚を持ち，主張は控えるべき」という考え方がある．実際，あるフォーラムで，ムスリムが，日本でもハラール対応の給食を用意してほしいと発言したところ，それに関してインターネット上で炎上したことがある【ムスリムの声43】．

新聞記事によれば，このフォーラムでは，インドネシア人女性が調査結果を基に，ムスリムの子どもたちが学校生活で給食や礼拝などに苦慮している現状を報告した．その中で，ハラール対応でない学校給食に多くの保護者が悩んでおり，大半が毎日弁当を持参するか，豚肉使用のメニューのときにだけおかずを持参することなどを紹介した．そして，「ルールだからダメというのではなく，柔軟な対応を検討してほしい」と理解を求めたそうである[5]．

本書においてヒアリングしたムスリムのほとんどは，学校側に対して，対応できないことまでは求めていない．（１）の**表３-１**のアンケート結果を見ても，「弁当持参」が認められているのに「不満足」という人は，42名中７名（17％）

だけである．不満足の人の中には，「『弁当の持参』はありがたいが，できれば皆と同じものを食べさせたいので，配慮があって，とてもありがたいが，不満足」という人もいた．アンケートでは，「満足／不満足」の定義をしていないため，この人は「不満足」としたが，弁当持参を認めてくれることはありがたいので，「満足」とした人もいただろう．

炎上したと言われるフォーラムの新聞記事を見ると，タイトルが「学校生活，給食など苦慮 ムスリムの子に『理解を』」となっている．「理解を」と書いてあると，強い主張をしているように見える．しかし，記事を読んでみると，報告者は現状を報告したに過ぎず，締めの言葉として，「柔軟な対応を検討してほしい」と言っただけである．確かめる術がないので，推測の域を出ないが，強く求めたと断定できる記載はない．しかし，この記事に対して，否定的な意見がインターネット上に投稿された．

ヒアリングした限りでは，日本においては，ムスリムはマイノリティなので，弁当持参は仕方がないと考えている人が多い．また，ヒアリングの中で，「平安な生活を送ることが望みで，子どもたちがいいムスリムになるのを見守りながら生きていければ他には何もいらないと思っている」という人生観を語る外国人ムスリムもいた．彼ばかりではなく，平安を求めるムスリムは多い．平安な生活を脅かしてまでハラール対応の給食を求めているわけではない．

【ムスリムの声42】

・自分だけ弁当なのも恥ずかしいということだったので，恥ずかしいならしなくてもいいよ，と子どもには言っていた．

・公立の学校では，本当に給食に関しては大変でした．子どもは，何も言いませんでしたが，後から同級生からの対応にとても疎外感があったそうです．今の日本の教育は，少しでも他と違うと，本当に難しい．おおらかに他人を受け入れる教育をして欲しいと思います．＜アンケート自由記述欄から＞

・子どもが小学校のときは，他の子どもと違うメニューだとかわいそうなので，学校から献立だけもらって弁当をつくっていたが，礼拝とかは特にさせなかった．献立をもらえただけで満足した．子どもは手作りの弁当のほうがうれしいだろうし，メニューもみんなと同じなのでうれしい．

・ハラール対応の給食までは学校に期待していない．そこまでムスリムの人数はいないからである．本当は，ハラール対応の給食は生徒全員食べられる[6]とは思うが，面倒くさいだろうと思う．ハラール対応にすることは無理ではないだろうが，まだ，その時期は来ていないと思う．人数が多くなれば，ハラール対応してほしいと言い出す勇気が出てくるが，まだ，そんなにたくさんはいない．

・守るかどうか微妙なところまできちんとやってくれようとしても意味がない．非ムスリムの国である日本では，そもそも，きちんとはできない．先生や給食の人は，非ムスリムということはわかっているので，表をつくってルールを示してお願いしている．（表をつくるのは）そんなに時間はかからず，学校にファックスで送るだけであるが，学校は，アレルギーの子と似たような感じで扱ってくれる．

・給食はすべて弁当．できるだけ給食のメニューに合わせようとしているが，同じものをつくるのは負担なので，似たものをつくっている程度である．通っている小学校には，20〜30人のムスリムの子どもがいるので，ムスリム対応してくれるよう要望をしているが，学校としてOKであっても，行政が動かないとダメだと言われている．もちろん，一気に進めてもらいたいわけではなく，少しずつでいいから進歩させたいと思っている．牛乳も御飯も大丈夫なので，とりあえず，それだけでも給食で出してもらって，その分だけ給食費を払うとかでもいい．御飯まで弁当だと冷めてしまう．以前は，そうした扱いもしてくれたが，今は，担任が代わり，ダメだと言われる．人によって扱いが違うので，制度化してほしい．

【ムスリムの声43】

・ハラールは皆が食べられるから給食はハラール対応にすべきだと主張するムスリムがいるということで相談を受けたことがある．しかし，ここは日本であり，学校も決まった業者から納入してもらっているので，ほっておけばいいと答えたことがある．＜中略＞２年前に行われたフォーラムでは，ムスリムがハラール対応の給食を用意してほしいと発言したところ，それに関して，ネット上で炎上したこともある．

第２節　学校での様々な場面

（1）アンケート結果

小中学校での宗教的配慮の状況と満足度･必要性に関するアンケート結果は，表３－１のとおりであるが，アンケート結果で，「配慮あり」の割合が高いものは，ニーズがあり，かつ，実施が容易なものだと考えられる．逆に，「配慮あり」の割合が低いものは，ニーズが低いか，実施が困難なものと考えられる．しかし，どちらの要因なのか，あるいは，どちらとも要因なのかがわからない．

それを見極めるために，試案として，「配慮なし」のうち，「配慮が必要」と回答した割合をニーズの高さと捉え，割合が70％以上のものを「高い」，30％以下を「低い」，その間を「普通」とし，「配慮あり」の割合と組み合わせることにより，表３－２のとおり評価基準を作成した．そして，基準に当てはめて評価を行ったものが表３－３になる．

前節で見た給食に関して言えば，「① 弁当の持参」は，すでに多くの学校で配慮されており，実施率も高いが，もし配慮されていないのであれば，「配慮した方がよい」という評価になる．「② 豚肉などの除去」は，「できれば配慮した方がよい」程度になる．「③ 原材料に関する情報提供」は，実施率は低いが，

表３－２　評価基準

配慮あり	ニーズ	評価	
高い	高い	Ⅰ	配慮すべきである
高い	普通	Ⅱ	配慮した方がよい
高い	低い	Ⅲ	そんなに配慮しなくてもよい
普通	高い	Ⅳ	もう少し配慮すべきである
普通	普通	Ⅴ	できれば配慮した方がよい
普通	低い	Ⅵ	あえて配慮する必要はない
低い	高い	Ⅶ	実施が可能であれば配慮すべきである
低い	普通	Ⅷ	実施が可能であれば配慮した方がよい
低い	低い	Ⅸ	配慮しなくてもよい

注：「配慮あり」は表３－１の「配慮あり」の割合，「ニーズ」は「配慮なし」のうち「配慮が必要」と回答した割合により，70％以上のものを「高い」，30％以下を「低い」，その間を「普通」とした．
出典：筆者作成．

表３－３　小中学校での宗教的配慮項目の評価

項目	アンケート結果		評価		総務省調査
	配慮あり	ニーズ			実施率
① 弁当の持参を認めてもらう	高い	普通	Ⅱ	配慮した方がよい	高い
② 給食から豚肉など食べられないものを除去してもらう	普通	普通	Ⅴ	できれば配慮した方がよい	普通
③ 保護者に給食の原材料（豚肉の有無等）に関する情報を提供してもらう	高い	高い	Ⅰ	配慮すべきである	低い
④ 断食月は図書室など学校職員がいる別室で過ごさせてもらう	普通	低い	Ⅵ	あえて配慮する必要はない	普通
⑤ 断食月は給食前に早退する，または数日欠席することを認めてもらう	低い	低い	Ⅸ	配慮しなくてもよい	低い
⑥ 別室（空き教室や保健室など）で礼拝できる環境を提供してもらう	普通	普通	Ⅴ	できれば配慮した方がよい	普通
⑦ 調理実習で使用食材に豚肉がある場合は，代替食材を使わせてもらう	普通	高い	Ⅳ	もう少し配慮すべきである	低い
⑧ 音楽会で楽器を演奏しない，または歌わないことを認めてもらう	低い	低い	Ⅸ	配慮しなくてもよい	低い
⑨ 修学旅行の際，食事について，別メニューにするなど配慮してもらう	高い	高い	Ⅰ	配慮すべきである	低い
⑩ 神社等の参拝に参加しないことを認めてもらう	普通	普通	Ⅴ	できれば配慮した方がよい	低い
⑪ 修学旅行に参加しないことを認めてもらう	低い	低い	Ⅸ	配慮しなくてもよい	低い
⑫ スカーフやヒジャブの着用を認めてもらう	普通	普通	Ⅴ	できれば配慮した方がよい	普通
⑬ 肌を見せないよう長袖，長ズボンの着用を認めてもらう	高い	普通	Ⅱ	配慮した方がよい	低い
⑭ 水泳の授業は参加せず見学することを認めてもらう	普通	低い	Ⅵ	あえて配慮する必要はない	低い
⑮ 水泳に参加する場合，肌を隠す専用の水着の着用を認めてもらう	普通	普通	Ⅴ	できれば配慮した方がよい	低い

出典：筆者作成.

実施が容易であり，保護者も求めていることから，「配慮すべきである」となる.

給食以外の学校での様々な場面における配慮について見ていくと，「④ 断食月は別室で過ごすこと」は「あえて配慮する必要はない」，「⑤ 断食月は給食前に早退・欠席すること」は実施率が低いが，ニーズも低いので，「配慮しなくてもよい」項目となる.

「⑥ 礼拝できる環境」については，全体として見れば，「できれば配慮した方がよい」程度であるが，配慮がない場合に「配慮が必要」と答えている割合を日本人・外国人別に見ると，日本人17%・外国人82%となっており，有意差がある．外国人ムスリムからすれば「もう少し配慮すべきである」が，日本人ムスリムからすれば「あえて配慮する必要はない」項目となる．

「⑦ 調理実習での代替食材」は，ニーズが高く，「もう少し配慮すべきである」となる．この項目についても，「配慮が必要」と回答しているのは，日本人40%・外国人93%となっており，有意差があり，外国人ムスリムの方が多く求めている．日本人ムスリムだけであれば，「できれば配慮した方がよい」程度となる．

「⑧ 音楽会での演奏への不参加[7)]」は，実施率は低いが，ニーズも少ないため，「配慮しなくてもよい」ことになる．この項目に関しても，「配慮が必要」と回答しているのは，日本人６%・外国人38%となり，有意差が出ている．ただし，外国人ムスリムも高い割合で求めているわけではない．

「⑨ 修学旅行の際の別メニュー」は，実施率は低いが，業者に頼めば容易に実施できることであり，ニーズも高いので，「配慮すべきである」と言える．「⑩ 神社等の参拝への不参加」は，「できれば配慮した方がよい」になるが，「配慮が必要」と回答しているのは，日本人８%・外国人67%となっており，この項目でも有意差が出ている．日本人ムスリムだけで言えば，「あえて配慮する必要はない」となる．「⑪ 修学旅行への不参加」は，ニーズも低く，「配慮しなくてもよい」．

「⑫ スカーフやヒジャブの着用」は，全体としては「できれば配慮した方がよい」になるが，「配慮あり」の割合は日本人30%・外国人75%となっており，有意差がある．また，配慮がない場合に「配慮が必要」と答えている割合は日本人29%・外国人80%となっている．母数が少ないため，その差が有意なものかは判定できなかったが，外国人ムスリムに関しては，「配慮すべきである」となるだろう．

「⑬ 肌を見せない服装」は，実施も容易なので，「配慮した方がよい」，「⑭ 水泳の授業への不参加」は，ニーズも低いので，「あえて配慮する必要はない」ことになる．「⑮ 肌を隠す専用の水着」は，「できれば配慮した方がよい」ことになる．

なお，以上の評価は，あくまでも試案であり，何%以上を高いとするか，９つの分類にどのような評価をするかといったことは，ヒアリングなどを踏まえた感覚によるものでしかない．また，数値的に評価しただけであり，かつ，アンケート回答者数が少ないこともあり，この結果だけをもって一般化することはできない．「配慮しなくてもよい」と評価したものであっても，あるムスリムにとっては，「配慮すべきである」項目もあるだろう．

ただ，この評価によって示したかったのは，想定される宗教的配慮すべてに対応しなければならないわけではなく，項目によっては，ムスリム自身も，それほど配慮を求めているわけではないということである．また，配慮を求めるかどうかは，保護者の考え方によって異なっている．こうしたアンケートで得られた結果を次のムスリムの声によって確認していく．

（２）実際の対応

実際の対応について，ある中学校の先生にヒアリングしたところ，次のように話してくれた．

> ムスリムの子どもに対しては，肌を見せないような制服やスカーフの着用を認めている．体操服については，足が見えないようにしたものも認めているが，それでも着られない子は体育の授業に参加しないことも認めているし，プールに入らないことも認めている．親の意向なのでやむを得ないと考えている．ただ，親の信心度合いによって必要な配慮は違っており，一律には対応できない．修学旅行も最近ではハラール対応のホテルも多い．親によっては，旅行中はハラールでなくてもいいと考えている人もいるが，旅行中でもダメだと考えている人もいる．修学旅行は旅行業者に頼むので，ハラール対応もしてくれるが，中学２年生のときに野外学習として２泊３日で行く宿泊施設にはそうした対応はないので，３日分のハラールのレトルトを持ってくる子もいる．これも親の信心度合いで違ってくる．

学校側としても，保護者の意向を尊重し，個別の対応をしようとしている．また，保護者の信心度合いによって必要な配慮は違っており，一律には対応できないということも理解している．

ムスリムへのヒアリング結果から，この中学校だけでなく，保護者の意向に沿った形で対応しようとする流れにあることがわかる．肌を見せないような制服やスカーフの着用，礼拝への配慮など，多岐にわたって多くの配慮の事例を聞くことができた．ラマダン前には，断食に関するアンケートをする学校もある．学校によって温度差はあるものの，多くのムスリムは，こうした流れに対し，満足感や感謝の気持ちを持っている【ムスリムの声44】．

学校での配慮があっても，子どもが恥ずかしくて宗教的実践がやれない場合もある．そうした場合には，保護者は子どもに強制せず，本人の気持ちを第一に考える．保護者は，子どものことを心配し，他の子どもたちから変な目で見られないよう，先生から説明してもらっている場合もある【ムスリムの声45】．

宗教的配慮は，制度化されていないこともあり，ある学校では認められていても，別の学校に行くと認められない場合がある．また，受入体制はあるが，先生が慣れておらず，あまり対応してもらえないこともある【ムスリムの声46】．

しかし，こうした事例はあるものの，小中学校は義務教育ということもあり，配慮されている場合が多い．一方，学校の外に出ると様相が変わる．学校の中では許されることであっても，外に出ると，大人の態度が変わり，急に許されなくなってしまう．野球クラブで，「宗教的なことまで配慮できない」とあからさまに言われたり，学校の中ではヒジャブが許されていたのに，外で行われる部活動の大会に出られないこともある【ムスリムの声47】．

【ムスリムの声44】

・小中学校では，ムスリム児童に対する配慮は学校ごとに，たいていは校長の判断で決めている．現在は，頭ごなしにダメと言われることはなくなった．ただ，イスラム教のことがわからないので，必要以上に大変なことのように考える傾向にある．1回だけ，断食することについて，ダメと言われたことがあるが，断食して倒れられたら困るというのが理由である．修学旅行でも，たいていハラール料理が用意されている．学校ごとに制服が決まっているが，夏の制服は，半袖なので肌が出てしまう．下に長袖を着ることを許可してくれる学校は多いが，それだと暑いので，特別に長袖の制服をつくることを認めてもらった例がある．

・最初，学校でも給食や着替えの対応がされてなかったが，ゆっくりと，みんなの意見を取り入れて対応してもらえるようになった．

・次男は，学校でもお祈りをしている．本当は帰ってきてお祈りをした方がいいのだが，ランチを食べてから図書館とかで場所を借りてやっている．三男も午後に学校でお祈りをしているし，次女は家に帰ってきてからお祈りをしている．ラマダンに関しては，次男が小さかった頃は，ランチタイムが来たら，断食を続けるかどうか聞いて決めていたが，今は，給食はストップということでお願いしてあり，アクティビティも少なくしてもらっている．１カ月間のことなので，クラブ活動もやめている．肌は，男の子なので膝を見せないようにしている程度である．次男が９歳のとき，初めて断食をした．ラマダンに断食すると，おこづかいがもらえるので，楽しみにしていた．うがいも禁止されているのだが，喉が渇くので，あまり動いてはいけないと忠告したりした．日が沈むと，16時間振りに食べたり飲んだりすることが許されるが，次男は食べられるのが嬉しそうだった．断食明けはモスクに集まって，食事をする．（娘は）ヒジャブを学校にして行ったら，最初，いじめられたが，今は，もう皆慣れていて，いじめもないので，満足である．

・息子は，礼拝や断食，食べ物も守っている．金曜礼拝も迎えに行き，終わったらまた学校に送って行くことを認めてくれた．中学校にはムスリムは１人だけだったが，誰にも見られないよう，空き教室を礼拝所として使わせてくれた．高校にも礼拝所はあるが，子どもは気にしてお祈りはしていない．断食のときは，学校では別の部屋を用意してくれる．また，運動しないよう体育も休ませてもらっている．学校は理解がある．

・昼のお祈りは，外国人を支援する教室があり，自由に出入りできるので，そこでやっているし，金曜礼拝も認めてくれている．小学生は，礼拝は義務ではないが，いきなりできないので，義務になる２，３年前から練習でやらせている．車で学校に迎えに行って，礼拝が終わったら，また学校に送っていく．ただ，礼拝に対する考え方は家族によっても違うし，個人によっても違う．子どもがやりたいと言うのでやらせているし，学校も認めてくれている．断食しているときは体育はやらなくてもいいと思ってはいるが，うちの子どもはやりたいと言うので，やらせている．ただ，やっていない子もいる．学校は特に断食を止めてほしいとは言わない．学校から，事前に断食をどうするかアンケートが来て答えているので，それに応じて対応してくれている．肌を出さない服も認めてくれている．

・小学校５年生のときの野外活動では，先生は，うちの子どもに合わせ，全員の食事をチキンカレーにしてくれた．５年生でムスリムは，うちの子どもだけだったのだが，とても恵まれている．市役所のバイリンガル通訳として登録しているので，依頼があるといろいろな小学校に通訳に行くが，対応は学校によって違う．ムスリムの子の分だけ別につくってくれる学校もあるし，弁当を持って行けるだけという学校もあるが，いずれにしてもありがたいことである．

・小学校では，スカーフも許してくれたし，ムスリムの子が何人もいるので，礼拝のスペースも設けてくれている．ただ，礼拝は，授業中にはせずに，昼休みとか授業の間にやっている．礼拝時間には幅があるので，空いている時間にやればいい．ラマダン前には，断食をするかとか，全然食べてはダメかといったようなアンケートが学校からくる．学校側も情報がほしいので，子どもに圧迫がかからないようにやさしく聞いてくれる．学校側もムスリムがくるようになって20年経っているので，ムスリムの子どもに対して，ある程度なじみがあり，なれてきた．

【ムスリムの声45】

・礼拝については，子どもは学校の中では恥ずかしくてできなかったし，他の子が給食を食べている中，ラマダン中に断食をするのも勇気が必要だったようである．

・女の子でも特に困ったことはない．ヒジャブをするかどうかは本人の気持ち次第である．娘はしなかった．

・ラマダンのときには，ムスリムは断食をすることを先生が友だちに説明してくれた．ただ，運動会の練習とかがあると，倒れるといけないので，ラマダン中でも弁当や飲み物を持たせた．子どものうちは，断食は義務ではないので，無理はさせなかった．

・ムスリムの子どもは，女の子はヒジャブをするし，男の子でもふくらはぎより上は見えてはいけない．こうしたことを他の子どもたちにわかってもらうために，先生から説明してもらった．また，ISの事件が起きたときも，(ISは)イスラム教とは関係ないことを説明してもらった．留学生の子どもが多いので，英語のわかる先生が配置されており，そうした点については，理解があった．小学校の中で礼拝できるようにもしてくれた．ラマダンのことも知っており，昼ご飯が食べられないので，給食の時間が終わるまで，別室で待機もさせてくれた．現在は引っ越して違う学区の小学校に子どもたちは通っているが，前の学校の情報が伝わっているので，円滑に学校生活を送ることができている．

・男の子と女の子でも違ってくる．男の子は社会的に問題はないが，女の子はスカーフとかすると見た目でわかってしまう．なんでそんな恰好をしているのかと距離を置かれるかもしれない．フランスではスカーフは禁じられている．スカーフは，ある面ではいいかもしれないが気になる人は気になるのだろう．

【ムスリムの声46】
・ムスリムの壁は大体同じである．制服のスカートや水着といった学校関係は一緒なので，１カ所で対応ができるのであれば，他でもできると思うのだが，(実際は）そうではない．

・三男が入ったのは，帰国子女を受け入れる公立小学校だったが，受入体制はあっても，先生が慣れているわけではない．また，取り出し授業[8]があったが，先生が専門ではないので，よくなかった．次男は大学の付属中学の帰国子女のクラスに入ったが，ウェルカムな感じだった．友達もなれているので，いろいろ対応してくれたし，困っているときには手を貸してくれた．

・この地域で帰国子女を受け入れてくれる中学校は４校ある．ある中学校はいいが，ある中学校ではピアスが禁止された．「学校・勉強」と「宗教・生活」は一体であるのに，切り離して考えられている．

【ムスリムの声47】
・学校もわかっているので，修学旅行でも食事を魚に変えるなどの気遣いをしてくれ，食べ物の面では問題ない．ただ，三男は，野球が好きで，地元の野球クラブに入っているが，クラブで泊まりがあったときに食事の配慮はしてもらえなかった．宗教は迷惑であり，宗教的なことまで配慮できないので来ないでくれと事務の担当者に言われた．長女も，バイト先で表に出るときには，スカーフはOKされない．

・長女は，中学校ではヒジャブを許されていた．ただ，ある部活に入ったが，なかなか大会に出してもらえなかった．本人は上手じゃないから出られないと言っていたが，後で，ヒジャブをしているから大会に出られなかったということがわかった．他の地域にいる友達の子どもも，部活にはヒジャブをしていても入ることはできるが，大会には出せませんと言われたそうである．中学校の中では，生徒会の役員になるのも大丈夫だったし，友達との関係も良好だったのだが，外に出すときには警戒されてしまう．

（３）配慮に対する考え方

給食以外の宗教的実践についても，保護者は，子どものことを想い，できるだけ柔軟に対応しようとしており，学校に対しても無理強いしないようにしている．学校側には，あまり特別な配慮をせず，できるだけ，他の子どもたちと同じになるようにしてもらいたいと考えている保護者が多い．宗教的実践は，気持ちが大切なので，子どもが自然にやるようになるのを待っており，無理にさせようとはしていない．子どもに嫌な思いをさせたくはなく，また，日本に住む以上は，日本にもなじんでほしいと考えている保護者が多い【ムスリムの声48】．

ムスリムはマイノリティであることを意識すべきであり，マジョリティがマイノリティに合わせるのではなく，マイノリティがどう合わせるかを考えないといけないと考えている人もいる．子どもにも先生にも手間をかけないようにすることは，イスラームの考え方にも合っている．先生が許してくれる範囲内で，また，子どもの嫌がらない範囲内で，宗教的実践をやらせようとしている．ヒアリングした限りでは，こうした柔軟な発想が多く聞かれた【ムスリムの声49】．

一方で，学校側としても，できるだけムスリムの要望を聞く方向で対応している．個に応じた対応は，ムスリム以外の生徒でも必要な場合があり，特にムスリムだからといって困っていることはないようである．ある中学校の先生は，次のように話す．

> 同じムスリムでも考え方が違っているので，担任が，マンツーマンで聞いて，できるだけ要望を聞いてあげる方向で対応している．私立の場合は，宗教が基盤になっているところもあるので，対応しないところもあるかもしれないが，（当校は）公立中学校なので，できるだけ対応しようと考えている．ラマダンのときは，水分もとれないので，体調が心配であるが，無理に食べさせられない．喉が渇くので，暑いときには体育をしない場合もあるし，夏でも長袖を着ている子もいる．ただ，学校としては，元々，個に応じた対応をしているので，特にムスリムだからということで特別に困っていることはない．

こうした配慮は，子どもにとっても保護者にとってもありがたい．しかし，ある外国人支援者は，こうした配慮が子どもたちのためを思ってのことであればいいが，単に面倒くさいから保護者の要望を聞くということであれば，配慮ではなく，諦めではないかと指摘する．

> 修学旅行で神社へ行ったりするが，学校側は，親から，修学旅行に行か

ないという申し出があれば，「行かないんですね」ということで，それで終わってしまう．参拝ではなく，見学するということにすれば行けるかもしれないし，神社にだけ行かなければ修学旅行には行けるはずなのに，「ああそうですか」ということで終わってしまう．もっと積極的にコミュニケーションをとった方がいい．ラマダンのときは倒れられると困るので，学校に来ないでとか，午前中だけ来てくださいという先生もいる．金曜日の午後に消えていく子どももいるが，高校だと，金曜の午後にしかない授業の単位がとれなくなってしまうにも関わらず，学校はそのままOKしてしまう．これは，配慮なのか諦めなのかわからないが，「じゃあ来なくていいです」ではなく，もっと積極的に考えないといけないのではないかと思う．

宗教的な面を優先して考える保護者の意向だけを尊重してしまうと，授業や学校行事に子どもたちが参加できなくなってしまう．学校側は，保護者の意向を尊重しつつ，子どものことを考え，どう折り合いをつけるかを考えることが望ましい．配慮すべきかどうかの判断は難しいが，学校側は，もっと保護者とコミュニケーションをとった方がいいということである．ただし，配慮がされないと，結果として，子どもが学校を休まなければならなくなってしまうこともある**【ムスリムの声50】**．

学校側の認識としては，「ムスリム」というより，まずは，「外国人児童」としてとらえている．ムスリムとしての課題というより，外国人児童としての課題が先にある．学校側としては，ムスリムだから大変だとは感じていないが，ムスリムを含む外国人の子どもの増加への対応が現場に丸投げになっていることに対して，大変だと感じている．先に紹介した中学校の先生は，次のように語る．

外国人児童の場合，保護者に対して言葉が通じないことが多く，欠席するときに連絡が来ない場合もある．お願いしても意味が伝わらないことがある．また，日本で生活していこうと考えている保護者と金を稼いだら帰ろうと考えている保護者では，子どもの就学に対する考え方が違う．いずれ帰るつもりの親は，（子どもが）日本語がわからなくてもいいし，中学校に行かなくてもいいとさえ思っている．

外国人児童の場合，親子のコミュニケーションがとれないことが多い．元々，思春期は親を嫌うが，言葉の壁もある．子どもはしばらく日本にいれば日本語が話せるようになるが，母語がわからないので，自分の想いを親に伝えられない．加えて，ムスリムには宗教の問題もある．微妙な気持ちはYES/NOでは伝わらない．子どもの思春期の悩みや不安に対応するため，学校にはスクールカウンセラーがいるが，日本語しかわからないため，日本語が話せない外国人の子どものカウンセリングができない．

外国人には就学義務がない[9)]ので，「母国に帰るので，明日から学校に行かない」と言われる場合が結構ある．中学校は，授業料が不要なので，出入りを自由に考えているようである．国は外国人の受け入れを増やそうとしているが，外国人が働きに来るということは，当然，子どもも一緒にやってくる．そうした子どもについては，現場に丸投げになっている．それに対応する人手不足は深刻である．通訳不足もある．子どもが増えても，教えたり，サポートする人材がいない．こうした問題は，ムスリムだけではなく，外国人の子ども全般に言えることである．ムスリムだから大変ということは感じない．

外国人児童としての課題は，第４節で改めて言及する．

【ムスリムの声48】

・小学校のプールでは，女の子はスクール水着を着ることになるが，（私の娘の場合は，最初は）半袖で膝まで隠れる水着にした．もう少し大きくなると，もっと長めの水着にした．着替えのときは，家族の前でも裸を見せることに慣れていないし，見ることにも慣れていないので，隠れる場所を用意してもらったが，それ以外に特別な配慮をしてもらったことはない．

・長女はあまり（肌を）見せない服にしているが，プールはOKにしている．まだ８歳なので，断食はしていない．10歳になったらしないといけないが，厳しくするつもりはない．一日中やるのが長ければ，５～６時間とか短くしたりして，徐々になれさせるようにし，無理はさせない．他の家庭でも，たいていそうである．自然にやるようになるのを待っている．気持ちが大切である．そのうち，水を飲まなくても大丈夫になる．

・子どもは２人ともコーラス部に入り，全国の舞台に立った．イスラム教では，音楽がいけないというわけではないが，音楽に使う時間があったら，お祈りに使った方がいいと言われている．なので，コーラスをやらせているのは変わった親だと言われるが，日本に住んでいるからには，少しは日本に合わせようと思っている．

・子どもたちは，スカーフをあまりしない．モスクに行くときにはするが，普段はしていない．日本で生活しようとするとスカーフはできない．宗教は，気持ちの問題なので，無理やりやらせても，意味がなく，何日かはできてもやめてしまう．やろうという気持ちにさせるのが大事だと思っている．本当は11歳から厳しくしないといけないが，そんなにはやっていない．ただ，だんだんやれるようになってきたと感じている．

・ムスリムと言っても，一律に何かというものはないと思う．どこでも一緒だと思うが，柔軟性が必要である．気に入らないところがあると学校に行かせない親もいる．学校に対しては，スカーフまでさせてほしいとは言わないし，水着は無理だと思うが，イスラムの国ではレース用の水着でズボンみたいなのがあると聞いたことがある．（ただ，）たぶん，学校側としては日本の決まりが乱れるのが嫌なのでOKしてもらえないのではないか．

・宗教的なことは10歳までは自由である．11歳以上はお祈りをしないといけない．小学校にはお祈りをする場所はないので，帰ってきてから，昼と夕方の分をまとめてやっている．

・ラマダン明けにモスクに行ってお祈りをするが，毎年，そこに子どもを連れて行く．学校に遅れていくと伝えたら，理解してくれたので，お祈りが終わってから，学校に連れて行っている．断食は，平日は学校でいろいろな活動があるのでしていないが，土日だけはやっている．

【ムスリムの声49】
・服装に関しては，男の子でも膝から上は見せてはいけないという考え方があるが，気にしなかった（膝から上の見えるズボンをはかせていた）．ムスリムはマイノリティであることを意識すべきである．マジョリティがマイノリティに合わせるのではなく，マイノリティがどう合わせるかを考えないといけない．（学校で）礼拝までしている子どももいると聞くが，かわいそうである．なので，弁当をつくるとか，できることだけやっている．弁当をつくることによって皆と同じになるのであれば，それでいい．子どもに嫌な思いはさせたくない．頑なな人もいるが，子どもに聞いてみれば（皆と同じ方がいいということが）わかる．

・娘は，日本人と外国人のハーフなので，両方の考え方が理解できる．イスラムは幅が広く，許される範囲も大きいので，日本になじめるよう，教えるというより，子どもたちと話し合いながら，ムスリムの心を育てていきたいと考えている．本人に選ばせようと，修学旅行に行くときも，本人と話し合ったし，先生にも話を聞いてもらって，できるところはここまでと言ってもらったりした．押しの強い人になっても嫌なので，できる範囲のことはやってもらって，できないことはこちらで用意するという考えである．やっていただけることはお願いして，大変そうだったら遠慮するようにしている．

・娘は，プールの着替えの際に，肌を見られることが嫌で，カーテンのあるスペースを用意してもらったが，着替える時間が短いので，使ったのは1年間だけだった．配慮がなくても，誰も見ていないことがわかったので，皆と一緒に着替えができるようになった．本人にも先生にも手間がないようにするのは，イスラムの考え方にも合っている．ムスリムは面倒くさいというイメージがあるが，面倒くさいと避けられやすいので，娘のことを考えると，そうしたイメージがつくのが嫌である．日本がムスリムの国になることはあり得ないので，ムスリムのやり方を非ムスリムの日本人に無理強いするのはいけないと思っている．日本人にとって楽になる方向で考えたい．

・音楽で歌うことや，断食月（ラマダン）の断食，水泳の不参加，空き教室での礼拝などは，そのご家庭での教育理念によって大きく違いがあると思います．個人的には，違うから受け入れて下さい！という姿勢よりは，違うのでお互いに一番いい方法をとりましょう，という方が最もイスラム的なのではないか？と考えています．＜アンケート自由記述欄から＞

・断食に関してのみ学校で何かあった場合責任が持てないためできればやらないでほしいと言われているので，そこはこちらが学校の方針を尊重しています．神社参拝に関しては長男が中学生のときに合格祈願へ行く案が出た際に社会科の先生が信教の自由に反するのではないか，イスラム教，キリスト教もいるのだから，とおっしゃってくれてなくなりました．次男，三男の学校行事で神社に行くことがありましたが，我が家は参拝をしないこと，ムスリムとしてどうするかを教えていたし，そこは学校に配慮を頼むことではないと思っています．ムスリム側が配慮ばかりをお願いするのではなく，教えれば済むことは親が教えればいいだけの話だと思っています．家庭によってやり方は違いますが，ここはこうしましょう，これならできます，という落とし所を探すことも共存への道だと思っています．＜アンケート自由記述欄から＞

・我が家は，服装は露出控えめの普通のファッションですし，ヒジャーブもしていません．礼拝もできるときに家やモスクで礼拝するようにしていて，学校や職場にイスラムの規律を持ち込むことはなるべく避けています．（給食は，今はアレルギーの子もたくさんいますので，お弁当持参しています．）基本的に，日本では日本のやり方に合わせているムスリム家庭です．＜アンケート自由記述欄から＞

【ムスリムの声50】

・女の子たちは，今年のラマダンのときは１カ月学校を休んだ．学校はそれを許してくれた．次男はラマダンでも学校に行っていたが，女の子たちは，昨年，来日したばかりなので，まだ慣れていないということで休ませてもらった．ただ，中二の女の子は，やっと学校生活を少し覚えたと思ったら，また１カ月休んでしまった（ので残念である）．

日本で暮らす以上，日本語を覚えてほしいので，家にいるよりは，日本の学校に通わせたい．ただ，宗教的な面，文化的な面で慣れないこともある．主人がパキスタンに用事があり，（今年の）１月の終わりに，わたしと娘３人を連れて一時帰国したことがあった．パキスタンでは，地域によっては，女の子に学校に行かせなくても問題ないと思っている．働く女性の道を選ぶとか，お金を持っていれば学校に行かせるといった選択肢もあるが，早くから結婚が決まっている場合もあったりする．

まだプールの時期を迎えていないのでどうするかわからないが日本の水着はムスリムの水着と全然違う．体操服は既定のものを着せているが問題はない．子どもたちは言葉が通じない面もあり，部活の話とかもわからないので，主人が学校と話している．必要なときは，主人と一緒にわたしも行くが，主人の方が動きやすいので任せている．

長女の学校では，スカートの下にズボンをはくのはダメだと言われたが，別の地域ではOKであり，対応がバラバラである．仕方がないので，とりあえず，スカートの下に短パンをはき，ハイソックスにした．ムスリムが増えてくると学校も対応してくれるのだろうが，地域によって異なる．給食も，弁当か給食かの選択を迫られた．ラマダンも主人が学校と話をして，結局休ませることにした．断食中は水も飲んではいけないので，子どもは，薬を飲む時間を変えたりした．

第3節　進路・進学

（1）高校における配慮の状況

高校においては，小中学校同様，あるいは，それ以上に配慮してくれるところもある．しかし，子どもは大きくなるにつれ，日本人になじみたいという思いが強くなり，本人が配慮を望まなくなることもある【ムスリムの声51】．

一方で，高校は，小中学校とは違って，選択して入るため，校風に合わないなら来なくてもいいという対応の高校もある．こうした高校では，配慮はされず，ヒジャブを認めてもらえなかったり，金曜礼拝のために一時的に学校を抜けることを認められなかったりする．高校受験の説明会に行くと，最初から，断られてしまう場合もある【ムスリムの声52】．

仏教やキリスト教が母体となっている私立高校の場合には，「宗教」の授業がある．中学校の場合は義務教育[10)]なので，授業に出なくても卒業できるが，高校の場合は授業に出なければ卒業できない．こうしたことから，中学校の先生は，次のように，ムスリムの子どもの高校受験に気を使っている．

> ムスリムの子が私立高校を受験したいと言う場合は，特に気を使う．仏教系やキリスト教系の私立高校の場合，宗教上の制約があるからである．そうした高校には，授業で「宗教」の時間がある．そういうところにムスリムの子が入ろうとする場合，高校からも確認がくる．授業を受けられないと単位がとれないし，キリスト教系だと賛美歌も歌うことになる．高校では，そうした授業には出なくてもいいといった配慮はない．そうしたことを親にもわかってもらわないといけない．中学校は授業に出なくても義務教育なので卒業できるが，高校は授業に出ないと単位がとれなくて卒業できない．国際コースがあるところはムスリムの子に対してウェルカムではあるが，進路を決めるのは大変である．日本人より選択肢が狭い．

ある外国人支援者は，進路指導を諦めてしまう先生もいると嘆く．

> 進路指導の際，先生から，「高校受験のとき面接があるが，校長先生におじぎしないと始まらない．でも，ムスリムは神様以外にはおじぎしないから高校受験は無理だよね」と言われた子がいる．しかも先生はよかれと

思ってやっている．日本人の生徒なら最後まで手を尽くすが，外国人の場合は簡単に諦めてしまうのではないか．

【ムスリムの声51】

・上の子どもの通っていた高校は，バスケ部を強くするために，海外からムスリムの子どもを連れてきているので，理解があった．

・中学校や高校は，元々弁当なので，問題はないし，高校生にもなれば，日本語がわかるし，自分で話せるので，自分で判断させても心配はない．

・高校では，一斉に更衣室で着替えるのではなく，カーテンのつけられるスペースがあったので，カーテンをつけてもらって，そこで着替えた．担任の先生は，いろいろ調べてくれて，礼拝はどうしますかとか聞かれたので，家でやるからいいと断った．ただ，社会科の先生だったので，物とか場所とかの配慮ではなく，授業でイスラム教が出てきたときに，生徒からのネガティブ発言があったら配慮してほしいと頼んだ．心の問題をフォローしてほしいとお願いした．

・高校生になると，本人の気持ちも変わってくる．本人がよければそれでいい．本人としては，日本人になじみたいし，変わっていると見られたくないので，過剰に配慮される感じが嫌なようであった．イスラムの解釈の仕方は幅広いので，本人が嫌ならやらなくていいし，簡単なやり方と難しいやり方があれば，簡単なやり方を選べばいい．その先生は，トイレ掃除の洗剤が動物性洗剤だと気にする人がいると聞いたことがあるが大丈夫かとか，こちらから礼拝したいと言ったことはないのに配慮しなくてもいいかとか，先に調べて，いろいろ聞いてきた．ネガティブなことではないので，ありがたいことなのだが，構えられてしまうと疲れてしまうし，周りの先生から，「なぜあの子だけ？」と言われそうで気が気ではなかった．

【ムスリムの声52】

・高校進学では苦労しているようである．特に，私立は，校風に合わないなら来なくてもいいと言われる．首都圏では，高校に行く世代が増えているが，この辺りでは，まだ，高校に行く世代になっていないからだろう．

・長女の通う公立高校では，ヒジャブはダメだと言われた．本人も，もういいと言っているので，今はしていない．

・女の子は，大きくなると隠さないといけないところが出てくる．中学校のときは，義務教育ということもあり，スカートの下にズボンをはいてもいいという許可が出ているが，高校の場合は許可されるかわからない．

・高校の受験の説明会に行くと，断られる．高校はムスリムの子がいても，1人か2人しかいないので，対応してくれないのだろう．

・金曜日の礼拝は，小学校や中学校では認めてもらえたが，高校では，相談したが，認めてもらえなかった．私立の高校である．ただ，イスラム学者に，ムスリムではない国で金曜礼拝ができなくても，緊急の場合に当たるので，宗教的に大丈夫と言われたので，安心した．上の子は大学を目指しているが，金曜日の昼の12時から1時の間に授業がないか確認している．金曜日の礼拝は，一緒にやらないといけないので，モスクまでどれだけかかるかも調べて大学を選んでいる．

（2）進路・進学の状況／保護者の意向

高校に進学するムスリムの子どももいるが，まだあまり多くないのが現状である．関東のモスクでヒアリングしたところ，「進学の情報も入ってきており，みんな大学に行っている」とのことであったが，地方では，ムスリムが住み始める時期が遅く[11)]，第二世代は年齢的にまだ若いため，大学にまで進学している子どもは少ない【ムスリムの声53】．また，保護者が高校に行かせたいと思っても，日本語の面で勉強についていけず，日本での進学が難しい場合もある【ムスリムの声54】．

中学校側としても，高校に行かせようとするが，高校入試の制度を外国人ムスリムが理解できるように説明するのは大変である．ある中学校の先生は次のように語る．

日本で定住しようとしている親は，できるだけ，子どもを高校に行かせようとしているが，学費や日本語の面で問題がある．進路などの大事な話は，先生が中に入り，噛み砕いて，簡単な日本語でやり取りをしているが，時間がかかる．三者懇談だと通訳を呼んだりするが，通訳の数が少ないし，曜日も決まっている中，親の都合も合わせないといけないので，大変である．

また，ある外国人支援者は，高校に行ける学力があっても，保護者の意向で母国に帰ってしまう場合もあると話す.

> とても優秀なのに，母国に帰ってしまう子もいる．今，（日本にいれば）高校2年生になる子が中学生のとき，美術や音楽もやらず，部活にも入らずに，モスクに行っていたが，父親がムスリム教育が足りないということでスリランカに帰してしまった．その子は納得していて，自分で折り合いをつけていた．その後にスリランカでテロが起きてしまった.

日本と母国を行ったり来たりさせる保護者も多い．ムスリムの中には，中古車業などで高収入を得ている場合があり，そうした家庭では，行ったり来たりさせることが可能である．その一方で，子どもの生活が不安定になってしまい，勉強に悪影響を与えてしまう．また，宗教の方を大切に考え，宗教的実践のできる条件を整えた上でないと小中学校にも行かせたくない保護者がいる【ムスリムの声55】.

高校に行くと，酒やタバコを覚えてくるのではないかと心配して行かせたがらない保護者もいる．母国によっては，学校に行かせなくても問題がないため，まず，保護者に進学するメリットを説明しなければならない．子どもの進路は父親が決めることが多いため，父親に働きかける必要があるが，モスク関係者が呼びかけても，なかなか集まらない【ムスリムの声56】.

【ムスリムの声53】

・このあたりでは，大きい子では高校生もいるが，高校に行かない子もいる．子どもは高校に行きたくてもシステムがわからないので行けない．（モスクが開催する放課後の）教室に通っていた子で大学まで行っているのは男性2人である．女の子も1人高校に行っている．大学に行った子は，両親ともパキスタン人だが，教育に熱心で，塾に行かせていた．ただ，この地域はまだ小さい子が多く，小中学生が多い（ので，進学している子は少ない）.

・大学まで行っている子もいるが，高校まで行って，その後，働く子が多い.

・東京では，第二世代はもう20代だが，地方では，第二世代がまだ10代後半なので，親は手探りで子育てをしている状況である.

【ムスリムの声54】

・母国の大学に通っている長男は，小学校６年生の12月に日本に来たが，日本語がわからなくて，１～２年して母国に戻って高校に行った．その間が無駄になってしまった．地域に，外国人の子どもたちのための学習支援教室があることを知らなかったが，ここで勉強した外国人で大学を卒業した子がいる．この子より，長男の方が日本に長くいたので，この教室を知らなかったことが悔やまれる．また，日本の小中学校は優しすぎるので，次男は勉強しない．外国人だから，そんなに勉強しなくてもいいと思っている．おそらく，漢字が読めないので，日本の高校に入るのは難しいだろう．下の子どもたちには，そうならないように，自分の力で漢字を勉強するように言っている．日本人の親なら漢字を教えられるが，（わたしも）外国人なので教えられないし，算数も問題が読めないので教えられない．次男は，日本の高校に行くのは難しいだろう．

【ムスリムの声55】

・子どもを日本と母国を行ったり来たりさせる場合が多い．日本で生まれても，３，４歳で母国に帰ってしまう．父親が母国の文化や言葉を身につけさせたいからである．自営業であり，お金もあるので，そうしたことが可能となる．実際，一番上の子は，スリランカ → インドネシア → スリランカと転々とした．上の子が５歳のときに日本にきたが，主人が，子どものために，勉強は日本でやるなら，ずっと日本でやると決めた．

・勉強は，将来のために大事である．１つ崩れるとどんどん崩れていく．要は，ニーヤ（意思）の差である．しかし，宗教の方が大事と考え，義務教育にも行かせたくない親もおり，ホームスクーリングにしている場合もある．日本では，義務教育くらいは行かせないといけないと思うが，ヒジャブをしてもいいとか，条件を整えた上でないと行かせたくない親もいる．先生の言うことを聞いて，子どもたちを日本人と同じように育てた方がいい（と思うのだが）．

【ムスリムの声56】

・教育は父親の考え次第だが，上に行かせたいと思ってはいるが，（高校の）環境を心配している．

日本人のお母さんは，大学まで行かないといけないとは思っているが，（外国人の）父親は大学に行くメリットがわからないのではないか．母国では，小学校に行かなくても生活できる人が多いので，なんで行く必要があるのかということになる．ただ，（日本では）大卒とそうでない場合では年収の違いが大きい．

だから，高校くらいは出ておかないといけないというふうに説明できればいいと思う．実際に高校に行っている子や行かせている親に話してもらうといいかもしれない．日本人のお母さんはわかっているので，お父さんに聞かせたい．

・高校に行ったら子どもが違う方向へ行ってしまうと思っている親が多い．悪い生活をし，悪い子どもになってしまうかもしれないと思っている．お酒を飲んだり，タバコを吸ったり，男女交際とかしてしまわないかと心配している．中学校に行くのも怖がっていたが，「大丈夫ですよ」と言って行かせている．高校生くらいの年齢になると子どもが親の言うことを聞かなくなるので，いい環境が必要だと思っている．個人的には，家でしっかり教育すればいいと思っているが，仕事で時間がないので，そうした時間もとれない．（同じコミュニティの中で）１人か２人でも高校に行って酒を飲んだりすると，その話が広まってしまう．

スリランカやパキスタンでは集まる場がある．父親たちを学校に集めて子どもたちに対してやりたいことを説明したりしているが，日本でそれをしようとしても，なかなか来てくれない．忙しいということもあるが，言葉の問題がある．いろいろな国の人がいるので，１つの言葉では説明できない．地域によっても言葉が違う．母国でやるときは，同じ地域でやるので，（言葉の）問題はない．

第４節　外国人ムスリムとしての課題

（１）外国人児童生徒としての課題

本章では，子どもたちの教育に関する在日ムスリムの声や支援者の声を紹介してきたが，そこから見出される課題には，ムスリムだから，ということではなく，外国人児童生徒としての課題と言えるものが散見される．外国人児童生徒の課題は多岐にわたり，端的にまとめることは難しいが，「言語面」「こころの面」「制度面」の３つの面から整理する．

① 言語面での課題

外国人の子どもは，生活で使う言語を身につけるのは早いが，学習に使う言語がなかなか身につかないと言われている．これをジム・カミンズは，BICS／CALPという概念を使って説明する．BICSというのは，２年もあれば習得可能な対人関係におけるコミュニケーションの力（Basic Interpersonal Communicative Skills）であり，CALPは，少なくとも5～7年はかかる教科学習に必要な認知・教科学習言語能力（Cognitive Academic Language Proficiency）のことである．スクットナブ＝カンガスは，スウェーデンに移住したフィンランド人の子どものフィンランド語とスウェーデン語の発達を調べた．その結果，母語がしっかりしてから移住した10～12歳の子どもは，母語の上に現地語が加わって，両言語に堪能な「加算的バイリンガル」に育っていたという．一方で，母語が未発達なまま10歳以前に移住した子どもや現地生まれの子どもは，どちらの言語も学年レベルに達しない傾向がある．こうした結果から，カミンズは，BICSが流暢に使えても，CALPが未発達の場合には，教育上，子どもに大きな害を与えると警鐘を鳴らした［中島 2011：27-28］．

日本においても，こうした子どもたちがいる．生活で使う日本語は流暢に使えても，認知するための言語力が身についていない子どもたちは，学校の勉強についていくことが難しい．一方で，母語がしっかりしている子どもたちは，認知力があるため，母語によって理解した言葉を日本語に置き換えるだけで済む．

これをカミンズは，「氷山のたとえ」を用いて説明している．海面に出ている氷山は2つあるように見えても，海面下の深層面でつながっている．1つの言語で得た知識や学力は，もう1つの言語においてもアクセス可能である．表層面の言語は違っていても，深層面の認知力は共有されているからである［中島 2011：32-33］．したがって，母語でも日本語でも構わないので，しっかりとした言語力を身につけることが大切である．

② こころの面での課題

家庭内での文化とは違った日本的な学校教育の中で，外国人の子どもたちは，言語面での課題とあいまって，学校にうまく適応できずにやめてしまうことがある．日本の学校では，授業中は椅子に座り，発言するときは手を挙げることになっているが，こうしたことは，日本人に囲まれた中で暮らしている日本人の子どもたちは，小学校に入る前から，自然に身につけているか，親に教えられている．しかし，外国人の子どもたちは，こうした習慣がなく，周囲の大人からも教えられないため，小学校に入学した時点からつまずいてしまう．そうならないために，小学校に入学するための準備として「プレスクール」を実施している自治体があるが，まだまだ少ないのが現状である．

自尊感情の問題もある．野崎［2017：54］は，「『日本人の子ども』でさえ息苦しさを覚えるモノカルチュラルで同調圧力の強い日本の学校文化で，外国につながる子どもたちが『主流集団に適した人間』であることを証明し，自尊感情を維持しようとすることに困難が伴うことは想像にかたくない」と述べている．そして，主流文化に同化しようと努力すればするほど，それと引き換えに，子どもは，しばしば自文化や保護者の文化に対して否定的評価を下すようになる．そして，自分よりも日本語が十分に話せない保護者を恥じたり，他のクラスメートとは異なる自分の名前を嫌がったりするようになるという．

また，子どもは学校生活の中で日本語が優勢になっていくが，保護者は日本語が十分に話せないため，意思疎通が図れずに，１人で問題を抱え込んでしまったり，外国人に対する社会的差別を感じる中で，日本と母国の間でアイデンティティが揺れ動き，不安定な精神状態になってしまったりする場合がある[12]．

③ 制度面での課題

外国人の子どもは義務教育ではない．正確に言えば，外国人の保護者は，子どもを学校に行かせる義務がない．義務教育は，憲法第26条第２項で，「すべて国民は，法律の定めるところにより，その保護する子女に普通教育を受けさせる義務を負ふ」と規定されている．しかし，外国人は「国民」ではないので，対象外であり，外国人の保護者には，学校教育法第16条等に定める就学義務がない（子どもを就学させる義務がない）．また，教育を受ける権利は，憲法第26条第１項に「すべて国民は，法律の定めるところにより，その能力に応じて，ひとしく教育を受ける権利を有する」とあるが，同様に，国民ではないので，外国人は対象外となる[13]．

しかし，外国人が日本の学校に通うことは可能である．在日コリアンは，1965年12月の通達により就学が認められていたが，他の国籍の外国人も，1991年１月の通達により在日コリアンの扱いに準じることが明文化された．

2020年７月に文部科学省が策定した「外国人の子供の就学促進及び就学状況の把握等に関する指針」（以下，「指針」という[14]）によれば，「我が国における外国人の子供の受入れ体制の整備及び就学後の教育の充実については，国際人権規約及び児童の権利に関する条約を踏まえ，各地方公共団体において取組が進められてきたところ」とされている．そして，この指針では，外国人の子どもの就学促進や就学状況の把握などのために講ずべき事項が羅列されている．こうした指針が出ることは評価されるべきことだが，指針策定にあたって行われた調査結果[15]を見ると，人員不足や法的根拠がないことから，自治体においては，就学状況の把握すら難しいことがわかる．

また，この調査結果を見ると，義務教育相当の学齢の外国人の子どものうち，10万1393人が就学（外国人学校等の5023人含む）しているが，不就学は630人おり，出国・転居（予定含む）は3017人，「就学状況確認できず」は8658人いる．「不就学」が630人というのは少ないように見えるが，「出国･転居」の中にも，「就学状況確認できず」の中にも不就学の子どもがいる可能性がある．「不就学」は630人しかいないから問題がないということではなく，かえって，これだけしか把握されていないことが問題だと言える．より問題なのは，これらの合計11万3698人と住民基本台帳上の人数12万3881人との差が１万183人もいるということである．「就学状況確認できず」は，就学状況を確認しようとしたができなかった人数であるが，住民基本台帳との差の１万183人は，把握しようとさえされていない子どもたちの数である．つまり，社会から見えない／見られていない子どもたちの数である．こうした子どもたちも含めると，不就学あるいは不就学の可能性のある人数は２万2488人（学齢相当の子どもに占める割合は18.2%）となる．

外国人の子どもは希望すれば就学できる．しかし，就学しなくても法的に問題はない．したがって，就学状況の把握や促進のための取組はあまりされていない．この調査は，1741の市町村教育委員会に対して行われたものであるが，取組を「特に実施していない」のは，実に1138（65.4%）にのぼる．

小島［2017：138］は，「日本語がわからずに授業についていけなかったり，文化的な協調行動を求める圧力のもとで自分が親から受け継いだ文化に誇りをもてなくなったりした結果，大きな心理的ストレスを抱えたまま通学したり，通学をあきらめてしまう子どもがいる」と指摘する．外国人学校[16]は安心を与えるが，学費や通学費の負担が大きく，保護者の仕事の状況によっては，通学を諦めざるを得なくなり，公立学校にも通えない場合には，不就学になってしまう．そして，こうした問題が放置されているのは，「就学義務がないという政策判断の結果」だと指摘する．

「言語面」「こころの面」「制度面」の３つの面から課題を整理したが，これらの課題は，「不就学」へと収斂する．そして，小中学校を無事に卒業できたとしても，今度は，「進学」の問題が出てくる．学力面に加え，入試制度などの情報不足によって，外国人の子どもの高校在籍率は日本人より低いと推測される．2015年の国勢調査結果を見ると，15歳から19歳で通学しているのは，日本人は77.7%なのに対し，外国人は48.9%にとどまっている．

外国人の子どもたちの教育環境は，まだまだ改善されていかなければならない．第1章で，「多文化共生は，地域で進めていくものであるという国の姿勢が感じられる」と書いたが，仮に，多文化共生の取組は地域で進めていくことであるとしても，外国人の教育を受ける権利の保障は国しかやれないことである．

そして，これまで見てきたとおり，在日ムスリムの子どもたちにも，こうした課題が当てはまる．加えて，ムスリムとしての課題もある．ムスリムがマイノリティである日本において，ムスリムとして立派に成長してほしいという保護者の想いも加わる．そこで，ムスリムの声に戻り，保護者の想いを見ていくこととする．

（2）保護者の想い

保護者は子どもに宗教を無理強いすることはしないが，立派なムスリムになってほしいと考えている．断食を通じて，食べ物は神様のくれた贈り物であることを理解させようとしたり，コーランの意味を調べられるようにアラビア語を教えていたりする．また，日本での様々な行事への対応について教えている場合もある【ムスリムの声57】．

【ムスリムの声57】

・ラマダンを通して，息子には，ラマダン明けのお祭りによって，終えた喜びを分け合うということを伝えたい．そして，1カ月振りのランチで，食べたいときに食べられる喜びを知ってもらいたい．また，飢えがどういうものかを知り，貧しくて食べられない人を助けることを知ってもらいたいし，食べ物の価値を知り，食べ物は神様のくれた特別な贈り物であることを知ってもらいたい．

・小学校でアラビア語を習えないのは残念だが，もちろん，教えてくれるはずもないので，そこだけは自分でがんばらないといけないと思って教えている．母国で暮らすことは考えていないので，母国の方言ではなく，フスハー（共通語）[17] を教えている．フスハーを覚えれば，クルアーン（コーラン）やハディースの意味を自分で調べられるようになる．

・子どもたちは，お祈りは5回もやらないが，少しはやっている．毎週土曜日にモスクで勉強会をやっているので，小さいときは子どもたちも連れていった．小中学校になると忙しくなってきて，ついてこなくなったので，喧嘩になったこともあったが，家にいるときは（子どもたちは）守っている．

・子ども会の場合は，クリスマス会は行かないでほしいと思っている．バレンタインも子どもに意味を教えた．お祭りで神輿を担ぐくらいは日本の文化としていいが，お祓いやお参りはしてはいけない．修学旅行は奈良だったが，お寺に入るのはいいが，お祈りはしないようにと言った．

・（東京の）インドネシア大使館にあるようなムスリムの学校をつくりたいが，先生がいない．先生はインドネシアとかマレーシアから連れてくることになるのだろうが，ムスリムの学校があれば，長く住むことができる．また，保育園があれば，母親は働くことができる．親は，日本の文化に染まるのを心配しており，酒を飲んだり，ハラールでないものを食べたがらないようにしないといけないと思っている．

・現在，たくさんのムスリムが住んでおり，（2019年）4月からは更にたくさんの外国人が日本に入ってきます．その中にはお父さんもお母さんも日本人と同じく，日本で働いたり，学生として勉強したりしています．こういうムスリムの人たちも日本人と同じ生活ができたらと思います．学校での勉強，クラブ活動などに加えて，ムスリムとしての活動やイスラム教の勉強会などにも参加させたいです．その活動は学校ではできず，イスラム教の勉強をするために遠いところに行かなければなりません．＜アンケート自由記述欄から＞

・問題になっていることは，周りの環境がイスラム教的な環境ではないため，子どもがイスラム教の崇拝行為（礼拝，クルアーンの朗読，そしてイスラム教の教え）を受け入れにくくなっています．それは自分と同じイスラム教徒が少なく，または妻／夫が日本人で改宗したばかりのため，少しずつイスラムの信仰が薄れて自分の子供にイスラム教のことを教えにくい，または教えることを難しく思ったりし，その中には自分の子供の宗教を自由にしている親もいます．イスラム教になるのは結婚するためになるので，夫婦でも一緒に崇拝行為をせず，バラバラに（モスクに）行ったりします．＜アンケート自由記述欄から＞

そうした想いの中で，ムスリムがマイノリティである日本での教育環境を補うために，ムスリム自らが立ち上げた場所がある．ここでは，イスラミック保育園と放課後教室，学校を紹介する．イスラミック保育園と放課後教室については，実際に運営に携わっているムスリムから，学校については，見学した外国人支援者から話を聞いたものである．[18)]

イスラミック保育園

日本の学校に入ると習慣が変わるのを心配した外国人ムスリムの父親たちの声によってイスラミック保育園ができた．この園では，２歳から５歳までの子どもを受け入れている．国籍は，パキスタン，スリランカ，バングラデシュ，インドネシア，フィリピンなど様々であり，30人ほどが来ている．費用は，保育料・給食代のほか，スクールバス利用者からはバス代も徴収している．保護者の費用負担を抑えるため，金額が低めに設定してあり，不足分は寄付で賄っている．給食は，ハラールのカレー屋から取り寄せている．ヒジャブや帽子も被らせるようにしている．礼拝は，子どもは朝と帰りに２回行う．着替えは，男女を分け，お互いに見えないところでしている．

ただし，イスラミック保育園と言っても，特別なカリキュラムはあまりなく，イスラームの教えを10分，アラビア語を10分やっている程度である．保育園に行く習慣がないと学校に行く習慣もなくなってしまう．いきなり，日本の小学校に行っても子どもは慣れない．そのため，小学校に行くための準備もしている．数のワークブックや線のワークブックをやりながら，鉛筆の持ち方や消しゴムの使い方に慣れさせるようにしている．夏はプールもあるし，昼寝もある．４・５歳児には，ひらがなも教えている．この保育園では，イスラーム教育も日本の小学校に入るための準備も，日本で生活する子どもたちにとって，どちらも大切なことだと考えている．

放課後教室

放課後教室は，モスクに隣接した場所でやっており，コーランなどの勉強をやっている．この教室があることで，子どもたちは，日本の学校に通いつつ，イスラームの勉強もできるため，母国に帰らずに済んでいる．こうした場所がないと，イスラームを身につけさせるために，子どもが生まれると，母親と一緒に母国に帰してしまうことがある．[19)]

この放課後教室は，隣接するモスクを開設するのと同時に始めた．学校では，イスラームやコーランを教えないので，その勉強を子どもたちにさせないといけないとの想いからである．ただし，この教室では，小中学校のうちは，コーランの内容にまでは入らず，読み方だけを教えている．意味を教えるのは，高校に入ってからになる．

夏休みは，一番大きい子のクラスは朝の４時30分からやっているが，基本的には10時30分から12時までである．子どもたちは，イスラームの勉強をするのを楽しみにしており，友だちにも会えるので，喜んで教室にやってくるという．小学生から中学生までの子どもを受け入れており，ここに通う子どもたちは，全員，公立の小中学校にも通っている．

学校

幼稚園から高校まで揃っているスリランカ人の立ち上げた学校では，イギリスのカリキュラムを取り入れているが，イスラームの教えにのっとった教育をしている．ムスリムの子どもが日本の小学校に通おうとするとき，女の子は宗教的な面でハードルが高いので，この学校に行くことが多いそうである．合わせて100人くらい通っている．

ただし，教育基本法で定める学校ではなく，任意の学校であることから，健康診断がなく，衛生状態もよくない．そのため，この学校を見学した外国人支援者は，子どもたちの健康面が心配になったという．

注

1）詳細については，本書100–103頁参照．

2）“Outrage after French mayor scraps pork-free school meals” ARUTZ SHEVA 7 2018年１月９日（http://www.israelnationalnews.com/News/News.aspx/240437，2020年７月25日閲覧）．

3）“Parents outraged after New Addington primary school proposes only serving halal meat” CROYDON ADVERTISER 2017年９月26日（https://www.croydonadvertiser.co.uk/news/croydon-news/parents-outraged-after-new-addington-534031，2020年７月25日閲覧）．

4）「ドイツの食堂から豚肉メニューが消える……？イスラム教徒への配慮に賛否両論」NEWS SALT 2016年４月27日（https://newsalt.jp/international/ドイツの食堂から豚肉メニューが消える？イス，2020年７月25日閲覧）．

5）「学校生活，給食など苦慮 ムスリムの子に『理解を』」『静岡新聞』2017年２月７日．

6）「豚肉等の食べてはいけない食材の入った料理をムスリムは食べることができないが，

豚肉等が入っていない料理は非ムスリムであっても食べることはできる」という論理.
７）「楽器は悪魔の呼びかけ」という記述がハディース（預言者ムハンマドの言行録）にあるため，音楽の授業に参加させない保護者がいる.
８）特別な指導が必要な生徒に対して当該児童生徒の在籍学級以外の教室で授業を行うこと.
９）第４節で詳しく説明する.
10）正確には，第４節で見るように，外国人の子どもは義務教育ではないが，入学すれば日本人と同じ扱いがされる.
11）第２章の第２節の「（１）モスクの状況」参照.
12）もっとも，こうした葛藤を乗り越え，日本社会で活躍している第二世代の若者たちがいることも忘れてはならない．例えば,「外国人県民あいち会議2017――第２世代の私たちが伝えたい思いとは――」では，そうした第二世代の若者たちが様々な体験を経て，力強く生きている様子が語られている（https://www.pref.aichi.jp/uploaded/attachment/257243.pdf，2020年８月２日閲覧）.
13）英文では憲法第26条第１項は，“All people shall have the right to receive an equal education correspondent to their ability,as provided by law.”となっており，主語は「すべての人」であり,「国民」に限っていない．第２項も同様にAll peopleである．しかし，国の見解は，教育を受ける権利は，第一次的にはその者の属する国家が負うべきとしており，義務教育については，一人ひとりの人格形成とともに国家社会の形成者の育成という役割を担うものであるため，外国人に対して日本人と同様の就学を義務付けることは適当ではないとしている［丹羽 2017：108-109].
14）文部科学省「外国人の子供の就学促進及び就学状況の把握等に関する指針」(https://www.mext.go.jp/content/20200703-mxt_kyousai01-000008457_01.pdf，2020年８月２日閲覧).
15）文部科学省「外国人の子供の就学状況等調査結果について」(https://www.mext.go.jp/content/20200326-mxt_kyousei01-000006114_02.pdf，2020年８月２日閲覧).
16）「外国学校」という呼び方をする場合もあるが，ここでは「外国人学校」とする.
17）預言者ムハンマドの言行録．預言者の言行は「スンナ」と呼ばれ，範例（模範とすべき例）であるが，ハディースは，それらに関する伝承を集めたものである．イスラームの第一の聖典はコーランであるが，ハディースは，それに次ぐものである.
18）ここで取り上げた保育園と放課後教室は愛知県内に，学校は関東圏にある.
19）ヒアリングした中でも，長男が４歳のときに子どもを連れてご主人の母国に行き，20年くらいしてから日本に戻ってきたという日本人ムスリム女性がいた.

第4章　在日ムスリムの声を聴くⅢ　偏見等

第1節　偏見

（1）アンケート結果

第2章で紹介した表2－1を見ると，日本社会で暮らしていく上で，ムスリムが最も望むことは，「イスラム教に対する悪いイメージ（テロ，怖い等）がなくなること」であった．69名中40名（58%）が，この項目を優先順位1位に挙げている．優先順位2位に挙げているもので最も回答が多かったのは，「ムスリムは戒律に厳しい特別な人たちだと思われないこと」で，24名（35%）である．

このアンケート結果から，ムスリムが日本社会に対して配慮してほしいことは，「イスラム教に対する悪いイメージをなくしてほしい」ということであり，「ムスリムは戒律に厳しい特別な人たちだと思わないでほしい」ということである．つまり，生活面での配慮や学校での宗教面での配慮は，できればしてほしいが，優先順位として，まずは，偏見がなくなることを願っている人が多いということである．

これまで見てきたように，ムスリム側からは，生活面や学校での配慮を日本社会に対して強く求めていない．ムスリムがマイノリティである日本では，実施可能と思われるものだけを求めている．多くのムスリムは，非ムスリムの日本人に対して過度の負担にならないように心がけ，できないことは，自分たちでなんとかして暮らしていこうとしている．しかし，ムスリムに対する偏見をなくすことは，自分たちではどうすることもできない．だから，偏見をなくしてほしいという望みが，優先順位として高くなるのだろう．

（2）偏見の体験

ヒアリングした中では，直接暴力をふるわれたという話は聞かれなかったが，テロと結びつけられ，言葉の暴力を受けた人はいる．嫌な態度をとられたという人もいる．暴力こそ受けていないが，危害を加えられそうで恐怖を感じたという人もいる【ムスリムの声58】.

ムスリムでなくても，ヒジャブをしていると偏見の目で見られる．ある外国人支援者は，ムスリムの気持ちを体験するため，モスクのイベントに参加し，ヒジャブをして電車に乗ったところ，隣に座ってもらえず，陰でコソコソ言われたそうである．

個人からの偏見も怖いが，公権力から声をかけられるのは，もっと怖いはずである．何も悪いことはしていないのに，警察から声をかけられることを多くの外国人は経験しているが，車の中まで調べられることは，あまりないだろう．また，モスクの中での話の内容や人数を聞かれることもあるという．仕事としてやっていることだと理解しつつも，こうした経験を積み重ねる中で，一生不審者と思われ続けるのだろうと感じるようになる【ムスリムの声59】.

在日ムスリムに対して「適切な配慮」をするには，どうしたらいいかという問題意識の中で筆者はヒアリングを始めたが，そのうちに，偏見について語られることが多いことに気がついた．偏見について聞いたわけではないが，ヒアリングしたムスリム26名のうち19名(73%)から偏見に関する話が出た．そして，中でも，メディアの影響を指摘する声が多かった．メディアの影響については，次項で見ていく．

【ムスリムの声58】

・日本に来て最初に住んだところはひどかった．電車に乗っていると隣に座ってくれないし，自分が座ったところには，汚いと言って座らない．小さい子に「変態」と言われたこともある．次に住んだところでは，赤ちゃんの子どもを乗せて自転車に乗っていたら，おじさんに通せんぼされ，前に進ませてもらえず，「テロリスト」と言われたことがある．こちらは危害を加えるつもりはないのに，相手は危害を加えるつもりなので，恐怖を感じた．今は，そこにはインドネシアの介護福祉士が来ているので，そんなことはないだろうが．今住んでいるところでは，そうした経験はなく，住みやすい．

・(わたしの) 奥さんは，電車の中で，おばあちゃんたちにネガティブなことを言われたことがある．わたしも，おじいちゃんたちに，じっと見られていたことがある．ムスリムを見たときは大丈夫だと思ってほしい．ムスリムがノンムスリムを殺したら天国に行けるわけではなく，逆に，行けなくなってしまう．考え方を変えてほしい．そもそもイスラムというのは，peace (平和) という意味である．

・（わたしは）直接，ひどいことを言われたことはないが，友達は，イギリスでテロがあったときに，なんでそんなもの（ヒジャブ）を被っているんだとか，ここは日本だと言われたことがある．

・時々日本人が外国人に対して差別的な行動をすることが目につきます．それは，わたしが外国人だからなのか，それともイスラム教徒だからなのかはわかりませんが，時々そういう嫌なことを受けることがあります．＜アンケート自由記述欄から＞

・日本はイスラム教に対する理解が未熟な国です．テロ＝イスラム教と考える人が多くいます．その誤解を解決しイスラム教（ムスリム）を理解して貰えるように各地域で日本人とムスリムがコミュニケーションを取れる活動が大切だと思います．＜アンケート自由記述欄から＞

【ムスリムの声59】
・誤解を受けることはよくある．奥さんが勤めている会社の近くの駅に迎えに行って，車の中で待っていると，パトカーがやってくる．そして，車の中を調べられたり，免許証を調べられたりする．クスリの受け渡しをやっているのではないかと勘違いされるからである．ただ，警察も仕事でやっていることなので，怒らずに協力している．調べられても2，3分で済む．自分は，いつまでも不審者と思われていて，一生変わらないんだろうなと思う．日本国籍をとっても同じである．（日本人の）奥さんを乗せているときに，警察に「ここで何をしているんだ」と言われたときには，奥さんは怒っていたが，わたしは慣れているので，気にならなかった．来日したばかりのときは，日本人から嫌味なことを言われたり，電車の中で変な目で見られたりして，嫌だった．

・空港で警察によく声をかけられる．みんなに声をかけているわけではないので，「ムスリムだからですか？」と聞いたことがある．23年間，日本で生きているのに，こうしたことがあると怖い．ムスリムの個人情報が流れた事件もある．日本のテレビは，アメリカのニュースをコピーして流すので，「テロしないでよ」と言われたりする．仏教の人が泥棒しても仏教徒はみんな泥棒だなんて思わないはずである．テレビでは（イスラームやムスリムに関する）悪いイメージが流れることが多い．モスクには変な電話が多いそうである．＜中略＞税金もきちんと払って静かに暮らしたいだけなのに．国の人が情報を得るために，よくやってきて，モスクでの話の内容や人数などを聞かれたりする．

（3）メディアの影響

多くのムスリムは，メディアの影響を指摘する．日本人全般に対して，悪い印象を持っているムスリムは少ない．しかし，直接，偏見にあった人も，そうでない人も，メディアの影響によって，日本人がムスリムに対して，否定的なイメージを持ってしまうのではないかと心配している．非ムスリムの日本人にしてみれば，そんなことを気にする必要はないと思うかもしれないが，ムスリムたちがメディアの流すニュースによって心配になっているという事実は動かしようがない．

悪いイメージの映像がテレビで流されると，何かされそうで怖くなるという．ムスリムは，なんとか自分たちのことを理解してもらおうと努力しているが，テレビで悪いニュースが流れると，その努力が一瞬で無駄になってしまうと嘆く．ムスリムのことは，メディアからの情報ではなく，ムスリムに聞いてほしい．直接，ムスリムと交流すれば，わかってもらえるはずだと思っており，そのために，誰か非ムスリムの日本人とムスリムの間に入ってくれる人がいるとありがたいという意見があった【ムスリムの声60】．

メディアの影響については，エドワード・W・サードの『イスラム報道』に詳しい．この増補版の序文の中で，「私は，ムスリムがイスラームの名によってイスラエル人や西洋人を攻撃したり傷つけたりしたことがない，などと言っているのではない．私が語っているのは，人がイスラームについてメディアを通して読んだり見たりすることのほとんどが，侵略行為はイスラームに由来するものであり，なぜなら『イスラーム』とは，そういうものだからだと表象されている，ということである」［Said 1997：邦訳 xx］と述べている．つまり，攻撃したり，侵略したりするには，様々な要因があるにも関わらず，すべてを「イスラーム」のせいにしてしまう報道のあり方に疑問を呈している．

【ムスリムの声60】

・メディアでイスラム国[1)]のネガティブな映像が流されると，誰かに何か言われなくても，イスラームに対してネガティブなことを言われるのではないかと心配してしまう．いくら，イスラームはそんな宗教ではないと言っても，（お前は）ムスリムだからそんなことを言うのだろうと言われてしまうと思う．実際に，子どもは，学校でネガティブなことを言われたそうである．

・変な人でないことをわかってもらうために一生懸命やっているのに，テレビで悪いニュースが流れると一発でダメになってしまう．

・ムスリムのことはムスリムに聞いてほしい．ムスリムのことを知りたいなら，テレビからの情報ではなく，ムスリムに聞いてほしい．確かに，ムスリムの国の中には，危なくて人が死んでいるところもあるが，どこの国にだってあることである．（それ）にも関わらず，ムスリムの国だけが大きく取り上げられる．

・日本人は，メディアからの情報によって，イスラームに対して悪いイメージを持っている場合が多い．イスラームはそうではないことを理解してほしい．以前，働いていたとき，職場の人に「イスラムの人なのに，イメージと違ってやさしいね」と言われたことがある．

・一番困っているのは，メディアである．日本人はやさしいので，接しているときは問題ないが，いつもメディアにはイスラム教に関する悪い嘘が出てくる．こうした嘘が出ると，日本人とムスリムの関係が悪くなるのではないかと心配になる．イスラム国が悪いことをするとすぐニュースになるが，あんなことをやるようにとはコーランには書いてない．わたしは日本人から嫌な目にあったことはないが，ニュースを見た日本人からひどいことを言われたムスリムもいる．そういうニュースを流さないようにしてほしい．イスラム教を知らない人は，違うかどうか判断できない．ヒゲをはやしている人はそういうことをする人だと，わからない人は思ってしまう．そういったことから問題が起きるかもしれない．今まで何かされたことはないが，されそうで怖い．いくら優しくても，静かな人でも，うるさいニュースが来たら，悪い気持ちが出るかもしれない．そういうニュースはしない方がいい．それが一番大きな問題である．

・わたしたちムスリムに悪いイメージを持たないでほしい．ムスリムは，普通の人間なので，ネガティブな考えを持たないでほしい．ヒジャブを見ると見方が違ってしまうが，形が違うだけであり，改善してもらえるとありがたい．テレビでアラブ関係の戦争のニュースとかが流れるので，そんな考え方になってしまうのだろうが，みんなと同じである．ただ，改善されるには，まだ時間がかかるかもしれない．

・ブッシュの時代からイスラーム＝テロとなった．スリランカでも選挙に勝つためにイスラームの恐怖を煽っている．インドではパキスタンは爆弾を使って怖いということをメディアで流している．イスラームに政治が入ってきている．イスラームを叩くと選挙に勝てる．

・どうか日本人に，明確に，そして正しく，イスラームやムスリムについて教えてほしい．今，メディアで広がっている像は，イスラームの真実ではないから．メディアはイスラームについての悪いイメージをたくさん広めようとしており，日本人に悪い印象を与えている．＜アンケート自由記述欄から＞

・日本人にはイスラームのイメージがなく，メディアからの情報だけである．イスラームが模範となっていない所に関する報道があるので，誤解されている気がする．本当の姿，いいところをメディアには取り上げてほしい．ISは，イスラームの名前を使って悪いことをしているが，それをイスラームだと言われても，それは違う．交流会に来れば違うことはわかる．ムスリムでない日本人が交流会に来て，実際には違うということを伝えてほしい．記事とかにして紹介してもらうとありがたい．わたしより一般の日本人の方が日本人に教えられると思う．日本人というより，メディアがわざとイスラームの評判を悪くするためにやっているのではないかと思ってしまう．ムスリムには，怖いとか接触しにくいといったイメージがあると思うが，ぜひ交流していただき，全然怖くないということをわかってほしい．

・日本人とムスリムの間になる人がいてくれるといい．イスラームのことを理解でき，皆とつながっていて間にいる人，架け橋みたいな人がいるとわたしたちにはありがたい．

（4）偏見に対する気持ち

こうした偏見を持たれているムスリムは，偏見に対して，どのような気持ちを持っているのだろうか．

イスラームの国にもテロはあるが，キリスト教の国にもテロはある．ムスリム以外にも国際テロを起こす人がいる．人間が人間を殺すのであって，イスラームが人間を殺すわけではない．ヒアリングする中で，こうしたことに気がついてもらえないと憤る人がいた．そして，ヒアリングしている筆者自身が偏見を持っていることにも気づかされた．つまり，ムスリムをヒアリングの対象とすること自体，筆者がイスラームを特別なものだと考えているからにほかならないということである【ムスリムの声61】．

ただし，こうした偏見を持たれていることに対する苛立ちをぶつけてくる人はほとんどなく，悪いイメージを持たれていることを自覚しているためか，かえって遠慮深くなっているのを感じた．日本は安全だと思っているし，行動には気をつけている人が多いが，それでも，海外でムスリムが襲撃される事件があると，不安になってしまうようである【ムスリムの声62】.

【ムスリムの声61】

・外国人は悪いことをしていると言われるが，もっとひどいことをしている日本人もいる．悪い外国人はいるが，悪い日本人もいる．外国人も日本人も悪い人が10％いるとすると，外国人の場合は，10％の悪い人を先にもってくるが，日本人の場合は，90％の人をもってくる．なぜ，今，ムスリムについて日本人が知りたがっているかと言えば，メディアでイスラーム＝テロというふうに紹介しているからである．100年前，50年前には，こうしたヒアリング（筆者のしているヒアリングのこと）はなかったはずである．日本人は，イスラームは違うという風に考えているが，そうした考えを改めてほしい．

警察も法務省もこのモスクにやってくるが，まるでムスリムは犯罪者扱いである．イスラム教の国にもテロはあるが，キリスト教の国にもあるので，クリスチャンのことを調べてから，ここへ来いと言って追い返したこともある．宗教と人間は別である．宗教はきれいなものである．イスラム教が人間を殺すのではなく，人間が人間を殺すのである．イスラム教が人間を殺すと考えるのは差別である．こうした差別は世界中にある．

【ムスリムの声62】

・イスラムの国ではない日本に住んでいるので，周りと問題を起こさないようにしている．周りに不愉快な思いをさせるのは，本末転倒だと思う．

・ムスリムは少しずつ受け入れられている感じがしている．観光客としてムスリムがよく来るようになったので，日本人は気にしなくなったのかもしれない．昔は，人目が気になった．9.11のテロのあたりから，周りからの視線を強く感じるようになったが，今はたまにしか感じない．ただ，最近，またテロが増え，スリランカの事件[2)]もあったりする．ムスリムの観光客が増えて少し良くなったが，自分の行動には気をつけている．

・日本人から変な目で見られることには慣れた．自分さえ悪いことをしなければいいと思っている．日本人と同じようにしようとは思っておらず，自分のままでいられるようにしていたい．こうした自分を受け止め，このままでいいよという日本人とだけつきあっている．

・ムスリムは穏やかで，過激ではないのに，いきなり，ニュージーランドのクライストチャーチでのモスク襲撃事件[3]のようなことが起きるので怖い．

・礼拝中でも日本は安全なので問題ないが，ムスリムが何かやっているところに他から悪いことをやられると危ない．宗教には関係なく，悪いことは悪い．それを思ってほしい．

第2節　ムスリムに対する日本人の意識

前節で見たように，ムスリムは偏見を持たれていると感じている人が多いが，実際，日本人はムスリムに対して，どのような意識を持っているのだろうか．まず，既存の調査結果により，ムスリムに対する日本人の意識を見た後で，ムスリムたちを萎縮させるインターネット上の言説を見る．最後に，ムスリムに対する意識の変化に関する簡単な調査を行った結果を示す．

（1）既存の意識調査の結果から

早稲田大学人間科学学術院アジア社会論研究室では，2009年から2012年にかけて，岐阜市・富山県射水市・福岡市で日本人住民に対する「外国人に関する意識調査」を行った．これらの調査は，ムスリムに特化したものではないが，この研究室では在日ムスリムの研究を行っているため，外国人全般に関する質問の後，イスラム教やムスリムに対する意識についても聞いている．

この3つの市の調査から，日本人のイスラム教やムスリムに対するイメージの結果をまとめると，**表4-1**のようになる．

調査した地域や時期なども異なる[4]ので，単純に比較することはできないし，日本人全体の意識として導くことはできない．しかし，「イスラム教はあまり先進的な教えではない」「イスラム教の教えは厳格で信者は信心深い人が多い」「イスラム教はあまり寛容だとは思えず，自由がなさそうである」「過激な宗教であり，平和はあまり重んじなさそうである」「イスラム教には，あまり親しみがなく，なじみもない」「ムスリムは社交的という感じがせず，うまく付き合える自信はない」といったイメージを持っていることがわかる．

また，「イスラム教に関して最も耳にする内容」は，3市とも「紛争や事件」

表４−１　イスラム教やムスリムに対する意識

		とてもそう思う	ある程度そう思う	あまりそう思わない	まったくそう思わない	無回答
イスラム教は先進的な教えである	岐阜市	1.3%	6.3%	63.0%	17.5%	11.9%
	射水市	0.9%	4.1%	61.8%	21.6%	11.5%
	福岡市	0.0%	3.1%	64.1%	26.4%	6.4%
イスラム教は教えが厳格である	岐阜市	26.9%	37.7%	19.1%	4.7%	11.7%
イスラム教徒は信心深い人々である	福岡市	51.8%	32.8%	7.4%	2.1%	5.8%
イスラム教は寛容な宗教である	岐阜市	2.2%	9.9%	60.4%	15.2%	12.3%
	射水市	2.4%	8.9%	51.2%	25.1%	12.4%
	福岡市	0.0%	7.7%	58.9%	27.3%	6.1%
イスラム教は自由な宗教である	射水市	0.9%	5.9%	50.3%	30.8%	12.1%
イスラム教は攻撃的な宗教である	岐阜市	8.7%	32.1%	39.0%	7.4%	12.8%
イスラム教は恐い宗教である	福岡市	14.1%	35.3%	37.1%	7.4%	6.1%
イスラム教は過激な宗教である	福岡市	23.0%	39.6%	29.1%	1.8%	6.4%
イスラム教は平和を重んずる宗教である	岐阜市	2.9%	23.8%	50.2%	10.1%	13.0%
	射水市	2.1%	13.0%	50.9%	22.2%	11.8%
	福岡市	1.2%	20.6%	51.8%	19.6%	6.7%
イスラム教は親しみにくい宗教である	福岡市	19.0%	46.0%	27.0%	1.8%	6.1%
イスラム教はなじみがない宗教である	福岡市	45.1%	35.9%	11.3%	2.5%	5.2%
イスラム教徒は社交的である	射水市	0.6%	10.4%	56.5%	20.4%	12.1%
ムスリムとうまく付き合えるか	射水市	0.9%	10.7%	49.4%	35.2%	3.8%
	福岡市	0.9%	26.4%	47.5%	20.9%	4.3%

出典：店田・岡井［2011］「『外国人に関する意識調査』岐阜市報告」，店田・石川・岡井［2012］「『外国人住民に関する意識調査』射水市報告」，店田・石川・岡井［2013］「『外国人住民との共生に関する意識調査』福岡市報告」（https://imemgs.com/document/gifusurvey.pdf, https://imemgs.com/document/2012gaikokujinishikichousa.pdf, https://imemgs.com/document/2013gaikokujinishikichousa.pdf, 2020年10月10日閲覧）の調査結果を基に筆者作成.

が一番多く，岐阜市で56.8％，射水市で65.4％，福岡市で50.9％であった．そして，イスラム教に関する情報源は，３市とも「テレビ」が一番多く，岐阜市で70.0％，射水市で75.1％，福岡市で79.5％，次いで「新聞」が多く，岐阜市で46.6％，射水市で45.9％，福岡市で35.7％となっている[5)]．この結果から，やはり，メディアが日本人のイスラム教やムスリムのイメージ形成に大きな役割を果たしていることがわかる．

ヒアリングによって，在日ムスリムは，非ムスリムの日本人に偏見を持たれているのではないか，また，それはメディアの影響が大きいのではないかと感じていることがわかったが，この調査結果は，そうしたムスリムの感覚が的外れではないことを示している．

（2）インターネット上の言説

インターネット上では，多くのイスラームやムスリムに関する意見を拾うことができるが，おおむね否定的で攻撃的なものである．特に，新聞記事で，ムスリムへの配慮を求めたり，配慮のための取組が紹介されたりすると，それに対する反論が書き込まれる．

2018年９月に「ムスリムの子供増加 学校で理解と折り合いを」という記事[6)]が新聞に掲載された．この記事は，近年，学校にムスリムの子どもが増えていることを踏まえ，子どもたちが日本の学校と信仰生活をどのように両立しているかを取材し，現場での工夫を紹介したものである．その記事に対して，「郷に入っては郷に従え」「国に帰れ」といったような意見がいくつもインターネット上に投稿された．インターネット上には，不寛容な言説が溢れており，第５章で触れるが，こうした言説がムスリムたちを萎縮させていく．

こうした言説は，極端な例であり，「ネット世論」の問題とも言えるが，ネット世論は社会全般の傾向を相当程度反映しており，無視できないものだと指摘する人がいる[7)]．「マジョリティ」が「マジョリティ」として十分な利益を享受していないと感じている人々の不満が，ネット世論に反映されているという．

したがって，マイノリティであるムスリムが何らかの権利を勝ち取るようなことになれば，インターネット上で批判的な言説に晒されることになる．こうした言説をどこまで一般的なものとして受け止めるのかは難しいところであるが，少なくとも，ムスリムにとっては，例え，限られた一部の日本人の声だったとしても，大きく響いてしまうだろう．

（３）ムスリムに対する意識の変化

多文化共生に携わっている人たちは，外国人との接触経験もあり，異文化に対する関心も高い．また，多文化共生における行政の役割は大きくなっていることから，多文化共生に携わっている行政職員４名を対象に，モスクに行く前と後のイスラームやムスリムに対する意識の変化を調査した．

調査は，モスクを見学する前にアンケートを，見学した後にヒアリングを行った．事前のアンケート項目は，「ムスリムに会ったことはあるか」「イスラム教やムスリムについて知っていることはあるか」「イスラム教やムスリムについてどのようなイメージがあるか」の３つである．モスク見学後のヒアリング調査は，４名同時に行い，自由に発言してもらった．調査時点は2019年２月，見学したのは名古屋モスクである．調査対象者４名のうち，ムスリムの友だちがいる人は１名，たまたま会ったことがある人は２名，会ったことがない人は１名であった．また，４名とも非ムスリムの日本人である．

アンケート項目のうち，「イスラム教やムスリムについて知っていること」については，全員が「ハラール」を挙げた．具体例として「豚肉」や「お酒」を挙げる人もいた．「礼拝」も全員が挙げた．ヒジャブを被るとか，女性は肌を見せない，顔を見せない，といった「女性の着衣」も全員が挙げた．他に，「断食」が２名，「偶像崇拝の禁止」が２名，その他，「巡礼」「コーラン，アッラー，モスク」「旅人に親切」「気分が高揚する音楽は聞かない」といったことも挙げられた．

「イスラム教やムスリムに対するイメージ」については，「イスラム教についてあまり知らないうえに，テロ事件など一部分のことがニュースなどのメディアで取り上げられるので，漠然と『怖い』イメージがある」という回答があった．この回答者は，同時に，「一部の過激な人がテロなどを起こしている」とも回答しており，すべてのムスリムが過激だとは思っていない．「『イスラム教の国』という言葉になると，中東の国やテロと結びつけてしまい，『ちょっと怖い』というイメージになります」という回答もあった．この回答者は，ムスリムの友だちがいるが，それでも，言い方によっては怖く感じてしまうようである．また，「メディアによって悪い影響が取り上げられがちだが，いい人も悪い人もいると思う」というバランスのとれた回答もあった．

「食べるものに関して，タブーが多いイメージがあります」という回答もあった．これは，実際にムスリムの友だちがいて，一緒に食事をするときに店選びに気を使ったという経験からの回答である．他には，「信仰に熱心な人が多い」「世界中に沢山いる」「家族愛が強い」「謎」という回答があった．

モスク見学後のヒアリングでは，意識の変化が明らかに見られた．事前アンケートの回答とヒアリングでの意見・感想から，調査対象者の理解の流れを表すと図 4－1 のようになる．

第 1 章で示したように，非ムスリムの日本人にとって，「宗教」は遠いものであり，厳格なものというイメージが植え付けられている．特に，イスラームにおいては，そうした傾向が強い．それが障壁となって，理解したくても先に進むことができなかった．しかし,「モスク見学」という機会が与えられ, 直接, 話を聞き，ムスリムと接することによって，その障壁を突破することができる．そして，障壁が突破できると，中の様子をうかがい知ることができ，理解が進む．以下，理解の流れに沿って，調査対象者のヒアリングでの意見や感想を紹介する．

① 距離が縮まる

・思った以上に寛容な宗教で，お祈りの時間も何時でもいいよとか，自由な感じだった．
・礼拝の場所に入れてくれることに驚いた．ムスリムではない人は来ないでという視線で見られるのかと思っていたら，どうぞ見てくださいという感じだったので，今まで，ちょっと怖いと思っていたが，そうした気持ちが取れた．
・ムスリムは周りにいないし，宗教の話題は，義務教育の中で聞くことがない

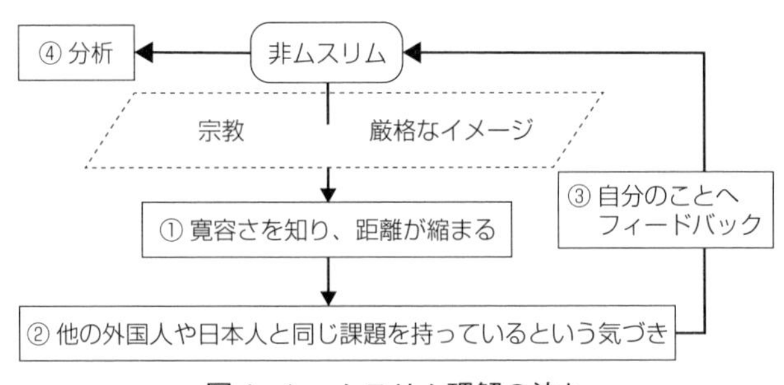

図 4－1　ムスリム理解の流れ

出典：筆者作成.

ので，メディアからイスラムのテロの話が流れてくると，勝手に怖いと思ってしまい，一部の人がやっているだけだと思いながらも，つい，そういう目で見てしまっていた．
・今まで，宗教の話とかはピンと来なくて，ムスリムは遠くの人たちだと思っていたが，距離が縮まった．

② 気づき

・直接，生活している人の話を聞くと，日本人と同じ課題があることがわかった．
・もう少し，私たちと同じような悩みや課題があるといったことを外に出せる機会があるといいと思う．
・ムスリムは高校に行かなくてもいいと思っている子どもがいることに衝撃を受けた．ムスリムは，ムスリム以外の人との交流はあるのだろうか．ムスリムはいろいろな国の人がいるが，宗教以外のコミュニティはないのだろうか[8)]．

③ 自らにフィードバック

・行政として，いろいろやってきたつもりだったが，届いていなかったんだなあと思った．
・遠い存在のような気がしていたけど，話を聞いて，モスクを拠点にすれば，ムスリムではない人たちよりも，むしろ支援しやすいのではないかと思った．
・ブラジル人の場合は，外国人というところから出発できるが，ムスリムの場合，まず，宗教から入ってしまうので，遠い存在と感じてしまう．外国人ムスリムの抱える問題に対する対応が遅れているという話を聞いたが，感覚として，宗教が先にあるので，外国人対応にまで行けていなかったのではないかと思った．

④ 分析

・ムスリムはどういう感覚で生活しているのだろうか．どうしても，一般の日本人は，「ムスリムは」と考えてしまい，国籍ではなく，宗教が先に来てしまうが，違う感覚で生活しているのではないか．
・日本人は，ムスリムに対して，間違ったことをすると怖いと思ってしまうので，変に心配をして過剰な配慮をするのではないか．
・礼拝は部屋がなくても静かできれいな場所があればいいとか，手を洗う場所を少し確保するだけでいいということを知り，そうした説明があれば，もっと気楽に接することができるのではないかと思う．

日本人の多くは，教祖がいるものだけを「宗教」と思い込んでおり，「神道」でさえ宗教という認識がない[9]．そのため，宗教は自分たちとは異質のものとして，宗教に対して，「争い」や「不寛容」といったイメージを持っている．特に，ムスリムに対しては，メディアなどの影響もあり，そうしたイメージを持っている人が多い．まずは，知ることが大切である．ムスリムと接することによって，距離が縮まっていく．

名古屋モスクでは見学・訪問をメールで受け付けており，誰でも交流することができる[10]．ただし，いきなりモスクに訪問することは，非ムスリムの日本人にとって，少しハードルが高いかもしれない．ムスリムの声として，「日本人とムスリムの間になる人がいてくれるといい」という意見があったが，モスクとの間をつなぐ人がいるとスムーズに交流が進むだろう．また，ムスリムに対する偏見は，欧米やアジア諸国にもある．偏見の背景にあるものが異なっているが，共通する部分もあるだろう．こうした比較をしながら，今後，改めて偏見を中心にムスリムの生の声を集めていきたい．

図４−１で表したムスリム理解の流れを2019年８月２日に名古屋モスクを訪れた高校生（A～C）の感想によって再確認する[11]．いずれも「① 距離が縮まる」ことによって「② 気づき」が生まれ，「③ 自らへフィードバック」していることがわかる．

A：今回の説明を聞いてイスラム教の怖さがなくなりました．この説明を聞く前は，何時間も礼拝をして断食も何日もしているのかと思っていました．なので，今回の説明を聞くことができて新しいことを学べたことが良かったです．これからは怖いとは思わずに，怖いと思っている人にも本当のことを教えたいです．

B：最初はイスラムのことをとてもこわいものだと思っていました．断食はきつそうだし，あまりにも日本の文化とは違いすぎていて，偏見もありました．しかし，実際ヤングムスリムのみんなに会って話を聞くとまったくこわくなくて，むしろイスラム教が楽しそうだなと思いました．今回の機会で学んだことを偏見を持ってる日本人に伝えていきたいです．

C：今回のお話を聞いて，私が今までどれだけイスラム教について誤解していたのか分かりました．みんな信じている宗教が違うだけで，同じ人だし，勝手に自分の知っている情報だけで，いろんなイメージをもって，申し訳なかったなと思いました．でも，今回色々なことを知れて，イスラム教，ムスリムへの変な印象がなくなりました．

第３節　日本社会に対する意見／日本での生き方・宗教観

「ムスリムの声」の締めくくりとして，在日ムスリムたちは日本社会に対してどのような意見を持っているのかを，日本人ムスリム，外国人ムスリムに分けて紹介する．そして，そんな日本社会において，彼らは，どのように生きようとしているのか，また，どのような宗教観を持って生活しているのかを紹介する．

（1）日本人ムスリムの日本社会に対する意見

日本人は異文化に対して壁をつくってしまう．日本人ムスリムは，そうした日本人の特性をわかっている．そのため，自分の価値観や習慣と違う異質な人々とどう共存するかを啓蒙した方がよいという意見や多様性の中の１つとしてムスリムに接してほしいという意見になる【ムスリムの声63】．

ムスリムは，楽観的で寛容なのに対し，日本人は融通が効かないという意見もあった．ムスリムは，すべてがアッラーの思し召しだと考えることができるので，寛容に考えられるし，他人が起こしたことに対しても寛容になれる．ルール通りにできなくても気にしない．日本人はムスリムに対して厳格で不寛容なイメージを持っているが，ムスリムも日本人に対して融通が効かないといったイメージを持っている．日本人は，ムスリムも非ムスリムも勉強熱心で，厳しく考えてしまう傾向にある【ムスリムの声64】．

【ムスリムの声63】

・外資系の会社での経験から，いろいろな人がいるのが世界のスタンダードであり，ムスリムは普通だと感じた．しかし，日本では，多文化共生とか言われているが，そうした理解は進んでいない．日本人は日本文化以外のことを知らなくても生きていけるので，多文化を知る必要はない．教育やメディアの力は大きいと思う．外資系の会社では，（ムスリムに対して）特別に配慮してくれているわけではなかったが働きやすかった．日本では，過剰に配慮されるか全然配慮されないかのどちらかである．

・日本社会でイスラム教徒であり続ける事は特に難しい事だと感じない．特定の宗教に個別に対応していたらキリがない．むしろ，これから増えると思われる移民の問題は宗教問題とは切り離して考える方が効果的だと思う．自分と違う価値観習慣をもつ“異質”な人々をどう受け入れ共存するか，そちらの啓もうをしっかりすれば良い．非常に少数であるイスラム教徒のための特別な配慮は私のほうからは求めてはいない．＜アンケート自由記述欄から＞

・色々な人，考え方がある中の１つというとらえ方で接してほしい，という意味での配慮を求めるものです．＜アンケート自由記述欄から＞

【ムスリムの声64】

・ムスリムは，楽観的だし，寛容だし，すぐ許してくれる懐の深さがある．ルール通りにできなくても気にしないのが，いい点である．日本人にしてみれば，こうしたきっちりしていないことが嫌だと思うが，逆もそうである．母国に帰る人に聞いてみたら，日本人は，やさしいところはいいが，融通が効かないところが嫌だそうである．日本人のムスリムは，勉強熱心で，いろいろとイスラームについて学んでしまうので，宗教的に厳しい．これは，日本人のムスリムの特徴である．非ムスリムの日本人も同様で，イスラームのことを厳しく考えてしまい，勉強していないと，よくわからないからということで遠慮してしまう．

（2）外国人ムスリムの日本社会に対する意見

日本人がイスラームやムスリムに対して持っている否定的なイメージとは逆に，外国人ムスリムの日本社会や日本人に対する評価は，肯定的なものが多い．偏見を感じることはあっても，欧米などの状況よりは良いと感じている人が多い．また，日本人のマナーや優しさも評価されている．優しすぎて，子どもが勘違いするのではないかと心配するほどである【ムスリムの声65】．

年輩の人に優しくしてもらって感謝しているが，同世代の日本人の若いお母さんたちとのやりとりが難しいという話があった．また，日本人と仲良くなりたいが，日本人が自分たちのことをどう思っているかわからないし，日本人と交流するための情報を入手する方法がわからないという人もいた．結婚した日本人男性と考え方が合わないという人もいた．こうしたことは，文化や習慣の違いに起因するものであり，ムスリムとしての意見というより，外国人としての意見と言える【ムスリムの声66】．

【ムスリムの声65】

・日本人は恥ずかしがり屋なので失礼なことは言わない．酒を飲まなくても大丈夫である．アメリカとか他の国だと失礼なことをたくさん聞かれる．日本はそういうところがないのでありがたい．聞かないからわからないということもあるが．

・住めば都なので，日本はとてもいい．行動にも気をつけているし，日本のルールにも従っている．「郷に入っては郷に従え」だが，イスラムにも従っている．食事にも気をつけている．両方に気をつけて生活している．

・日本のマナーはとてもいい．十字路で自転車同士がぶつかりそうになっても，お互いに謝るので喧嘩にならない．喧嘩が始まると，だんだん大きくなり，宗教の喧嘩にまで発展して，さらに大きくなってしまう．また，日本では，歩行者が道路を渡ろうとすると車が止まるのがルールになっていて，歩行者が渡ってから車は通る．隣近所の悪口は，多少はあるかもしれないが，それほど多くはない．日本に来て，こうした日本のマナーの良さを学んだ．

・学校の行事にもいろいろ出ているが，日本の小学校は母国に比べたらとてもすばらしい．教室には，生徒は20人しかいなくて，少人数なので，先生は子ども一人ひとりに対して，尊敬して接してくれる．

（ただ，）小学校で先生が生徒に接するとき，先生は，「～さん」と呼んで尊敬するので，子どもは勘違いして偉そうにしている．親のことも尊敬してないんじゃないかと思うときがある．母国では，先生や親は神様のようだったが，日本では違う．日本に来て17年経つので，今は（母国の状況も）違うのかもしれないが，先生の言うことは聞くしかなかった．先生がお仕置きをするのは当然で，しつけもして，叩かれたりもした．日本では，尊敬しすぎるので，子どもが失礼な言葉を使っても注意しない．家でもそうした言葉使いになってしまう．注意しないと友達と話しているようになってしまうので，社会人になってから失礼なことを言って失敗するのではないかと心配している．

【ムスリムの声66】

・一軒家を買って今のところに住み始め，初めて自治会や子ども会に入った．会に入ると役の順番が回ってくるのだが，年輩の人は父母のようにやさしくしてくれて，娘のようにかわいがってくれる．地域活動にも加わったが，50～70代の方が多く，とてもあたたかく，よくしてくれる．それに対して，若いママたちとのやりとりは難しい．子ども会で（SNSの）ライングループをつくっても，後ろでしゃべっていて，裏と表が違う．ラインの文章が長いので，娘に読んでもらっているが，日本育ちなので，感覚的に（裏の意味も）わかるようである．日本語の表現は難しい．

・これからインドネシア人はますます増えるのではないかと思う．そして，イスラームの人が増えると日本も変わっていくのではないかと期待している．日本人と交流したいが，わたしたちから活動したいと思っても向こうがどう思っているかわからない．市役所もいろいろやってくれているが，情報をどう手に入れられるのかがわからない．ブラジル人向けの情報は出ているが，他の国向けはあまりない．インドネシア人はずっとしゃべり続けるのが習慣である．夕方になると涼しくなるので，外に出ておしゃべりをする．日本人の男性はあまりしゃべらない．皆と仲良くしたい．

・（日本人の）主人は人が苦手で，友達を連れて料理とかつくって一緒に食べていたりすると，「なんで人を呼ばないといけないの」と言われたりする．主人には，（物を）あげる習慣がないので，なんであげないといけないのかが疑問のようである．自分で稼いだお金をインドネシアの家族に送ることについては，主人は諦めているが，留学生の友達が国に帰るのでプレゼントをあげたのだが，そのときには，毎年帰る人がいるのに，「なんであげないといけないのか」「友達にプレゼントをあげてばかりだ」と怒られた．でも，「もらう」よりも「あげる」方が，自分が死んで，この世にいなくなってからいいことがある．最後の審判のときに，秤がいい方に傾くように，もらうよりもあげたい．

ただ，義母のお世話になっている人にお中元を贈ることについては怒らない．その人から，毎年お年玉をもらったり，義母がお世話になっているので，今では習慣になっており，贈り合っている．義母とは離れて住んでいるので，近くの人に助けてもらいたいし，義父が亡くなったときには，家族できてくれて，息子さんまで来てくれたので，感謝している．

（３）ムスリムの様々な生き方・宗教観

ムスリムは，ムスリムとしてだけで生きているわけではない．出稼ぎが多い国のムスリムは，家族や親戚が世界各地に住んでおり，多様性の中で生きている．ヒアリングする中では，日本になじんでいる人が多かった【ムスリムの声67】．

ムスリムは，和を尊ぶため，個人ではあまり主張したがらない．また，イスラームには仏教のような苦行はない．食物禁忌や断食といった宗教的実践はあるが，こうしたことは，イスラーム以外の宗教にもある．イスラームは，他の宗教に比べて厳しいものではないし，苦しみを与えようとしているわけでもない．宗教は，生活を困難で複雑なものにするためにあるのではなく，生活を容易にしてくれるためにあると考えている【ムスリムの声68】．

日本人と考え方や生活習慣が似ているとも感じている．そして，ムスリムの望みは，平安な生活を送ることであり，子どもたちが良いムスリムになるのを見守りながら生きていきたいと願っている【ムスリムの声69】．

【ムスリムの声67】

・スリランカは仏教徒が多く，ムスリムは少数派であり，（スリランカでも）イスラム学校には行ったことがない．元々，多様な社会の中で育ってきているので，誰とでも友達になれる．特別にムスリムとしてだけで育っているわけではない．祖母はシリア，祖父はイエメン出身で，紅茶を栽培するためにスリランカに来た．母親や兄弟はオーストラリアにいるし，スリランカでは，多くの人が出稼ぎに行っている[12]．

・家庭や仕事で日本人との付きあいは多い．パキスタン人は，約束の時間に30～40分遅れるのは当たり前だが，わたしは５～10分早く行くタイプである．パキスタン人の通訳をするとき，弁護士と２人で，時間が過ぎても待っていることが多い．父親は銀行員で，まじめで，時間を守る人だったので，自分もその影響を受けたのだろう．そうしたこともあり，今は，日本人の中で生活しているので，時間を守るようにしている．日本にいるなら，少しは日本になじもうと考えている．すべて嫌なら，国に帰ればいいと思う．宗教は，自分の中できちんとやれば問題ない．

【ムスリムの声68】

・ムスリムは，個人ではあまり主張しない．特に，アジアは和を尊ぶ．また，すべてのことを受け入れる．例え，断食で死んでも，アッラーの思し召しだと思って受け入れる．

海外では，宗教上，食べられないものがあったり，（酒を）飲めない人も多い．スリランカには，満月の日に，ポーヤと呼ばれる仏教のお祭りがあるが，この日は飲酒が禁じられている．宗教の中では，仏教が一番厳しいのではないか．「苦行」と呼ばれるものは仏教にしかない．日本人は，「宗教」と聞くと，そうした仏教をイメージしてしまうのではないか．断食はどの宗教にもある．

・日本人はイスラム教を厳しいと思っており，ムスリムは特別な人たちだと思われている．イスラム教は，仏教やヒンズー教と同じなのに，目立っている．いずれの宗教も当たり前のことを言っており，ルールもゆるやかである．イスラム教でダメなものはダメであるが，中には悪い人もいて，お酒を飲んでいる人もいる．相手にメリークリスマスと言うのはOKである．お互いに，あいさつをし合うことは良い．これは宗教ではなく人間関係である．

・コーランも聖書もユダヤ教の経典も全部読んだが，イスラム教もキリスト教もユダヤ教も全然違っていない．また，イスラム教より仏教の方が古いが，仏教も宗教なので，考え方は似ている．ムハンマドはシルクロードを使って商売をしていたし，ユダヤ人もアジアに行っているので，中国やチベットの影響も受けているのではないかと思う．食べ物のこととか，結婚のこととか，やり方は違っているが，人を殺していいことにはなっていないし，苦しみを与えるものでもない．自分が信じているものがすべてで，他の人の信じているものを認めないというのはおかしいと思う．

・イスラームは最後の宗教であり，それ以前の宗教の結果である．イスラーム以前の宗教では，お酒を飲んでも良かったが，お酒はよくないことがわかってきたので，禁じられるようになった．ただ，宗教はいいことを教えるものであり，言葉が違うだけで，同じである．悪いことをしなさいとは言わない．子どもにもそう教えている．日本のこともインドネシアのことも忘れないのが一番幸せだと思っている．あとは，アッラーが見守っていてくれる．信じるかどうかは気持ちの問題であり，やってはいけないことをしないだけである．宗教だけでなく，法律でもそうである．

・イスラームは生き方である．アッラーは決して私たちの生活を困難で複雑なものにするためにルールや制限を定めているのではない．私たちのために定められたものはなんであれ，私たちが理解できようができまいが，必ず私たちの肉体や魂のために有益となるだろう．信仰を持つことが大切である．日本で生まれ育つ私たちの子どもに，アッラーや預言者の方を向いて，私たちの宗教に対して，ポジティブな見方を持てるように教えることが，最も重要なことである．宗教を恥ずかしいものや隠すべきものと見なすのではなく，私たちのアイデンティティに誇りを持つことは，世界のどこにいても私たちの生活を容易（たやす）くしてくれるだろう．＜アンケート自由記述欄から＞

【ムスリムの声69】

・ムスリムは，アッラーを信じているだけで，日本人とハートは一緒である．平安を求めているのがムスリムであり，悪いことをしてはいけないと思っているだけである．嘘は絶対にダメだと思っている．嘘をついても神様は見ているからである．それに，人間は，同じ神様がつくっているので，平等だと思っている．ムスリムでない人も含め，すべての人間を同じ神様がつくったと思っている．なので，偉い人はいなくて，神様の前では平等である．（ラマダン期間中に日が沈んでから皆が集まって）イフタールの食事をするとき，椅子に座っている人もいれば，下に座っている人もいるが，みんな同じである．偉い人が椅子に座っているわけではない．神様を信じて約束を守っているかどうかだけが評価の基準である．貧乏な人は，別に，その人のせいではない．神様が，その人を貧乏な状態にして，きちんと約束を守れるかをテストしているだけである．神様は，いろいろなパターンの人をつくって試している．

・日本の文化や態度はイスラームに似ている．トイレも平らで，西洋式ではないし，座り方（正座）も同じである．「いただきます」と感謝して食べるのも同じだし，全部神様のおかげだと考えているのも同じである．また，家にいるときはスリッパをはかないし，「こんにちは」というのも，ムスリムのあいさつと似た感じがする．日本の食べ物はおいしく，安心して住めるし，人がやさしいので，住みやすい．平安な生活を送ることが望みで，子どもたちが良いムスリムになるのを見守りながら生きていければ他には何もいらない．

注

1）ISに同じ（第1章の注8参照）．日本のメディアにおいて「イスラム国」と称される過激派組織の行いは，イスラームの教えとはまったく異なるものである．しかし，「イスラム」という語が入っているために，イスラームが誤解され，日本に暮らすムスリムへの偏見が深刻になったため，メディアに「イスラム国」という名称の使用中止を要請する動きがあった．その結果，一部の報道機関では「イスラム国」の使用をやめた．ただし，ヒアリングにおいては，「イスラム国」という呼称が使われたため，そのままの表記とした．

2）スリランカでは，2018年3月6日に多数のモスクや住宅が破壊された．その後，2019年4月21日にはキリスト教会やホテルなど8カ所で爆発があった．これにイスラム過激派が関与していたことから，ムスリムが経営する店舗やモスクが襲撃された．

3）2019年3月15日に発生した銃乱射事件．

4）調査時期：岐阜市2009年10月15日～10月31日，射水市2011年10月8日～11月9日，福岡市2012年10月19日～11月11日．有効回答数：岐阜市446名，射水市340名，福岡市326名．

5）出典は**表4－1**と同じ．

6）「ムスリムの子供増加 学校で理解と折り合いを」『産経新聞』2018年9月26日．

7）木村忠正「ネット世論の実態に迫る（下）」nippon.com 2017.07.05（https://www.nippon.com/ja/currents/d00334/，2020年7月25日閲覧）．

8）ヒアリング期間中に，インドネシア人やバングラデシュ人のコミュニティの行事にも参加した．宗教的要素もあったが，母国の料理やお菓子などを食べたりしながら，親交を深め合っていた．

9）少なくとも戦時中までは，明治政府の「神道は宗教ではない（神道非宗教論）」という見解が引き継がれている．

10）2017年末現在，日本国内には100カ所を超えるモスクが開設されている［店田 2018：109］が，そのうち，ホームページに見学者受入れの案内ページがあるのは，東京ジャーミー，マスジド大塚，札幌マスジド，福岡マスジド，名古屋モスクの5カ所である［クレシ 2020：35；38］．

11）名古屋イスラミックセンター「見学者からの感想（2019）」（http://nagoyamosque.com/readme/visit/kengakukansou2019，2020年8月1日閲覧）．

12）スリランカのムスリム人口比率は1割程度であるが，出稼ぎをするムスリムが多く，日本にも，そうしたムスリムのスリランカ人が多くやってきている．スリランカ人と結婚した日本人ムスリムによれば，スリランカには，仏教系のシンハラ語を使う学校が多く，ムスリムは英語を使う学校に行くしかない．しかし，そのお陰で英語ができるため，海外に出稼ぎに行く人が多いそうである．

第5章　どのように配慮すればいいのか

第1節　在日ムスリムの声のまとめ
――「配慮」を中心に――

本章では，どのように配慮をすればいいのかを考えていくが，まず，ここまで紹介してきたムスリムの声について，「配慮」を中心に簡単にまとめる．

（1）生活編

第2章では，「ハラール」「礼拝」「ヒジャブ」「様々な生活上の課題」に分けてヒアリング結果などを示した．

「ハラール」については，ハラールショップも増え，日本の業務用スーパーなどでもハラール食材が買えるようになってきていることから，ヒアリングした限りでは，それほど困っていないことがわかった．ただし，「日本語がわかる限りにおいては」という条件付きになる．また，ハラールレストランは，まだ不足していると思っている人が多いが，それを非ムスリムの日本人には求めず，ムスリム自身で解決しようとしている．ヒアリングしたムスリムの中には自らハラールレストランを経営する人もいた．

日本人ムスリムはハラール・ブームについて問題視する．論点としては，次の4つにまとめられる．

1つめは，ハラールに関して過度に配慮されることによって，「非ムスリムの日本人との間に壁ができてしまう」ということである．本来，イスラームの原則は「許容」であり「寛容」であるにも関わらず，厳格な宗教であるといった誤った理解をされてしまう．ハラールをきっかけとして，非ムスリムの日本人との間で会話が始まることもあるが，それよりも，特別な人たち，あるいは，面倒くさい人たちと思われ，避けられてしまうことをムスリムたちは恐れている．

2つめは，過度に配慮されることによって，「ムスリムの飲食の選択の自由が奪われてしまう」ということである．ハラールの基準に対する厳しさは，個人によって違うし，その判断はムスリムでも難しい．非ムスリムの日本人に，ハラールに関する基礎的な知識があることは望ましいかもしれない．しかし，それが過度になり，ハラールマークのついたものしか食べられないと思われてしまうと，ハラールマークがなくても食べられるものまで食べられなくなってしまい，飲食の幅が狭くなってしまう．ハラールかどうかの判断は，ムスリム自身がするので，食べられるかどうかの配慮をしてくれるよりは，ピクトグラムのような「ハラールかどうかを判断できるような配慮」があればいいと思っている人が多い．

３つめは，ハラールが一時的なブームに終わってしまって，ブームの去った後，「ハラールへの関心がなくなってしまう」という心配である．１つめと矛盾するようだが，ムスリムは，ハラールショップが増えること自体は喜んでいる．特に，日本の業務用スーパーでハラール食材が買えるようになったことはありがたいと思っている．しかし，性急で付け焼刃的なハラールへの関心は，冷めやすく，ブームの去ったあと，現状よりもマイナスになることを心配している．

４つめは，ハラールに目を奪われて，「ムスリムが日本で暮らす上での問題が見えなくなってしまうこと」である．３つめまでは，主に日本人ムスリムからの指摘であったが，これは，ヒアリングを通じて得られた問題点である．在日ムスリムは，様々な課題を抱えている．言語面，進路面，保健，医療など様々な場面において課題がある．そして，これらの課題は，外国人としての課題でもあり，日本人も含めた生活上の課題でもある．外国人ムスリムは，ムスリムであると同時に外国人であり，ムスリムであると同時に日本で暮らす生活者であることから，必然的に，宗教以外の課題も抱えている．しかし，ハラールが注目されることによって，そうしたことが忘れられてしまう．

「礼拝」については，まず，モスクの状況について見たが，モスクも，ハラールショップと同様に，ムスリムの増加に伴い，ムスリム自身の手によって，徐々につくられてきた．モスクは，礼拝の場所としてだけでなく，ムスリム同士の情報交換の場にもなっている．また，地域との交流拠点となっているモスクもある．モスクの数は増えており，お祈りの場所には困らなくなってきているが，ムスリムが増えてくることによって，手狭になってきている．イードのときのように，大勢が集まり，明らかにモスクに入り切れない場合には，公共施設や公園などを借りて実施している例もある．

礼拝は，必ずしも，モスクで行う必要はない．１日に５回やれなければ，まとめてやればいいし，やれなくても許される．どこでも礼拝はできるが，落ち着いてやるためには，少し区切られたスペースがあるとありがたい．ただし，立派な礼拝室をつくることまでは求めていない．過重な負担にならない程度に，空いている部屋を使えるようにするとか，パーテーションで区切るといった配慮をしてくれるだけで十分だと考えている．

神社やお寺に入ることも，あまり気にしない．神社やお寺に入って，そこに祀られているものに対してお祈りすることはできないが，中に入ることは，個人の判断で可能である．この場合もハラールと同様，基準は様々で，ムスリム自身が判断することである．もちろん，絶対に入らないという人もいる．

「ヒジャブ」は，ハラールや礼拝と違って，「用意」や「提供」といった意味での配慮の必要はない．「認める」という配慮が必要なだけである．

「配慮」には，「何かをしてあげる」という配慮と「何かをすることを認める」という配慮がある．前者を「積極的配慮」，後者を「消極的配慮」とすると，ハラールに関しては，主に「積極的配慮」に関する議論になる[1)]．それに対して，ヒジャブの場合は，「消極的配慮」である．「ヒジャブを用意しておく」という積極的配慮は，モスクなどではあり得るが，他の場所では考えにくいからである．「礼拝」は，両方が成り立つ．礼拝所を設置することは「積極的配慮」であるが，就業時間中の礼拝を認めるのは「消極的配慮」である．

「積極的配慮」には，費用や人的負担が発生する．それらの負担がどの程度までできるかが配慮できるかどうかのポイントになる．「消極的配慮」には，そうした負担はないが，認めるかどうかの「寛容度」がポイントになる．「寛容度」は，気持ちの問題であり，費用が発生しないことから，容易であるように思われる．しかし，実際には，それほど容易ではない．ヒアリングの事例から，配慮を躊躇させる要因として，「目立つ」ということが挙げられる．これを「顕在化」と言い換えると，「顕在化」の度合いが増えると「寛容度」が減るという関係にある．**表5-1**は，配慮項目と「積極的配慮」「消極的配慮」の例を比較したものである．

ヒジャブをしていると，外部にはっきりとわかってしまう．礼拝は見えないところでやればわからないし，神社に入って参拝しなくても外部からはわからない．それに対し，ヒジャブは目立ち，顕在化する．ヒアリングの中で，ヒジャ

表5－1　生活面における「積極的配慮」と「消極的配慮」の比較

配慮項目	積極的配慮 ポイント：費用・人的負担	消極的配慮 ポイント：寛容度／顕在化
ハラール	ハラール食材の用意 ハラール対応の食事の提供	*ハラールのものを食べることを認める
礼拝	礼拝所の設置	就業時間中等の礼拝を認める 神社等で参拝しないことを認める
ヒジャブ	*ヒジャブの用意	ヒジャブすることを認める

注：*は一般的には想定されないもの．
出典：筆者作成．

ブをしていたために採用されなかった企業に，最近，ヒジャブをしているムスリムの友だちが採用されたという話があった．在日ムスリムの増加に伴い，ヒジャブを被っている姿が街なかでも見られるようになってきたため，相対的に顕在化の度合いが減り，寛容度が増したということになる．

組織内の場合は，外見的な顕在化だけでなく，制度やルールから逸脱することによる顕在化もある．制度やルールの例外を認める場合には，認めさせるための「人的負担」が発生する．「制度やルールを変更するのではなく，ムスリムが制度やルールに合わせればいい」といった「同化圧力」とも闘わなければならない．ここにおいて，本来，「消極的配慮」であるものが，「新規」の配慮になると，人的負担が発生し，「積極的配慮」の様相を帯びてくる．しかし，一度変更されれば，それ以降は，容易に認められることになる．

「様々な生活上の課題」は，「断食」「葬式・埋葬・介護」「医療・保健」「女性」に分けてヒアリング結果を示した．

「断食」の場合は，「消極的配慮」ではあるが，認めることによって「リスク」が発生する．この「リスク」は，顕在化と同様，リスクの度合が増えると寛容度が減る．ヒアリングでは，会社から断食をとめられた技能実習生に対し，日本人の心配を理解した上で，「食べないが水は飲む」というところで妥協するようにアドバイスをしたという話があった．配慮する側に負担が発生する場合，負担が過重になると認められにくくなる．しかし，ハラールや礼拝スペースに対する考え方においても見られたように，ムスリムは，「無理をしない」という考え方を持っている．コーランに，「アッラーはあなたがたに易きを求め，困難を求めない[2)]」という一節があると教えてくれた人がいたが，こうした言葉がムスリムの考え方に反映されているのだろう.

「葬式」は，宗教行為なので，どう対応するかが難しい．特に，国際結婚の場合には，家庭内で考え方が異なる場合がある.「埋葬」についても，火葬にするか土葬にするかといった家庭内での対立の可能性がある.こうした問題は，第三者が解決することはできないが，ムスリムが日本で暮らす上での問題は家庭内にもあるということは理解しておくべきだろう．これからの課題として，「介護」も予想される．外国人全体としても，ようやく関心が向き始めたばかりの課題であるが，在日ムスリムについても，今後，考えていく必要がある.

「医療」の場面は，ムスリムとしての宗教的配慮と外国人としての言語的配慮の両方が必要となる．ただし，宗教的配慮を気にしすぎることによって，本来の医療ができなくなってしまっては本末転倒である．そこら辺の折り合いをどうつけるかという意味でも医療通訳者の役割は大きい．母子保健や精神保健といった「保健」の課題への対応には，まだ，あまり目が向けられていないが，深刻な事例があるし,「女性」についても，深刻な事例がある．こうした事例については，知っておくべきことではあるが，それを強調しすぎないように注意しなければならない．強調しすぎることによって,「抑圧されているムスリム女性」のような「偏見」につながりかねないからである.

（2）教育編

学校内での宗教的配慮については,「文科省手引」にも書かれており，小中学校としては，対応していこうという方向にある．総務省調査において，ムスリムの児童生徒に対する教育委員会からの意見として，宗教的配慮の難しさと同時に,「通訳が不足している」といった外国人児童全般としての課題も挙げられている.中学校の先生にヒアリングした際にも,「保護者に言葉が通じない」「日本と母国を行ったり来たりする」「親子のコミュニケーションがとれない」といったことが挙げられた．つまり，ムスリムである前に，外国人児童生徒としての課題が先にある.

「給食」に関しては,「弁当持参」は，おおむね認められており，配慮されている.「弁当持参」は,「消極的配慮」なので，費用・人的負担はない.「食物アレルギーの子と同じ対応」ということで「顕在化」もしにくく，他の学校でもやっていることなので，寛容度も高くなる．ただし，最初の頃は，弁当持参を認めることは,「新規」であったため，認められにくかっただろう.

「豚肉などの除去」は費用・人的負担が大きいので，実施は容易ではないが，「原材料の情報提供」は負担が小さいので，実施は容易なはずである．アンケートに回答してくれたムスリムの多い愛知県を中心とする地域では，すでに原材料の情報提供が行われている学校も多いことから，「新規」ではなく，容易に実施できる．しかし，全国的に見ると，あまり行われておらず，学校に言えば詳細な献立表がもらえることが知られていないため，実施が難しいということになる．

保育園では，ハラールに対応した給食を出してくれるところもあるが，「できれば」という感じで控え目にお願いしている場合が多い．学校については，保護者が学校から献立表をもらって対応している場合が多かった．献立表は，弁当をつくる際に，給食に似せたものをつくるために使う場合もあれば，食べさせられないものがあるときだけ弁当を持たせるための判断材料として使っている場合もある．

もっとも，献立表があっても，完全に給食と同じものがつくれるわけではないし，つくった弁当を給食の食器に入れて食べるため，他の生徒には弁当だということはわかってしまう．しかし，「できるだけ」みんなと同じようなものを子どもに食べさせたいという保護者の想いから，弁当をつくって持たせている．

また，あたたかい弁当の方がいいだろうと，給食時間の少し前に弁当を持って行っていたが，毎日は大変なので，朝行くときに持たせるようにした，という話があった．やってみて，大変であれば，やり方を変える．他人に対しても自分に対しても「易きを求め，困難を求めない」が，「できるだけ」の努力をしようとする．そんなムスリムの発想が給食への対応からも見えてくる．

給食への対応は，「学校」と「子ども」と「保護者」の関係性の中にある．子どもに対しては，「できるだけ」のことをしてあげたいと考えている．こうした保護者の「想い」に対して，学校・子ども・保護者のそれぞれの「制約」が枠となり，妥協の中で「配慮の方法」が決まっていく．配慮の方法は，「制約」によって異なる．「制約」は，学校によっても，子どもによっても，保護者によっても違う．したがって，配慮の方法も同じではない．また，「制約」は，状況が変われば変わっていくものである．まとめると次のようになる．

・「配慮の方法」は，保護者の「想い」と学校・子ども・保護者の「制約」で決まる．
・「想い」は，「易きを求め，困難を求めない」が「できるだけ」努力しようとする．
・「制約」は，同一ではなく，可変的である．

子どもによって「制約」が同一ではないことは学校側にも徐々に知られており，個別対応についての理解は進んでいるが，その一方で，「可変的」な対応はされにくい．学校として「事前主義」が原則となっていれば，変更するための「人的負担」が大きくなり，認められにくくなる．

「弁当持参」は，消極的配慮であるため，認められやすいが，ヒアリング結果からは，日本語ができない場合は，弁当持参さえ難しい可能性が示唆された．そこで，「言語面での配慮」が必要となる．「言語面での配慮」は，ムスリムに限らず，外国人全般にとって必要であるが，宗教面での配慮を求める必要があるムスリムには，なおさら必要である．

「豚肉などの除去」は，料理からハラームである豚肉などを除去するための人的負担が必要になる．しかし，最初から豚肉などを入れない料理であれば，除去する労力はかからないし，厨房にまでハラールを求めないのであれば，ムスリムも食べることは可能である．こうしたムスリム・フレンドリー[3)]なメニューであれば，給食をつくる側としてもそれほど負担はないはずである．実際，ヒアリングでは，メニューを見て，豚肉が入っていなければ給食を食べさせている保護者もいた．この場合は，偶然，ムスリム・フレンドリーなメニューになっただけであるが，少しだけ気を使えば，こうしたメニューの給食にすることは可能である．しかし，それでも，非ムスリムの児童にまで影響が及ぶ配慮であるため，制度として，給食をムスリム・フレンドリーなメニューにすることに対しては，非ムスリムの日本人から強い抵抗があるだろう．

ムスリム側としても，いつかハラール対応の給食にしてほしいと思っているが，ムスリム人口が極めて少ない中，非ムスリムの日本人の抵抗感を考えると言い出しにくい．たまたま口に出してしまうと非ムスリムの日本人から叩かれてしまう．口に出した個人だけでなく，結果として，ムスリム全体が叩かれてしまうため，ムスリム側としても口に出してほしくない．こうした心配は，インターネット上の言説を見れば，決して杞憂ではない．

給食以外の配慮についても，可能な限り，学校側は対応しようとしている．保護者側は，学校にも子どもにも負担をかけないことを前提として，配慮のお願いをしている．

「修学旅行の際の別メニュー」は，学校側にしてみれば，負担はほとんどないにも関わらず，全国的には実施率が低い．配慮してもらうには，旅行代理店に伝えるだけでいいが，そうした知識がなければ，伝える負担感は大きくなる．ムスリムへの配慮は，イスラームに関する知識以外の知識が必要になることが多い．

「ヒジャブ」については，学校の中では認められても，学校の外では認められない傾向にある．学校の中では，ヒジャブをして部活もできるし，生徒会の役員にもなれるが，学校の外ではヒジャブが認められない．ヒジャブをして大会に出場しても問題ないはずであるが，「リスク」を軽減する方向で考えると，学校側としては，人目が気になり，出場させないという判断になってしまう．

それでも，「義務教育」という守られた空間の中では，多様性への配慮はされる．しかし，一歩，外へ出ると様相が変わる．宗教に対する無理解さの中で，公立の小中学校でされていた配慮が無効化されていく．学校の外に出れば，日本的な価値観が押し付けられ，それに従えなければ子どもは来なくてもいいと言われる．小中学校だけを見ていると，ある程度，宗教的配慮がされていて，いい方向に向かっているように見えるが，外へ出ようとすると，一気に困難に突き当たる．

「高校進学」は，義務教育から外へ出るための出発点であるが，義務教育の外に出ようとすると，急に配慮がされなくなってしまう．加えて，ムスリムの場合，保護者は，宗教的な面で生活が乱れてしまうのではないかと心配し，高校に行かせたがらない場合もある．宗教上の制約があるので，高校を選択する幅も狭くなる．しかし，こうした中でも，高校・大学へと進学しているムスリムの子どもたちはいる．まずは，高校に入れるだけの学力を身につけることが大切である．

外国人児童を対象とした学習支援教室は，十分とは言えないまでも，各地で開催されているし，進路説明会も国際交流協会などで開かれている．しかし，こうした情報がムスリムにまであまり届いていない．情報を届けるための配慮も必要である．進路の問題は，移民第二世代の子どもたちにとって極めて重要であるが，日本では，まだあまり目が向けられていない．

子どもたちの教育のために「ムスリムが立ち上げた場所」もある．保護者たちの想いが詰まった場所であるが，健康面・衛生面での問題が心配される．ムスリムは日本に来てから，信仰心が強まる傾向にあるという[4]．ムスリムがマイノリティである日本で暮らしているからこそ，子どもたちには立派なムスリムになってほしいと願う．そのため，イスラームを教えられる場所を立ち上げる場合もあるし，家庭内で取り組む場合もある．日本では，公的機関がイスラーム教育をすることは，現状ではあり得ないし，仮に行うとしても，様々な問題がある[5]．そのため，現時点では，個別の対応にならざるを得ない．

また，在日ムスリムの子どもたちの教育に関しては，外国人児童生徒としての課題がある．加えて，ムスリムとしての課題もあるため，より複雑で深刻になる．給食がハラールかどうかということよりも多くの重要な課題があり，こうした面での配慮が必要である．

（3）偏見等

ムスリムが日本で暮らす上で一番の足枷となっているのは「偏見」である．「偏見」さえなければ，自分の望む配慮を言い出すことができる．言い出せない雰囲気の中で，聞き出せない日本人があれこれ推測して配慮しているのが現状である．

多くのムスリムが，メディアの影響を挙げている．福田［2007：50–56］は，2003年11月から10カ月間にわたって日本のテレビ局３局のニュース番組を分析したが，その結果，中東地域の報道量がもっとも多く，そのほとんどがイラク関連のニュースであったという．この時期，イラク戦争後のイラク復興の問題やイラクでのテロ事件，自衛隊のイラク派遣問題などのニュースが集中していた．ニュース番組では，専門家がテロの不安を煽り，小泉首相やブッシュ大統領などのサウンドバイト（言動の一部引用）が視聴者のイスラーム理解に影響を与えた．

こうしたニュースではなく，第４章で取り上げた「ムスリムの子供増加 学校で理解と折り合いを」という新聞記事の場合はどうだろうか．この記事は，学校現場での配慮の取組を紹介したものであり，「子供たちの，宗教を含めた多様な家庭環境や個性を理解し，尊重することが大切」という現場の担当者の声を紹介しただけのものである．押しつけがましくない記事であるが，学校現場の担当者の声が，日本社会に対するムスリムの主張と捉えられてしまい，批判的な言説に晒された．同様に，あるフォーラムで，ムスリムが給食に関して「柔軟な対応を検討してほしい」と言っただけで批判に晒された．したがって，ムスリムに対する理解を促進する方向で新聞が取り上げても，逆効果になる可能性がある．

「偏見」の問題は，外国人全般にある．外国人ムスリムと比較するために，ブラジル人にもヒアリングをしたが，偏見を感じることは多いそうである．「一歩引いた上で，認めてもらうために，がんばって教育も受けているし，働いてもいるが，外国人は一歩引くのが当たり前」だと思われており，「外国人は，言いたくても言えないことがたくさんある」と言う．また，別のブラジル人は，外国人に対する悪いイメージがある中，本当は，子どものこととか，日本人でも普通に困っていることを話したいのに，日本人の前では話せないと言う．

外国人ムスリムは，日本は住みやすいと感じているし，日本人に対しては，ムスリムと共通した部分もあるので親しみを覚えている．それに対して，日本人は異質なものを受け入れるのが苦手であり，排除してしまうか，そうでなければ，過剰な配慮をしてしまう．多くのムスリムは，排除も過剰な配慮も求めていない．争わず，平安に日本で暮らしていきたい．そう考えているだけである．

第２節　配慮再考

（1）在日ムスリムの声を聴くことによって見えてきたもの

前節で在日ムスリムの声をまとめたが，そこから見えてきた在日ムスリムの特徴は，日本人の抱くムスリム像と大きく異なる．ムスリムは，「イスラム教」を信じている人たちではあるが，ムスリムを宗教の切り口だけから説明することは難しく，宗教だけでムスリム像を描くことは無意味である．在日ムスリムの声を聴くことによって見えてきたことをまとめると，次の３つになる．

１つめは，ムスリムの「多様性」と「寛容さ」である．「ムスリム」と言っても，同じ配慮を求めているわけではないし，考え方も異なる．また，相手に無理強いをしないし，自らも無理をしない．可能な限り，宗教的な規律を守ろうとするが，難しければ，できる範囲で行えばいいと考えている人が多い．また，相手に対しても自分に対しても「寛容」であり，「厳格」であることを求めない人が多い．ただし，どの程度まで許せるかは，個人の判断によるので，「寛容さ」においても多様性はある．もちろん，寛容な人が多いとはいえ，寛容でない人がいないわけではない．そうしたことも含め，ムスリムは多様である．

２つめは，「目立ちたくないという意識」が強いということである．ムスリムは偏見を持たれていると感じているため，攻撃されることを恐れている．また，特別な人たちだと思われることにより，非ムスリムの日本人との間に壁ができることを望んでいない．したがって，目立ちたくないという意識を持った人が多い．謙虚さは「イスラム教」の教えの中にも見える[6]が，それよりも，イスラム教に対して貼られた「レッテル」が，こうした意識の原因だと考えられる．イスラームの語源の“サラーム”は「平安」という意味である．「平安な生活を送りたい」というのがムスリムとしての望みである．

３つめは，「ハラールや礼拝以外にも課題はある」ということである．特に，外国人ムスリムの場合は，外国人としての課題もある．例えば，「言語面での配慮」は，外国人共通で必要なことである．加えて，宗教的な配慮をしてもらうためには，どのような配慮が必要かを伝えなければならないことから，宗教的な配慮の「前提となる配慮」とも言える．同じく，外国人共通の課題であるが，「進路」を始めとする教育面での配慮も必要である．日本語力の面や日本の進学制度を知らないことによって，外国人児童生徒は進学が難しいと言われているが，ムスリムの場合は，宗教面での配慮も必要になってくる．ただ，そもそも進学が可能な状況になっていなければ，宗教的な配慮どころではない．こうした課題は，ムスリムの宗教面以外の側面を明らかにする．ムスリムは，イスラームを信じているが，イスラームを信じることだけで生活しているわけではない．

（２）「配慮の方法」の枠組

以上のことを踏まえると，在日ムスリムに対する配慮の方法の枠組の１つとして，「合理的配慮」と合理的配慮の基礎となる環境整備（以下，「基礎的環境整備」という）が有効ではないかと考える．「合理的配慮」については，第３節で詳しく見るが，障害者分野で法制化された概念であり，「事後的」「個別的」「対話的」なプロセスを経て，「個々のニーズ」に応じて，「非過重負担」の原則の中で「社会的障壁を除去」するという考え方である．

ムスリムは多様であり，宗教的配慮のニーズも人それぞれである．したがって，個別対応が必要であり，ヒアリング結果からも，現実に，そのような対応がされている事例が見受けられた．また，ムスリムが宗教的配慮を求めるにあたっては，相手にも自らにも困難さを求めない「寛容さ」もヒアリング結果から見出された．こうした考え方は，「非過重負担」を原則とした「合理的配慮」の考え方と同じ方向にある．さらには，共生するためには，「双方向」の仕組が必要となるが，「対話的」なプロセスを経て行われる「合理的配慮」は，その仕組を内包している．また，総務省調査の自由記述欄の中にも，「合理的配慮」という言葉を見出すことができ[7)]，実際に，小中学校の現場でも「合理的配慮」の考えを持って対応していることがわかる．

ただし，特徴の２つめに挙げた「目立ちたくないという意識が強いこと」は，「合理的配慮」を妨げる要因になる．「合理的配慮」は，個別ニーズに応じた配慮であるので，配慮される側から言い出さなければ始まらない．しかし，目立ちたくないという意識が強いと言い出すことができない．こうした意識は，偏見の目で見られていることが原因である．したがって，偏見がなくなれば，こうした意識も解消される．つまり，そのための「基礎的環境整備」が求められることになる．「基礎的環境整備」については，第５節で詳しく見るが，「合理的配慮」とは逆に，「事前的」「集団的」な性格を持っている．

特徴の３つめに挙げた「ハラールや礼拝以外の課題」については，宗教的配慮に目を奪われ，在日ムスリムに対する配慮として見落とされがちなものである．様々な生活上の課題や進路問題，通奏低音として流れる言語面での課題などについては，これまで，在日ムスリムに対する配慮として，意識されてこなかったものである．こうした課題に対する配慮の中には，外国人全般にとっても必要なものがあり，「事前的」「集団的」に準備しておけるものもある．これらも「基礎的環境整備」の考え方にあてはめることができる．

なお，「合理的配慮」と「基礎的環境整備」の考え方を十分に機能させるためには，ムスリムの多様性に気づかせない，そして，宗教以外の課題に気づかせない「アイデンティティの単眼化」が問題となる．これが偏見にもつながり，ムスリムとの共生を妨げる要因にもなる．ムスリムには単一のアイデンティティしかなく，一律の基準しかないのであれば，個別に対応することを基本とした「合理的配慮」の考え方を持ち出す必要はない．また，ムスリムを宗教的な面だけでしか捉えられないのであれば，宗教以外の課題を見落としてしまう．

したがって，「合理的配慮」と「基礎的環境整備」の枠組の間に「アイデンティティの単眼化」の問題を挟みながら，在日ムスリムへの配慮の方法を考えていくこととする．

第3節　合理的配慮

「合理的配慮」という考え方が法制度に導入されたのは，2013年6月に制定された「障害を理由とする差別の解消の推進に関する法律」（以下，「障害者差別解消法」という）と改正された「障害者の雇用の促進等に関する法律」（以下，「障害者雇用促進法」という）においてである．しかし，本書において「合理的配慮」の観点を導入するのは，障害者に対する配慮と同じように，在日ムスリムに対する「合理的配慮」の法制化を求める趣旨ではない．在日ムスリムへの配慮の方法を考える上で，枠組の1つとして使えないかという観点から導入するものである．

そこで，まず，障害者分野で言われている「合理的配慮」の考え方を押さえたあと，「合理的配慮」の歴史や日本での宗教的配慮に関する判例などを紹介しながら，法制化された合理的配慮の課題を見ていく．次に，これらを在日ムスリムへの配慮に当てはめ，合理的配慮の考え方が有効かどうかを検証する．そして，最後に，「合理的配慮」の考え方を在日ムスリムに適用するにあたっての課題を考える．

（1）「合理的配慮」の考え方

日本において，法律に「合理的配慮」という考え方が入るようになったきっかけは，2006年12月に国連総会で採決された「障害者の権利に関する条約」（以下，「障害者権利条約」という）である．実は，この「合理的配慮」という考え方は，元々，宗教差別と関連して誕生したものである[8]．したがって，在日ムスリムに対する配慮と親和性があると考えられるが，現在では，専ら，障害者に対する配慮の考え方として定着している．

「合理的配慮」というのは，例えば，視覚障害のある学生Aが，大学の歴史の授業を受けるに当たり，テキストデータ（電子データ化した文字情報）が必要になった場合，教員Bの負担が重すぎなければ，Aにテキストデータを渡すということである．この場合，障害がない他の学生たちにはデータは提供されず，Aにだけ提供される．Aだけのために授業の慣行が変更されることになる．このような配慮のことを「合理的配慮」という［川島 2016a：19］.

障害者権利条約第２条に定める合理的配慮の定義は次のとおりである.

> 「合理的配慮」とは，障害者が他の者との平等を基礎として全ての人権及び基本的自由を享有し，又は行使することを確保するための必要かつ適当な変更及び調整（ｉ）であって，特定の場合において必要とされるもの（ⅱ）であり，かつ，均衡を失した又は過度の負担を課さないもの（ⅲ）をいう.
>
> （文中の（ｉ）（ⅱ）（ⅲ）および下線は筆者による）

川島［2016a：27-30］によれば，この定義は３つの要素から成っている．１つめの要素は，下線（ｉ）の部分であり，これは「社会的障壁の除去」を意味する．しかし，これだけでは「合理的配慮」とは言えず，下線（ⅱ）と（ⅲ）によって限定された変更が「合理的配慮」となる．下線（ⅱ）は，障害者全般のニーズではなく，個々の特定の場面における障害者個人のニーズに応じたものであることを示している．特定の状況下で，個々人が実際に合理的配慮を必要としてから合理的配慮の提供義務が生じる．下線（ⅲ）は，合理的配慮が「均衡を失した負担」と「過度の負担」を伴うものではないことを示している.

川島［2016b］は，「障害者差別解消法」と「障害者雇用促進法」を検討し，合理的配慮の内容と手続きを明確にしている．合理的配慮の内容は，基本的な３つの要素と４つの付随する要素から成り，手続きは，３つの性格に整理されるとしている．それらをまとめると，**表５-２**のようになる.

「基本的内容」の３つの要素は，障害者権利条約で見たものと同じである．「非過重負担」は，さらに考慮する要素として，「事業への影響の程度」「実現可能性」「費用･負担の程度」「事業規模」「財務状況」の５つが挙げられている．「社会的障壁の除去」は，「物理的環境への配慮」「意思疎通の配慮」「ルール・慣行の柔軟な変更」の３つの形態に分けられている［川島 2016b：49-51］.

「付随的内容」の４つの要素のうち，「意向の尊重」には，「プライバシー保護に対する意向」も含まれる．残りの３つは，本来の業務に付随するものに限られること（本来業務付随），障害者でない者との比較において同等の機会の提供を受けるためのものであること（機会平等），事務・事業の目的・内容・機能の本質的な変更には及ばないこと（本質変更不可）である［川島 2016b：51-53］.

手続きの「事後的性格」とは，具体的なニーズを有する特定の障害者が存在する前に，その者が将来現れることを見越して，前もって現状を変更しておく

表５－２　障害者分野における「合理的配慮」の内容と手続き

項目		要素・性格
内容	基本的内容	個々のニーズ　非過重負担　社会的障壁の除去
	付随的内容	意向の尊重　本来業務付随　機会平等　本質変更不可
手続き		事後的性格　個別的性格　対話的性格

出典：川島［2016b］を基に筆者作成.

性格を持たないということである．合理的配慮の提供義務は，障害者からの「意思の表明」や「申出」が前提となっている．障害者の具体的なニーズは，配慮する側もされる側もお互いに相手の情報を共有しておらず，相手の事情がわからないため，「申出」が必要になってくる．「個別的性格」とは，合理的配慮の提供プロセスが個別化されるということである．個別具体的な事案においては，配慮する側もされる側も異なっており，どのように配慮を提供するかといったプロセスは多様である．そして，こうした合理的配慮の提供プロセスは，両当事者間の「対話」を通じて進んでいく．それが「対話的性格」である．お互いに情報を共有していないがゆえに，どのような配慮が必要かつ可能であるかは，両者が対話を通じて情報を交換し，ニーズと負担に関する双方の個別的具体的事情を突き合わせる過程が必要になる［川島 2016b：53–55］.

（２）「合理的配慮」の歴史／日本での宗教的配慮に関する判例

ここで，「合理的配慮」の歴史について振り返る．「合理的配慮」の概念は，1960年代半ばのアメリカで，宗教差別と関連して誕生した．そして，1990年に成立した「障害をもつアメリカ人法」（Americans with Disabilities Act）が「合理的配慮」という言葉を世界に広めた［川島 2016a：22］.

長谷川［2014：19］によれば，アメリカでは，1964年に，人種，皮膚の色，宗教，性または出身国を理由とする雇用差別を禁止する公民権法第７編が制定された．その後，宗教的信念・戒律を労働者が守ることができるよう，使用者が一定の配慮をすべきかどうかが問題となった．そのため，1972年に公民権法が改正され，使用者は「過度の負担」とならない範囲において，労働者の宗教的儀礼や慣行に対し，合理的な配慮をしなければならないと定められた[9].

この考え方が「障害をもつアメリカ人法」に受け継がれ，2006年の障害者権利条約につながっていく．その間，2000年には，欧州人権裁判所が，「スリメノス対ギリシャ事件」で,「異なるものを異なって扱わない型の差別」を認定した．申立人スリメノスは「エホバの証人」の信者であったが，宗教的信念から軍服を着用しなかったため，有罪判決を受けた．そして，ギリシャには，有罪判決を受けた者を公認会計士職に就かせないというルールがあることから，スリメノスは公認会計士職に就くことができなかった．この案件は，重大な犯罪を理由とする他の有罪判決とは異なっているにも関わらず，それと同じルールを適用しており，スリメノスに対して,「適当な例外」を設けなかったことは，客観的・合理的に正当化されない．したがって，ギリシャは「信教の自由」と「差別禁止」に違反すると判断された［川島 2016a：22–24］.

日本においても宗教に対する配慮義務に関する争いがなかったわけではない．

- 日曜日に開かれる教会学校に出席したことによって，同日の日曜日に実施された小学校の日曜参観授業で欠席扱いの記録を残されたことについて，保護者が記載処分を取り消すよう求めた事案（「日曜参観事件」東京地判昭61・3・20判時1185・67）.
- 殉職した自衛官の夫を持つキリスト教徒の妻が，夫を護国神社に合祀したことの違法性を争った事案（「自衛隊合祀事件」最判昭63・6・1民集42・5・277）.
- 剣道の授業を信仰上の理由で受講拒否した高専学生達に対して，学校側が留年・退学処分を下したため，その処分の取り消しを求めて提訴した事案（「剣道受講拒否事件」最判平8・3・8民集50・3・469）.

「剣道受講拒否事件」では，学生側は，学校側に対し,「レポート提出等の代替措置を認めてほしい」と申し入れたものの，拒否された．これを最高裁は，学校側が相当の考慮を払ったとは言えないと評価した．また，こうした代替措置をとることによって，担当教員の負担が多少増加することはあっても,「教育秩序が維持できないとか学校全体の運営に看過できない重大な支障を生ずるおそれがあった」とは認められないと判断した．それに対し，学校側は，信仰を理由に代替措置を講ずることは政教分離原則に反すると主張した．しかし，最高裁は，目的効果基準に照らして判断し，代替措置をとることは政教分離原則に違反しないとした．結論として，留年・退学処分は違法であり，処分は取り消されるべきとなった［九州弁護士会連合会ほか編 2017：286–293］.

一方で,「日曜参観事件」は，児童に与える不利益の大きさが非常に軽微であるという理由で違法ではないと結論が示された.「自衛隊合祀事件」も，程度の大きな不利益処分として認められるのは，外形的，客観的な不利益であって，主観的な不利益は当たらないとされ，違法ではないと判断された．つまり,「静謐な宗教的環境の下で信仰生活を送るべき利益（宗教的人格権)」は，直ちに法的利益として認めることができないものであるとしている．また,「護国神社に対して夫を合祀しないでほしい」と求めることは，誰を合祀するか決定できる護国神社の信仰に対する本質的変更を求めることになる．そして，かえって護国神社の信教の自由を妨げる結果になると判示されている［九州弁護士会連合会ほか編 2017：293-294].

（3）「合理的配慮」の課題

「合理的配慮」の考え方が，法制度の中に入ってきたのは画期的なことであるが，もちろん，課題がないわけではない.「障害者差別解消法」の制定および「障害者雇用促進法」の改正は2013年6月に行われたが，施行は2016年4月からである．したがって，法制度としての「合理的配慮」が実際に現場で運用されるようになってから, それほどの月日が経っているわけではない．しかし，いくつかの課題が指摘されている．配慮される側にも配慮する側にも課題はあるが，まずは，配慮される側から見ていく．

<配慮される側の課題>

配慮される側の課題として，星加［2016:125-126］は，提供側の「非過重負担」の配慮によって，障害者側の「必要性」が常に十分に満たされるとは限らないと指摘している．なぜなら, 合理的配慮は,「両者の妥協の産物」だからである.「必要性」がまだ十分に満たされていないにも関わらず,「非過重負担」の限界を超えてしまうことが起こり得る．そのため，合理的配慮の内容や水準は，提供者側の事情によって影響され，不安定なものにならざるを得ない．

西倉［2016：163-164］は，合理的配慮を受けることによって，障害が顕在化してしまう問題を指摘する．合理的配慮は，自分に障害があることを職場や学校などに知らせるところから始まる. 障害を開示することが, 障害者本人にとって不利に働く場合がある. そして,「障害者の機会平等を実現していくにあたり，合理的配慮の法制化は決してゴールではなく，むしろ新たな火種になりうる」と述べている．

配慮は受けたいが，差別は受けたくない．本来は，両立可能なことではあるが，配慮を受ける側としては，二者択一のジレンマに陥ってしまう．差別を受けたくないと考えれば，申出はできない．

申出のしにくさ，対話の困難さについては，西倉・飯野［2016：202-205］が指摘している．それを筆者により整理すると，「力関係」「不明確」「遠慮」「無自覚」の4つになる．

力関係：合理的配慮を求める場合には，「障害者」と「事業主」のように，配慮を求められる側の方が力を持っており，配慮を求める方が大きな妥協を迫られる位置に置かれやすい．

不明確：上記の力関係の中で，申出は曖昧かつ暗示的な形でなされる可能性がある．

遠　慮：自らのニーズが正当なものだという感覚を持てず，ニーズを表明すると「周りの人の迷惑になるのではないか」とか「周りから変な目でみられるのではないか」と感じてしまう．

無自覚：長年，社会的障壁に囲まれて生きるしかなかった障害者の場合，社会的障壁が除去された状態を経験したことがないため，自分が何に不便を感じて困っているのか，どのような配慮や手助けを必要としているのかわからない．

西倉・飯野［2016:205］は，合理的配慮の提供のために求められている「対話」の重要性を指摘する．合理的配慮の実践の場で積み重ねられる対話は，「私たちのコミュニケーションの仕方を変化させ，社会問題を把握し解決していく際のやり方に影響を与えていく」としている．また，こうした方法は，障害者以外の領域でも有効だとしている．

＜配慮する側の課題＞

配慮する側については，法制化されることにより，「これからは障害者がいろいろ言ってくるから大変だ」と感じている人が多いという事実が指摘されている［西倉・飯野 2016：205］．

また，松下・井上［2017：36-37］は，小中学校教員11名にインタビュー調査を行い，その結果，配慮する側として，合理的配慮を妨げる要因を6つ挙げている．

Ａ：周りの目が気になる（教員からの目が気になる／周りの親の目が気になる／周りの子どもの目が気になる）

Ｂ：連携の難しさ（教員同士の連携の難しさ／保護者との連携の難しさ／自分の学級のみで考えている）

Ｃ：支援方法への抵抗（学級運営のこだわり／配慮が必要だと感じていない／支援方法に苦手意識がある／カリキュラムに沿わなくなる）

Ｄ：障害特性，支援方法への理解の困難さ（障害特性の理解が少ない／支援方法がわからない）

Ｅ：支援が悪影響になってしまう恐れ（子どもの将来に悪影響を与えないか気になる／子どもを不利にしないか心配である）

Ｆ：支援者の負担が多い（環境面の整備／支援者のストレス，悩み／対象者の多さ）

（４）「合理的配慮」に在日ムスリムへの配慮を当てはめる

（１）で見た「合理的配慮」の内容や手続き，（３）で見た課題を「在日ムスリムに対する配慮」に当てはめると，次のようになる．

内容・手続き

合理的配慮の基本的内容は，「個々のニーズ」「非過重負担」「社会的障壁の除去」である．これを在日ムスリムに対するヒアリング結果に当てはめてみると，まず，配慮してほしいことやレベルは人によって異なっており，「個々のニーズ」があると言える．一方で，ムスリムは，受入側に過重な負担を求めることはしない傾向にある．「非過重負担」の範囲内で「社会的障壁の除去」をお願いしている場合が多い．したがって，「合理的配慮」の基本的内容である「個々のニーズ」「非過重負担」「社会的障壁の除去」は，在日ムスリムに対する配慮においても当てはまる．

付随的内容については，「意向の尊重」「本来業務付随」「機会平等」「本質変更不可」の４点が挙げられていた．第３章の「給食」の場合に当てはめると，保護者の「意向の尊重」がされながらも，友だちと一緒に給食を食べるという「機会平等」が図られている．就職に当たって，ヒジャブをしたいという意向にも関わらず，認められなかった事例があったが，これは「機会平等」が与えられなかったということになる．給食の目的は，学校給食法第１条によれば，「心身の健全な発達に資するもの」「食育の推進を図ること」の２つである．弁当持参であっても，この目的に適っており，本質が変更になっているわけではない（「本質変更不可」）．修学旅行に行かないという申出に対して，そのまま認めてしまうことに対する違和感を持った外国人支援者がいたが，修学旅行に行くことが学校生活の本質の一部だとすれば，それが変更されることは，行き過ぎた配慮になる．

また，ここに挙げた例は，学校側の本来業務に付随したもの（「本来業務付随」）である．一方，地元の野球クラブの事務担当者から，宗教的なことまで配慮できないから来ないでくれと言われたという事例があった．この野球クラブは，ボランティアで行われていると思われるが，障害者差別解消法では，ボランティア団体であっても，合理的配慮に努めるべきとしている．その基準に当てはめれば，この案件も，本来業務として，なんとか参加できるようにすべき[10]だったのかもしれない．

このように，配慮すべきかどうか，また，配慮するとすれば，どの程度まですべきかを考える上で，「付随的内容」の考え方も，在日ムスリムに対する配慮において有効である．

手続き面については，「事後的」「個別的」「対話的」の３つの性格があるが，ヒアリング結果からも，「対話」をしながら配慮を求め，「個別的」に，「事後的」な対応がされている事例が見出された．「保育園のときに（最初は）毎日弁当を持って行ったが，保育園の給食の人と相談しながら，献立にある食べられないものに色をつけてリスト化して対応してもらった」というような事例である．お互いに譲歩しながら，配慮する側に任せっきりにするのではなく，配慮される側も協力しながら配慮を一緒に考えている．

「文科省手引」には，「保護者と事前に相談を行い」「基本的には保護者の宗教的な判断を尊重すべき」「受入初期に共通理解をしておくことが重要」となっており，「対話的」な要素が書かれている．なお，「保護者と事前に相談を行い」とあるが，これは「事前的」ということではない．元々ある学校のルールなどを事前相談によって変更していくということであり，既存の学校のルールに対して，「事後的」に対応している．ラマダン前に，断食をするかといったアンケートをしている学校の事例があったが，アンケートは事前だが，事後的な配慮をするための把握をしているという点で「事後的」と言える．

ヒアリングの中には，最初に配慮のお願いをせず，途中でお願いをすると，途中から変えることは難しいと言われたという事例があった．これは，配慮する側に「事後的」な発想がないためだと考えられるが，うまくいっている事例を見ると，「事後的」「個別的」「対話的」な配慮がされていることがわかる．したがって，手続き面でも，在日ムスリムに対する「合理的配慮」の考え方は有効である．

（２）で見たとおり，「合理的配慮」は，元々，宗教的配慮から始まっている．また，合理的配慮の概念を考える上で重要な国際人権法の領域での判決（スリメノス対ギリシャ事件）も宗教絡みの案件である．したがって，在日ムスリムに対する配慮の内容や手続きに関して「合理的配慮」の考え方が適用できることは意外なことではなく，むしろ，当然のことである．とはいえ，「合理的配慮」については，これまでは，主に障害者の分野で議論されてきており，宗教面での配慮についての議論はほとんどされてこなかった．ここで，改めてムスリムに対する配慮を合理的配慮に当てはめて検証することは意味があるものと考える．

課題面

次に，「合理的配慮」を在日ムスリムに適用する場合の課題について考える．（３）で示したとおり，障害者分野における合理的配慮の課題は，「配慮される側」としては，「必要性が十分に満たされない」「顕在化とそれに伴う差別の恐れ」「対話の困難さ」の３つがある．「対話の困難さ」は，さらに「力関係」「不明確」「遠慮」「無自覚」の４つに分けられる．「配慮する側」の課題としては，「過剰な負担を求められる恐れ」「周囲の目」「連携の難しさ」「支援方法への抵抗」「（障害）特性，支援方法への理解の困難さ」「支援が悪影響になってしまう恐れ」「支援者の負担が多い」の７つが挙げられる．こうした課題が，在日ムスリムにも当てはまるかどうかを見ていく．

＜配慮される側の課題＞

「必要性が十分に満たされない」については，ムスリムへの配慮の場合でも同様であることがアンケート結果からわかる．第３章の**表３-１**は，小中学校における宗教的配慮の状況と満足度・必要性について聞いたものであるが，「弁当の持参を認めてもらう」を始め，15項目の配慮項目のうち，「配慮があるが，その配慮に不満足」と１名でも回答したものは11項目（73％）あった．いくらムスリムが「易きを求め，困難を求めない」傾向にあるとはいえ，ムスリムは多様であり，中には，「必要性が十分に満たされない」と思う人もいる．ただし，各項目とも満足している割合の方が圧倒的に高く，アンケートを見る限り，「配慮あり」に占める「不満足」の割合は，最も高いものでも20%[11]しかない．

「顕在化とそれに伴う差別の恐れ」については，在日ムスリムへの配慮においては極めて重要な課題となる．アンケートやヒアリング結果からは，宗教的な配慮を求めたいということよりも，偏見を持たれたくないという気持ちの方が大きく上回っている．第2節で見たように，ムスリムは，目立ちたくないという意識が強く，顕在化を避けたいと考えている人が多い．ヒアリングした限りでは，実害は聞かれなかったが，直接，攻撃される可能性がないとは言い切れない．海外では，ムスリムが狙われる事件が多発している．最近でも，2019年3月のニュージーランドでのクライストチャーチモスク銃乱射事件や同年5月のスリランカモスク襲撃事件などが起きている．国内においても，2016年7月に起きたバングラデシュでのISによると思われる襲撃事件の後で，ムスリムを憎悪するハガキがイスラーム団体に送られてきたことがある[12]．こうした積み重ねが，「顕在化とそれに伴う差別の恐れ」につながっていく．

「力関係」については，ムスリムの場合でも同様である．ヒアリングでも，依頼主である通訳会社からヒジャブではなくスーツで来てくれと言われた通訳者の事例などがあった．

「不明確」については，人数が多くなれば，ハラール対応してほしいと言い出す勇気が出てくるが，まだ，そんなにたくさんはいないので，言い出せないと言う人がいた．「力関係」に加え，マイノリティということが立場の弱さにつながり，そのことによって申出が不明確になるのは，障害者もムスリムも同じである．

「遠慮」は，ムスリムの美徳ではあるが，合理的配慮を求める上では妨げとなる．ムスリムは，特別な人たちだと思われたり，壁ができたりすることを望んでいない．また，自分たちが攻撃されるのではないかという恐れもある．そのため，「自分の行動には気をつけている」という人や「周りと問題を起こさないようにしている」という人がいた．「面倒くさい人たちと思われたくないので，日本人にとって楽になる方向で考えたい」という人や「日本を俯瞰的に見ると，ヒンドゥ教の人もいればモルモン教，敬虔な仏教徒，ユダヤ教徒，ベジタリアンもいるので，なぜムスリムだけ主張していいのか」という人もいた．こうした発言の中に「遠慮」がうかがえる．

「無自覚」については，外国人ムスリムは，非ムスリムの国の日本に住んで無自覚であることはないし，改宗した日本人ムスリムも「ムスリム」ということに関しては自覚的だと思われる．ただし，ムスリムがマイノリティの国に住んでいるのだから，多少の不便があっても当たり前だと感じていたり，自分たちでなんとかすればいいと考えていたりする人が多く，配慮を求めることに関しては無自覚と言える．

＜配慮する側の課題＞

「過剰な負担を求められる恐れ」については，ヒアリングした中では，過剰な負担を求めるようなムスリムはいなかった．しかし，第４章で見たように，フォーラムで「柔軟な対応を検討してほしい」と発言しただけで，非ムスリムの日本人は過剰な負担を求められる恐れを感じ，インターネット上で炎上したことがあった．元々，合理的配慮は，「非過重負担」が原則である．「過剰な負担を求めてくる保護者」と「合理的配慮」は相容れないものである．ただ，現状では考えられないが，仮に，法制化によってムスリムに対する「合理的配慮」が義務化された場合には，配慮する側が身構えてしまい，頭の中に，過剰な負担を求めるムスリム像が登場することは想像に難くない．

また，法制化されることにより，実際に，ムスリム自身が，どんな要望でも叶えてくれると思ってしまう可能性も否定できない．ヒアリング結果からは，ムスリムは，寛容であり，目立つことはしたくない傾向にあると言えるが，「過重な負担を求めるムスリムはいない」と断言することはできない．

「周囲の目」については，保護者側にとっても同様である．ヒアリングにおいて，いろいろと先生に配慮されてしまうと，「なぜあの子だけ？」と言われそうで気が気ではなかったという話があった．

「連携の難しさ」については，総務省調査でも，「音楽・体育の水泳などの別室授業では，教員の数から限界を感じている」という意見があったが，限られた人員の中で，他の先生に配慮のためのお願いをするのは難しい．また，言葉の面や考え方が違うため，保護者との連携が難しいことも学校側へのヒアリング結果からうかがえる．

総務省調査では，「宗教的な事情への配慮も十分必要であるが，配慮しすぎると，学校での学習活動が十分保障できないこともある」といった意見があった．これは「支援方法への抵抗」や「支援が悪影響になってしまう恐れ」といった合理的配慮の課題につながってくる．こうした抵抗や恐れは，子どものためを思ってのものであるが，どんな方法がいいかは，「本質変更不可」の原則にのっとり，保護者と話し合いながら決めていくことになるだろう．

「特性，支援方法への理解の困難さ」という課題は在日ムスリムへの配慮において重要である．イスラームのことは非ムスリムには理解できないので，ムスリムに聞いてほしいといった声がヒアリングでも聞かれた．また，いくら勉強して理解しても，個人によって判断基準は違うので，無駄になってしまうこともある．どんな配慮が必要かは，どんなに知識があってもわからない．宗教の厳しさの基準は人によって違うからである．ムスリムがマイノリティの国では，マジョリティの国よりも解釈を緩くするという考え方もある．そうしないと，イスラームを守っていくのは大変であり，信仰から離れていってしまう．信仰を離れるくらいなら，こだわるのはやめましょうという考え方である．しかし，そうなると配慮する側は余計に困ってしまう．一律の対応ができないからである．一律の対応ができない中，どんな配慮をしたらいいかを知るためには，「対話」が必要になる．

「支援者の負担が多い」については，障害者に関しては，「環境面の整備」「支援者のストレス，悩み」「対象者の多さ」といった例が挙げられている［松下・井上 2017：38］．これも在日ムスリムの場合に当てはまるだろう．ただし，全学年合わせて20人程度（全校の５％程度）ムスリムがいる小学校では，毎月，給食のメニューが配られ，豚肉に赤で×がつけられていたり，ラマダン前に，断食に関するアンケートが送られてきたりするという．対象者がある程度多くなると，負担も増えるが，定型的な対応ができるようになり，効率化が図られる可能性はある．

課題の特徴

以上のことから，在日ムスリムに合理的配慮の考え方を適用しようとする場合，障害者と同様の課題があると言える．しかし，在日ムスリムに適用する場合，いくつかの特徴が見出せる．

障害者の場合の各課題の大きさの違いについては，本書の範疇を超えるが，少なくとも，在日ムスリムの場合には，課題の大きさに違いがあると言える．配慮される側の課題としては，「顕在化とそれに伴う差別の恐れ」と「遠慮」が，また，配慮する側としては，「特性，支援方法の理解の困難さ」が，他の課題よりも大きいと言える．こうした課題の大きさの違いに加え，在日ムスリムの場合に特徴的な課題を４つ指摘することができる.

１つめは,「言語面での課題」である.「対話の困難さ」として「力関係」「不明確」「遠慮」「無自覚」の４つの課題を挙げたが,外国人ムスリムの場合には,そうした心理的な課題だけでなく，日本語がうまく話せないという「そもそもの対話の困難さ」がある．ヒアリングの中でも,「日本語ができなかったりすると，言葉が通じないので，弁当を持ってくることさえできない」といった話があった.

２つめは，ムスリムに対する宗教的配慮は，非ムスリムにとっては,「しなくても構わないように見える配慮」であることから,「郷に入っては郷に従え」といった「同化圧力」がかかりやすいということである.「ヒジャブをせずに通訳してほしい」とか「野球クラブの泊まりの際に食事の配慮までできないと言われた」というのは，その例である．また，（２）で見たように，日本での宗教に対する配慮義務に関する判例においても，配慮される側に対しては,「ある程度までの不利益はやむを得ない」という考え方がある．仕事に就くことができなかったり，留年・退学処分までの不利益は被るべきではないが，欠席扱いされたり，護国神社に合祀されたりする程度は「許容範囲内」という判断がされている.「合理的配慮」の出発点であるアメリカの公民権法においても,判例を見る限り，宗教的配慮については，それほど使用者の義務を高度なものとはしていない[13].

「ハラール・ブームによる弊害」という課題もある．これは「ムスリムがハラールの中に閉じ込められてしまう弊害」である.「配慮が注目されることによる弊害」とも言い換えられる．極端に注目された配慮は，当事者をその中に閉じ込めてしまう．このことは，開発福祉[14]の観点からは，すでに指摘されている.穂坂［2017:166］は,「制度的アプローチは，個人的属性を基準に対象を定め（障害者，高齢者，貧困世帯，等々)，制度に則った福祉サービスを適用する．しかし制度を前提にした『当事者』性は，当事者をその枠組みに封じ込め，施策の対象として客体化し,制度の下に分断してしまう」と述べている．ハラール・ブームは制度ではなく，一過性で感覚的なものであるが，そうした不安定な枠組みの中にムスリムたちは封じ込められてしまうことになる.

最後に,「強制力がない」という課題である．つまり,「制度化されていない」ということである．制度化されていなければ,「合理的配慮」を担保するものがない．ただし,「制度化」にも問題がある．障害者分野で制度化された「合理的配慮の義務化」は，本来，「合理的配慮」に重きが置かれたものであり，「義務化」が重要なわけではない．また，合理的配慮に関する基本方針や指針は，現場で配慮をする上での「参考」であり，そこに書かれたとおりにやらなければならないわけではない．しかし，「義務化」に重きを置かれると，基本方針や指針は，線引きに使われていく．そこに書いてあることはやらないといけないし，反対に，書かれていないものはやらなくてもいいものになってしまう．「合理的配慮」は，個別ニーズに応じて対話をしながら臨機応変に対応していくことを旨としているにも関わらず，「制度化」は，逆の効果を生み出しかねない．「『制度』は定義上，必然的に『制度外』問題を発生させる」［穂坂 2017：166］ことになる．また，西倉・飯野［2017:197］は，法制化を最終目標に据えていては，「この概念の本領が発揮されないまま形骸化していく」と心配する．「ムスリムに対する合理的配慮」が制度化されることは，現時点では想定できないが，制度化するばかりが合理的配慮の実効性を高める方法ではない．強制力を持たせるための制度化は，本質を見失わせ，形骸化する可能性を秘めているからである．

（5）「合理的配慮」を在日ムスリムに適用するための課題

在日ムスリムに対する配慮は，基本的には，障害者の分野で言われている「合理的配慮」の内容・手続きが適用できることがわかった．また，課題もおおむね適用できるが，在日ムスリムに適用する場合に特徴的な課題があることもわかった．まとめると，次のようになる．

＜共通点＞

【内　容】個々のニーズ／非過重負担／社会的障壁の除去

【手続き】事後的性格／個別的性格／対話的性格

【課　題】配慮される側：必要性が十分に満たされない／顕在化とそれに伴う差別の恐れ（ア）／対話の困難さ［力関係／不明確／遠慮（イ）／無自覚］

配慮する側：過剰な負担を求めてくる恐れ／周囲の目／連携の難しさ／支援方法への抵抗／特性，支援方法への理解の困難さ（ウ）／支援が悪影響になってしまう恐れ／支援者の負担が多い

（特徴的な課題①に関連して，他の課題よりも大きいものに下線を付した.）

<特徴的な課題>
① 課題の大きさの違い［下線（ア）（イ）（ウ）］
② 言語面での問題
③ 同化圧力
④ ハラール・ブームによる弊害
⑤ 強制力がない

①から④で示した特徴的な課題は，在日ムスリムに対する「合理的配慮」を阻害する方向に働く．そこで，それぞれの課題が，どのような点において，合理的配慮を阻害するかを整理し，その阻害要因を排除するための方策を考える．なお，⑤については，制度化して強制力を持たせることが必ずしも望ましいわけではないことから，今回は，保留とする．

特徴的な課題①から③

「合理的配慮」は，配慮される側の「申出」が基本である．在日ムスリムが配慮の申出を行う上で阻害する要因は，「日本語ができないこと」と「ムスリムに対する悪いイメージがある中，遠慮してしまうこと」が大きいと考えられる．これらには，②と①（下線（ア）（イ））がそれぞれ該当する．

配慮する側としては，「『郷に入っては郷に従え』といった同化的発想」と「宗教的行為に対する過度の心配」が大きいと考えられる．非過重負担の原則によって，費用面でも人的な面でも負担がなかったとしても，「制度やルールを変更するのではなく，ムスリムが制度やルールに合わせればいい」といった「同化圧力」が加わる．また，断食などの宗教的行為の場合には，よくわからないがゆえに，それを認めることによってリスクが発生することを恐れてしまう．これらには，③と①（下線（ウ））がそれぞれ該当する．以上をまとめ，阻害要因を排除するために一般的に考えられる方策を合わせると表５−３のようになる．

なお，ここで示した「考えられる方策」の中で「合理的配慮」の枠組で行えるものは想定しにくい．いわば個別ニーズに応じた合理的配慮の「前提となる配慮」であり，不特定多数を対象に，あらかじめ行っておくべき「基礎的環境整備」である．「合理的配慮」を円滑に進めるためには，「基礎的環境整備」が必要だと言われているが，「基礎的環境整備」については，第５節で改めて見ていくこととする．

表5－3　在日ムスリムへの「合理的配慮」を阻害する要因と方策

合理的配慮を阻害する要因		特徴的な課題	考えられる方策
ムスリム側	日本語ができないこと	②	日本語教育，多言語化
	ムスリムに対する悪いイメージがある中，遠慮してしまうこと	① （下線（ア）（イ））	多文化共生意識の働きかけ
配慮する側	「郷に入っては郷に従え」といった同化的発想	③	
	宗教的行為に対する過度の心配	① （下線（ウ））	宗教・文化に対する理解の促進

出典：筆者作成.

「ムスリムに対する悪いイメージがある中，遠慮してしまうこと」は，下線（ア）の「顕在化とそれに伴う差別の恐れ」と下線（イ）の「遠慮」の組み合わさったものである．組み合わせのイメージは，図5－1のとおりである．

ムスリムが感じる「差別の恐れ」をf，「配慮」をdで表し，「差別の恐れがない」と感じる状態を$f=0$，配慮の要望をしていない状態を$d=0$とする．「配慮」を求めれば求めるほど「差別される恐れ」が線形に増えると仮定すると，$f=ad$となる．一般的には，配慮の要望をしなければ差別の恐れはない．つまり，$d=0$のとき$f=0$となる．しかし，ムスリムの場合は，何もしなくても差別されるのではないかという恐れbがある．そのため，$f=ad+b$となる．この式において，ムスリムが差別の恐れを減らしていくためには，配慮を求めるどころか，遠慮する方向（$d<0$）に向かわなければならない．したがって，ムスリムは，一般的な場合（$f=ad$）以上に遠慮することになる．もう1つの方法は，

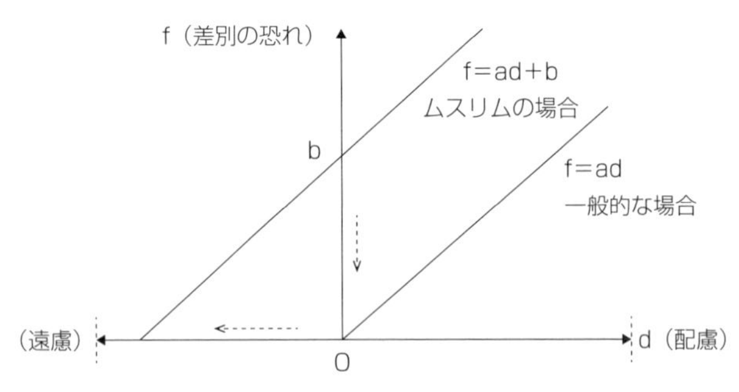

図5－1　当事者における「差別の恐れ」と「配慮／遠慮」との関係
出典：筆者作成.

ムスリムが抱えている差別の恐れbを減らすことである．つまり，差別の恐れを感じさせない環境とすることによって，bを0に近づけ，遠慮を減らすことができれば，配慮の要望がしやすくなる．

特徴的な課題④

④の「ハラール・ブームによる弊害」は，「事前に配慮することの弊害」とも言い換えられる．「事前に配慮すること」は，合理的配慮と対極にある．個々のニーズに応じた配慮を事前に行うことは，配慮される側との間に齟齬を生む．当事者に接する前に配慮の準備をするため，固定化された知識や情報の中で，勝手に想像を働かせなければならない．固定化された知識や情報は，原則論の場合が多い．また，どれくらい配慮したらいいかわからない場合は，無難な方向，つまり，誰からも文句を言われないように，最大限の配慮をしてしまう．結果として，ムスリム自身が望んでもいないような厳しい基準での過剰な配慮がされることになる．

厳しい基準の方がムスリムは喜ぶのではないかという考え方もあるが，ヒアリング結果からは，こうした考え方は誤りであると言える．在日ムスリムは，ムスリムがマイノリティである日本において，厳しい基準を求めてはいない．かえって，非ムスリムの日本人たちに厳しい基準がスタンダードだと思われてしまうと，「ムスリムに食べさせられるものはない」と思われ，避けられてしまうことを恐れている．

クレシ［2017：48-49］は，「厳しすぎる食の制限がこのまま拡散されていけば，ムスリムと関わって間違いを犯してしまうことを恐れる日本人が，不要な行き過ぎた気遣いをする」と心配する．そして，「行き過ぎた気遣いが昂じて，食事が面倒だからとムスリムとの付き合いが敬遠されるとしたら，それも迷惑な話」と書いている．実際に，あるムスリムが，原材料の問い合わせを企業にしたところ，「ハラール認証がない」と繰り返すばかりだったので，最終的に「イスラーム教徒には，食べて貰うことは望まないということですね」と尋ねたら，企業は「はい」と答えたそうである．

第２章から第４章までで繰り返し見てきた寛容なムスリム像は，「『ハラームの混入があった場合，それが悪意がないものであっても厳しく罰せられます』と不安を煽る業者」［クレシ 2017：49］によって，付き合いの難しいムスリム像へと変換されてしまう．イスラームでは，知らずにやってしまったことは，許されるのが原則である．コーランの〔家畜章 6：145〕の中にも，「止むを得ず，また違犯の意思なく法を越えないものは，本当にあなたの主は，寛容にして慈悲深くあられる」という一節がある．

ムスリムのために，良かれと思って行った配慮であっても，事前に準備された配慮は，非ムスリムが勝手につくりあげたムスリム像の中にムスリムを閉じ込め，苦しめる結果になる．「テロ」や「怖い」といったムスリムに対する悪いイメージを「悪意の偏見」，良かれと思って，できるだけ厳しい基準でつくりあげたムスリム像を「善意の偏見」と名付けると，図5－2のように表せる．「悪意の偏見」によって，ムスリムは日本社会から排除され，「善意の偏見」によって，ムスリムは日本社会の一部に閉じ込められて不自由になる．ハラール認証されたものしか食べられず，決まった時間にお祈りをしなければならない「宗教的に厳格なムスリム」という非ムスリムの日本人が持つイメージからはみ出ることができなくなる．いずれの場合も日本社会から疎外されるという点では同じである．

だからと言って，ムスリムは，ハラールが認知され，ハラールのものが増えていくこと自体に否定的なわけではない．心配しているのは，「過剰な配慮」である．「過剰な配慮をされ，遺伝子レベルで豚が入っていないか調べられると，ムスリムの食べられるものがなくなってしまい，ネギさえ買えなくなってしまう」という心配があった．また，「ホテルで，ここにはハラール認証の食べ物はないから食べられませんと断られることもある」という話も聞いた．「ハラール・ブームによる弊害」は，事前に配慮することの弊害を示し，在日ムスリムに対する配慮は，なぜ事後的で対話的な「合理的配慮」の考え方で行われるべきかということをうまく説明する．

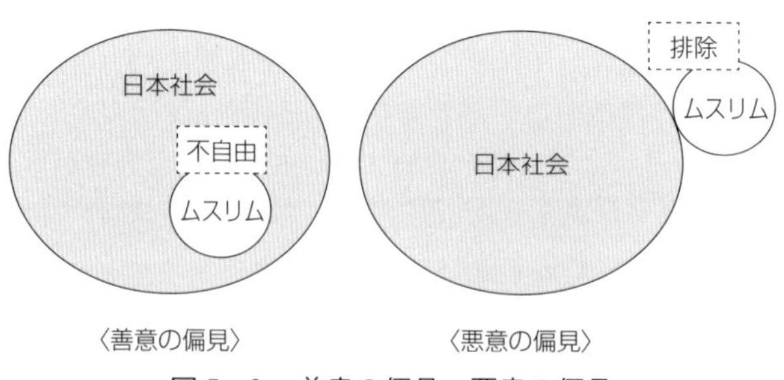

図5－2　善意の偏見・悪意の偏見

出典：筆者作成．

では，どのようにしたら，このような弊害から自由になれるだろうか．再び，開発福祉の考え方に戻る．穂坂［2017：166］は，「主体性を重んじるための『障害当事者』という表現が，制度的に規定される『障害者』という単一アイデンティティに帰してしまうという逆説が生ずる．これを乗り越える手がかりは，『地域』で全的なアイデンティティを回復し，認め合い，そこから制度を再点検することである」と述べている．ムスリムも，「ムスリムは」という表現の中で，多様なムスリムたちを単一のアイデンティティに帰してしまう．ムスリムは単一のアイデンティティではないにも関わらず，事前に配慮することに重きを置くことにより，単一化してしまう．これを乗り越えるための手がかりは，職場や学校，生活空間といった「地域」において，ムスリム一人一人のアイデンティティを回復し，認め合うところにあるのではないだろうか．

第４節　アイデンティティの単眼化を超えて

（１）「アイデンティティの単眼化」とは何か

アマルティア・センは，『アイデンティティと暴力』という書物の中で，「世界の人びとは，なんらかの包括的で単一の区分法によってのみ分類できるという偏った思い込みがある．世界の人々を文明ないし宗教によって区分することは，人間のアイデンティティに対する『単眼的』な捉え方をもたらす」と述べている．つまり，「人間を一つの集団の構成員としてしか考えない見方」をすることが，「アイデンティティの単眼化」ということである．センは，単眼的な捉え方をすることによって，人と人との関係が，「画一的な集団間の観点からのみ判断され，同じ人がやはり帰属するそれ以外の（経済，社会，政治，または別の文化的つながりなどの）集団になんら関心が払わなければ，人の暮らしにおける重要なものの多くはことごとく失われ，個人は狭い枠の中に押し込められることになる」と述べている［Sen 2006：邦訳 2－9］．

また，差別の根底には，「単一のアイデンティティ」という幻想があり，「アイデンティティは，人を容易に殺すことができる」と指摘する．１つの集団への強い帰属意識には，その他の集団は異なった存在だという感覚がともなう．仲間内の団結心は，集団相互の不和を煽りやすい．もちろん，アイデンティティ意識がいけないわけではない．アイデンティティ意識は人々を温かく迎える．しかし，その一方で，別の多くの人々を拒絶しうる［Sen 2006：邦訳 16–18；24］．

その解決のためには，アイデンティティをかき立てることを抑圧したり，阻止したりする方法では改善されない.「アイデンティティ」が問題なのではなく，「単一のアイデンティティ」が問題なのであり，それに対抗できるのは，「複数のアイデンティティ」しかない．日常生活の中で，私たちは，自分自身は様々な集団の一員だと考えている．「国籍，居住地，出身地，性別，階級，政治信条，職業，雇用状況，食習慣，好きなスポーツ，好きな音楽，社会活動などを通じて，我々は多様な集団に属している」のである．そして，どの集団をとりあげても，その人の唯一のアイデンティティ，唯一の帰属集団として扱うことはできない［Sen 2006：邦訳 19-20］.

『アイデンティティと暴力』は，アマルティア・センが，ボストン大学で2001年の11月から翌4月にかけて行った講演が基になっている．2001年9月11日に発生したニューヨーク・ワシントン同時多発テロの直後であり，このテロの話も取り上げられている．また，センの幼い頃の体験もベースになっている．それは，センが11歳のときに遭遇した殺人事件の体験である．センの母国のインドがイギリスから独立しようとしていた1944年に，ヒンドゥ教徒とムスリムの間に暴動が起きた．その暴動で，カデル・ミアという名前のムスリムがヒンドゥ教徒の殺し屋に殺された．カデル・ミアは，「ムスリム」というだけの理由で殺され，彼を殺したのは，彼が誰だか知りもせず，おそらく一度も彼を見たこともない人々だった［Sen 2006：邦訳 236-241］.

この書物は，アイデンティティを扱ったものであるが，イスラームに対する関心がとても強く，世界中に蔓延する「イスラームに対する単眼化」に対抗するものとして書かれたのではないかと推測されるほどである．ムスリムの寛容性と多様性については，ヒアリングで見てきたとおりであるが，この書物の随所でも言及されている．

ムガル帝国のアクバル帝は，生涯にわたってムスリムであったが，「何人も宗教を理由に干渉されてはならず，いかなる人も自らの好む宗教の信仰が許される」ようにすることを国是としていた．アマルティア・センは，こうした寛容な皇帝がいたことを紹介することによってイスラームを擁護したいわけではなく，不寛容な皇帝がいたことも，あっさり認めている．そうなると，結局，ムスリムは，寛容なのか，不寛容なのか，「どちらが正しい見解なのか」と問いたくなるが，そもそも，その質問自体，問うべきものなのかどうか，ということをセンは主張している．「ムスリムであることは，その人が信じるすべてを決定する，なによりも重要なアイデンティティであるわけではない」からである．同じムスリムであっても，ある人は異教に不寛容な見解をもち，別の人はきわめて寛容だったとしても，どちらもムスリムであることに変わりはない．イスラームには，イジュティハードの考え方，つまり，コーランやスンナを独自に解釈できるという考え方があり，そのおかげで，「イスラム教そのものにかなりの幅がある」．それればかりではなく，「個々のムスリムには，基本的なイスラムの信仰と矛盾することなく，ほかの価値観や優先事項を決める多くの自由もある」[Sen 2006：邦訳 97–100]．

「アルゴリズム」という言葉は，アラブの数学者アル・フワーリズミーの名前に由来する．ムスリムの数学者や科学者は，特に，ヨーロッパが中世暗黒時代を迎えたときに世界各地に様々な考え方を広め，技術・知識のグローバル化に重要な役割を果たしてきた．しかし，こうした知的貢献は，イスラームに関連した貢献だったわけではない．イブン・バットゥータは，アフリカとアジアの各地を旅行する中で，多様なムスリムに出会っている[15)]．ユダヤ人哲学者マイモニデスは，不寛容になった12世紀のヨーロッパからの移住を余儀なくされたとき，十字軍と戦ったサラディン帝に迎えられ，カイロの宮廷で名誉と影響力のある地位を与えられた［Sen 2006：邦訳 95–105］．

アマルティア･センは，こうした例を挙げたあと，「今日，①ムスリムの人々をイスラム教という視点から排他的に——もしくは優先的に——見ることと，②彼らがもつ多くの帰属関係という幅広い視点からムスリムを理解すること，の相違に注目することが，きわめて重要になっている」と指摘する．そして，ムスリムの多様な帰属意識には，ムスリムとしてのアイデンティティも間違いなくあるが，科学的関心や職務，文学的活動，支持政党といったものから生じる責務を必ずしも押しのけるものではないと指摘している［Sen 2006：邦訳 105–106］．

ムスリムは，当然のことながら，宗教とは関係ないところでの活動もしており，宗教とは関係ないアイデンティティも持っている．

イギリスの第73代首相のトニー・ブレアは，イスラム教は対立的な宗教だとする解釈を否定するために，たびたび「イスラムの穏健かつ真の声」を引き合いに出した．そのことに対して，アマルティア・センは懐疑的な態度を取る．歴史的には，寛容なムスリムもいたが，不寛容なムスリムもいたはずである．そうした中で，宗教とは関係のない，「対立的」とか「寛容」といった政治的，社会的信条の点から,「真のムスリム」を定義することが可能なのか,また,そんなことをする必要があるのか,と問いかける.ブレアの「宗教」を中心にした政治的手法の中から生まれる「政府がムスリム指導者と会談する」という政策は,宗教的権威の声を支持することになる.政治的な大義のために宗教的指導者を担ぎ出し,その宗教を政治的・社会的な立場から再定義しようとすれば,ムスリムの非宗教的な価値観を重視しないことになる.そして,ムスリムが,政治や社会の問題に対処するために,信者以外の人々とともに実践している市民主導の取組が評価されなくなってしまう[Sen 2006:邦訳 113-114].

「ムスリムは,宗教的な価値観のみで生きているわけではない」というセンの主張は,この書物において繰り返される.宗教的指導者の意見がムスリムを代表しているわけではない.このことは,ムスリムに限らない.筆者が行った日系ブラジル人に対するヒアリングの中でも同様のことが語られた.

> ブラジル人は,ピアスをしていて,明るくてフレンドリーと一般的に言われているが,そうしたイメージのブラジル人に対して,日本人は気をつかい,配慮してくれる.同じブラジル人でも,一般的に,リーダーやスペシャリストが表に出るので,そう思われがちであるが,私たち庶民は,本当はそうではない.でも,そうしたイメージに合わせてきた.表向きのものとパラレルにあるものは違っている.そのパラレルにあるものを解決しようと思ったが,あまりにその(明るくてフレンドリーという)イメージが強すぎるので,これは自分だけのニーズ・問題だと思うようになっていた.「ブラジル人の問題はこうである」と誰かが言い,それに違和感があっても,自分だけの問題だと思い込み,自分が弱いせいだと思って言えなかった.しかし,今では,自分だけの問題だと思っていたことが,ブラジル人全般の問題だったかもしれないと思っている.

イギリスは「多文化主義」を標榜している.アマルティア・センは,「アイデンティティの単眼化」の観点から,イギリスの多文化主義を「複数単一文化主義」と呼んでいる.そして,「夜間に航行する船のように,互いにすれ違うだけの文化の多様性が存在することが,多文化主義の成功例と言えるのだろうか?」と疑問を投げかける[Sen 2006:邦訳 217].

藤原[2016:57-61]は,イギリスに多文化主義が政策として入ってきたのは,1980年代に入ってからだと自らの経験を基に証言している.藤原は,1978年に,半年ほどイギリスの公立中学校に通っていた．そこでは，人種差別的な子どもたちもいたが，「移民の友人たちは一人ひとりしっかりと自立しており，生き生きとしていた」という感想を持っている．それが，1980年代に入ると，多文化主義政策のもと，独自の宗教や民族性が尊重されるようになった．それは，「マイノリティの声を政治に反映させよう（それによって貧困地区の暴動を解消しよう）という善意から生まれた政策であったかもしれないが，実質的には，大英帝国が植民地で展開した分割統治を，イギリス国内で展開するようなことになってしまった」と述べている．宗教教育も多文化主義化し，生徒たちは「自分は何教徒」であるかを自覚するようになった．藤原は，「アイデンティティは団結と排除の二面性をもつ．多文化主義的宗教教育は，社会の調和よりも溝を深める方に結びつく面をもっていた」と分析している．

なお，「多文化主義」は，日本独特の外国人対応の考え方である「多文化共生」と混同されやすいが，「多文化共生」は，マイノリティの文化を尊重するだけでなく，互いの文化を理解し合い，日本人も外国人も共に生きていくというものであり，交わることがベースにある[16)]．それに対して，「多文化主義」は，違いを尊重するところまでで役割を終え，そこから先がない．イギリスでは，後に，「共同体の結合[17)]」という考え方を導入するが，「多文化主義」だけでは，いたずらに違いを意識させるだけで，住民たちは交わらないし，つながることができない．

アマルティア・センは，「自らのアイデンティティを選択する自由」についても言及する．「われわれはみな異なった帰属や関係のうち，どれを優先すべきかつねに選択している．自分が属しているもろもろの集団に，どれだけの忠誠心をもち，優先順位をつけるべきか選択する自由は，格別に重要な権利」だとしている［Sen 2006：邦訳 21］．

自分のアイデンティティのうちで何を選択するかを考える自由は重要な権利であるにも関わらず，ムスリムは「ムスリム」というだけで，他人から，あるいは社会から，他のアイデンティティを選択する自由を奪われ，「ムスリム」という狭い枠の中に閉じ込められてしまう．

（2）「アイデンティティの単眼化」を超えるには

図5－2で事前に配慮することの弊害を「善意の偏見」と表現したが，これはムスリムのアイデンティティを単眼化した結果である．「テロ」や「怖い」

といった「悪意の偏見」も，ムスリムのために良かれと思ってやっている「善意の偏見」も，アイデンティティの単眼化によってもたらされるものである．いずれも，ムスリムのアイデンティティの選択の自由を奪っている．

非ムスリムの限られた知識によって単純化された「ムスリムは」という括りによって，多くの課題は見えにくくなっている．エドワード・W・サイードがメディアに現われるフィクションとしてのイスラームのあり方を問うた『イスラム報道』の初版は1981年に，増補版は16年後の1997年に出版された．増補版には50ページを超える序文が加えられているが，序文の中で，初版で指摘した「誇張されたステレオタイプと喧嘩腰の敵意」がますますひどくなってきたと批判している［Said 1997：邦訳 v］．

この書物の原題は“Covering Islam”というが，訳注によれば，Coverには，「覆い隠す」と同時に「報道する」という意味がある．つまり，イスラームを「報道する」ことがイスラームを「隠蔽する」ことになる［Said 1997：邦訳 lvi］．サイードは，イスラームに関して，記者が無知を隠すために，決まり文句を使い，同じ陳腐な説明を繰り返すことによって，そこからはずれる出来事や政治プロセスが見落とされてしまったと指摘している．それをイスラームの「報道」と「隠蔽」の活動と呼んでいる［Said 1997：邦訳 2－4］．

近年のハラール・ブームの中で，イスラームやムスリムのことが日本でも多く取り上げられるようになった．しかし，取り上げられることは，イスラームやムスリムに関するほんの一部でしかない．ハラールや礼拝，ヒジャブといった宗教的行為だけが取り上げられてしまうと，ムスリムは，それがすべてだと思われてしまう．

そして，図5－3のように，「ムスリムは」ということで広げられた傘（ムスリムの傘）によって，視線が遮られてしまう．イスラームを理解しないまま，「ハラールのものしか食べない．礼拝を何回もやる．ヒジャブをしている」という戯画化されたムスリム文様の傘によって，それ以外のことが覆い隠されてしまう．「個人としてのアイデンティティ」や子どもの進路や保健，医療といった「宗教以外で配慮すべきこと」，そして，「外国人であること」さえ見えなくなってしまう．第4章で紹介したモスクを訪れた行政職員は，ムスリムの場合，まず，宗教から入ってしまうので，外国人としての対応にまで考えが及ばなかったと感想を述べている．

Said［1997：邦訳 xi］は，「イスラーム世界で現実に生起している出来事のな

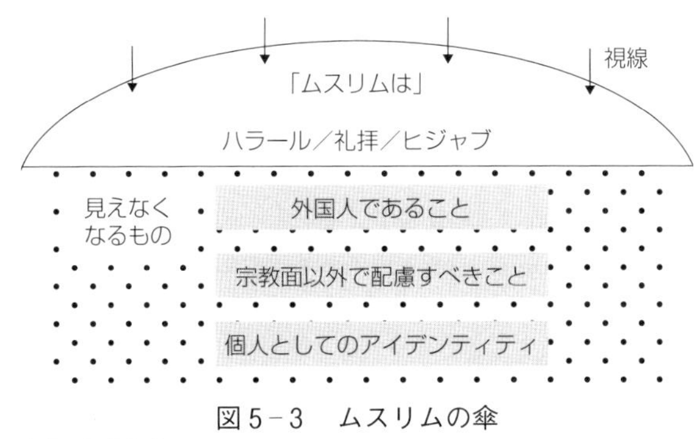

図5−3　ムスリムの傘

出典：筆者作成.

かで,『イスラーム』が関わっているのは相対的にごくわずかな部分に過ぎない.そこには，何十億もの人々が暮らし，何十もの国や社会や伝統や言語，そして当然のことながら数えきれないほどの経験があるのだ．これらの由来をすべて『イスラーム』と呼ばれる何かで説明しようなどというのは，端的に言って誤りである」と述べている.

在日ムスリムの多様性を示すことは，ムスリムに対する偏見の払拭につながる．アマルティア･センは,「単一のアイデンティティ」に対抗できるのは,「複数のアイデンティティ」の力だと言っている．つまり,「問題の多い世界で調和を望めるとすれば，それは人間のアイデンティティの複数性によるものだろう．多様なアイデンティティはお互いを縦横に結び，硬直した線で分断された逆らえないとされる鋭い対立にも抵抗する」[Sen 2006：邦訳 35].

ムスリムだけでなく，すべての人たちのアイデンティティを解放し，複数のアイデンティティでつながることによって，多文化共生は実現する．どこでつながるかわからないが，つながっていくことが大切である．人には多くの属性がある．その属性によって，多方面とつながることができる．こうしたつながりは,「ムスリムは」といった単眼的な括りからは生まれない.

共通の属性で固められた共同体は，アイデンティティを1つしか持たないため，結節点を持たない．しかし，個人の場合は違う．個人は複数で多種多様なアイデンティティを持っている．したがって，他者とつながるための結節点を多く持っている．少なくとも,「だれもがもつ人間性という幅広い共通のアイデンティティ」[Sen 2006：邦訳 19] はあるのだから，本来，人間は誰とでもつながることができる．

アマルティア・センは，『アイデンティティと暴力』の中で，11歳のときに殺されたベンガル人を「ベンガル人」という単一のカテゴリーでは呼ばずに，ひたすら「カマル・ベル」という個人の名前で呼び続けた．単一のカテゴリー同士がつながることはない．複数のアイデンティティを持っている個人だからこそ，つながることができるのである．

第５節　基礎的環境整備

中央教育審議会初等中等教育分科会の中に設置された特別委員会は，2012年７月に「共生社会の形成に向けたインクルーシブ教育システム構築のための特別支援教育の推進（報告）」（以下,「報告書」という）を取りまとめた[18]．その中で,「基礎的環境整備」という用語が「合理的配慮」という用語とともに使われている．

また，障害者差別解消法を受けて2015年２月に「障害を理由とする差別の解消の推進に関する基本方針」（以下，「基本方針」という）が閣議決定された[19]．その中には,「基礎的環境整備」という用語は使われていないが,「その他障害を理由とする差別の解消の推進に関する施策に関する重要事項」として,「環境の整備」を挙げている．この「環境の整備」は，合理的配慮を的確に行うために実施するものであり，報告書の中で使われている「基礎的環境整備」と基本的には同じであると考えられる．

そこで，本書においては,「基本方針」における「環境の整備」を含め，合理的配慮の基礎となる環境整備のことを「基礎的環境整備」と呼ぶものとする．この「基礎的環境整備」について,「合理的配慮」と同様，障害者分野での考え方を見たあと，在日ムスリムに対する「基礎的環境整備」について考える．

（１）「基礎的環境整備」とは何か

「基本方針」における「環境の整備」の説明は，次のとおりである．

第５　その他障害を理由とする差別の解消の推進に関する施策に関する重要事項

１　環境の整備

法は，不特定多数の障害者を主な対象として行われる事前的改善措置（いわゆるバリアフリー法に基づく公共施設や交通機関におけるバリアフリー化（ⅰ），意思表示やコミュニケーションを支援するためのサービス・介助者等の人的支援（ⅱ），障害者による円滑な情報の取得・利用・発信のための情報アクセシビリティの向上（ⅲ）等）については，個別の場面において，個々の障害者に対して行われる合理的配慮を的確に行うための環境の整備として実施に努めることとしている．新しい技術開発が環境の整備に係る投資負担の軽減をもたらすこともあることから，技術進歩の動向を踏まえた取組が期待される．また，環境の整備には，ハード面のみならず，職員に対する研修等のソフト面の対応（ⅳ）も含まれることが重要である．

（文中の（ⅰ）（ⅱ）（ⅲ）（ⅳ）および下線は筆者による）

基本方針の中で示された環境整備の内容を簡単にまとめると，「施設・設備の整備（下線（ⅰ））」「コミュニケーション支援（下線（ⅱ））」「情報アクセシビリティの向上（下線（ⅲ））」「人材育成（下線（ⅳ））」の４つになる．

これらは，「不特定多数の障害者を主な対象として行われる事前的改善措置」である．川島［2018：35-37］は，合理的配慮もバリアフリーのための措置であるという点では同じだが，そのプロセスが異なると指摘している．つまり，合理的配慮のプロセスは「個別的」「事後的」「対話的」であるのに対し，基礎的環境整備は「集団的」「事前的」ということである．

一方，「報告書」では，「基礎的環境整備」について，次のように説明している．

３．障害のある子どもが十分に教育を受けられるための合理的配慮及びその基礎となる環境整備

（２）「基礎的環境整備」について

○「合理的配慮」の充実を図る上で，「基礎的環境整備」の充実は欠かせない．そのため，必要な財源を確保し，国，都道府県，市町村は，インクルーシブ教育システムの構築に向けた取組として，「基礎的環境整備」の充実を図っていく必要がある．その際，特別支援学校の「基礎的環境整備」の維持・向上を図りつつ，特別支援学校以外の学校の「基礎的環境整備」の向上を図ることが重要①である．また，「基礎的環境整備」を進めるに当たっては，ユニバーサルデザインの考え方も考慮②しつつ進めていくことが重要である．

○現在の財政状況に鑑みると,「基礎的環境整備」の充実を図るためには,共生社会の形成に向けた国民の共通理解を一層進め,社会的な機運を醸成③していくことが必要であり,それにより,財政的な措置を図る観点を含めインクルーシブ教育システム構築のための施策の優先順位を上げていく必要がある.

○なお,「基礎的環境整備」については,「合理的配慮」と同様に体制面,財政面を勘案し,均衡を失した又は過度の負担を課さないよう留意④する必要がある.また,「合理的配慮」は,「基礎的環境整備」を基に個別に決定されるものであり,それぞれの学校における「基礎的環境整備」の状況により,提供される「合理的配慮」は異なる⑤こととなる.

(文中の①②③④および下線は筆者による)

この説明のポイントは4つあると考えられる.「非限定的(下線①②)」「共生の機運の醸成(下線③)」「非過重負担(下線④)」「環境整備の多様性(下線⑤)」である.障害者のためだけになるような環境整備は,そうでない人たちの反発を招くことから,「非限定的」であることが求められる.加えて,「共生の機運の醸成」により,環境整備は円滑に進む.基礎的環境整備は,「集団的」「事前的」な配慮ではあるが,「非過重負担」という点では合理的配慮と同じ考え方である.また,「環境整備の多様性」に鑑み,現場での対応は,環境整備の状況に応じて異なる.

この報告書は,特別支援教育に関して書かれたものである.「合理的配慮」は,設置者・学校が行い,「基礎的環境整備」は,国,都道府県,市町村が行うべきもの,と整理されている.また,参考資料として,「合理的配慮と基礎的環境整備の関係」が図5-4のとおり示されている.この図からもわかるように,「基礎的環境整備」は「合理的配慮」の基礎となっている.

(2)「基礎的環境整備」に在日ムスリムへの配慮を当てはめる

環境整備の内容として挙げられたものは,「施設・設備の整備」「コミュニケーション支援」「情報アクセシビリティの向上」「人材育成」の4つであった.そこで,在日ムスリムに対する配慮に当てはめるに当たり,「施設・設備の整備」については「礼拝する場所」,「コミュニケーション支援」については「言葉が

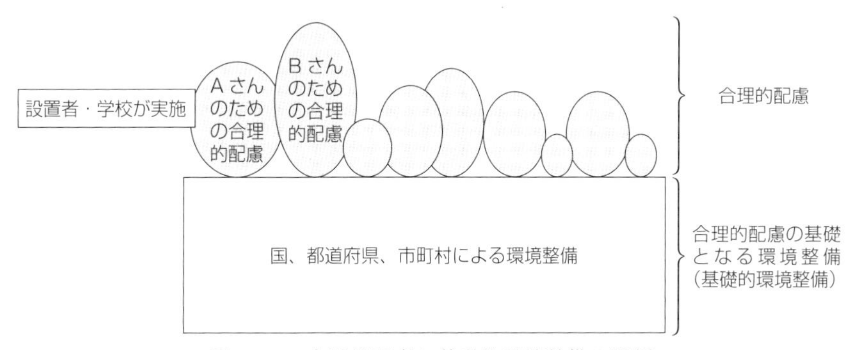

図５－４　合理的配慮と基礎的環境整備の関係

出典：中央教育審議会初等中等教育分科会「共生社会の形成に向けたインクルーシブ教育システム構築のための特別支援教育の推進（報告）」の参考資料21（ただし、見やすくするために一部改変している部分がある）.

通じないこと」,「情報アクセシビリティの向上」については「子どもの教育」,「人材育成」については，ある企業の取組を例に見ていくこととする.

施設・設備の整備／礼拝する場所

礼拝する場所については，多くのムスリムは，立派な礼拝室をつくることまでは求めていない．過重な負担にならない程度に，空いている部屋を使えるようにしたり，パーテーションで区切ったりするといった配慮だけで十分だと考えている人が多い．これは，基礎的環境整備でも求められる「非過重負担」の原則に沿っている．多くのムスリムは，静かなスペース，あるいは，可能であれば仕切られたスペースがあればいいと考えている程度であり，ヒアリングした限りでは，それ以上は求めていない．

総務省調査では，資料編として，事業所での具体的な事例を紹介している[20]．礼拝室用に部屋を改修したものもあれば，未使用室を礼拝場所として開放している場合もある．礼拝場所の整備はせず，ウドゥ用の設備だけ設置したところもある．工事費は10～20万円程度であったという．また，これまでもムスリムを受け入れていた事業所では，受入が長期になったことから，旧食堂跡に絨毯を敷いて礼拝場所にした．それに合わせて，ウドゥ用の設備も設置したが，工事費は約30万円だったという．休憩用に使っていた和室やロッカールームなどを「礼拝室」と「休憩室」に改修し，それに合わせて，浴室をシャワールームに改修し，蛇口を低い位置に設置した例もある．ある大学では，インドネシア人留学生が増加したことに伴い，専用の礼拝室を設置した．しかし，そこに至るまでに，この大学では，まず「留学生控室の設置」を行い，次に「仮設の礼拝スペースの設置」，さらに「礼拝室の設置」と段階的に整備している．

名古屋市にある「コープあいち生協生活文化会館」は，2017年６月にリニューアルオープンしたが，その際，ウドゥ用の設備も設置した．インドネシア・ムスリム協会名古屋支部は，この会館を定期的に例会で使っていたが，礼拝の前に洗面台で足を上げて洗うので，周囲が水浸しになってしまっていた．そこで，この会館では，同支部の会員と話し合い，モスクの見学もして，ウドゥ用の設備を設置したという[21)]．

こうした事例から，礼拝室やウドゥ用の設備の整備に当たっては，① 立派なものは設置していない ② 多額な費用は投じていない ③ 非ムスリムのための環境整備にもなっている ④ 徐々に整備している，とまとめられる．

①②は，「非過重負担」の原則に則っている．③は，「非限定的」というポイントを押さえている．礼拝室だけでなく，休憩室も設置することにより，一般の社員の福利厚生にも役立っている．また，シャワールームは誰でも使うことができる．④は，環境整備のプロセスとして，「可変的性格」があることを示している．いずれの事例も，最初からきちんとした整備をしていない．ムスリムの受入を行った後，必要に応じて，必要なだけの整備を行っている．

総務省調査の事例の設置プロセスは不明だが，生協生活文化会館の場合は，ムスリムと対話をしながら，ウドゥ用の設備を設置している．つまり，「対話的」になっている．洗面台の周囲が水浸しになった後に対応したという点では，「事後的」に「社会的障壁の除去」を行っており，「基礎的環境整備」も「合理的配慮」の要素を持っている．

コミュニケーション支援／言葉が通じないこと

店田［2006：53-56］には，関東大都市圏の在日ムスリムの日本語能力に関する調査結果が掲載されており，それをまとめると，**表５−４**の左側のようになる．この調査は，日本語能力を４段階で自己評価したものだが，わかりやすくするために，２段階評価に直して比較してみると，「聞く・話す」が「できない」は41.6％，「読む」が「できない」は55.7％，「書く」が「できない」は61.0％となっている．一般的に外国人は漢字の読み書きが苦手であるため，「読む」「書く」の能力は，「聞く」「話す」に比べて低い．

表5－4　日本語能力

<table>
<tr><th rowspan="2"></th><th colspan="5">在日ムスリム調査</th><th colspan="5">愛知県外国人県民アンケート調査</th></tr>
<tr><th>とても
できる</th><th>できる</th><th>あまり
できない</th><th>まったく
できない</th><th>無回答</th><th>できる</th><th>だいたい
できる</th><th>少し
できる</th><th>でき
ない</th><th>不明</th></tr>
<tr><td>聞く</td><td rowspan="2">20.8%</td><td rowspan="2">36.2%</td><td rowspan="2">36.2%</td><td rowspan="2">5.4%</td><td rowspan="2">1.3%</td><td>24.5%</td><td>41.6%</td><td>28.4%</td><td>2.2%</td><td>3.3%</td></tr>
<tr><td>話す</td><td>17.9%</td><td>39.8%</td><td>35.5%</td><td>3.3%</td><td>3.5%</td></tr>
<tr><td>読む</td><td>15.4%</td><td>24.8%</td><td>38.9%</td><td>16.8%</td><td>4.0%</td><td>8.5%</td><td>25.4%</td><td>44.6%</td><td>15.8%</td><td>5.7%</td></tr>
<tr><td>書く</td><td>14.1%</td><td>20.1%</td><td>43.6%</td><td>17.4%</td><td>4.7%</td><td>7.3%</td><td>19.0%</td><td>47.0%</td><td>20.7%</td><td>6.1%</td></tr>
</table>

<table>
<tr><th></th><th>できる</th><th>できない</th><th></th><th>できる</th><th>できない</th><th></th></tr>
<tr><td>聞く</td><td rowspan="2">57.0%</td><td rowspan="2">41.6%</td><td rowspan="2">1.3%</td><td>66.1%</td><td>30.6%</td><td>3.3%</td></tr>
<tr><td>話す</td><td>57.7%</td><td>38.8%</td><td>3.5%</td></tr>
<tr><td>読む</td><td>40.2%</td><td>55.7%</td><td>4.0%</td><td>33.9%</td><td>60.4%</td><td>5.7%</td></tr>
<tr><td>書く</td><td>34.2%</td><td>61.0%</td><td>4.7%</td><td>26.2%</td><td>67.6%</td><td>6.1%</td></tr>
</table>

注：「在日ムスリム調査」は，東京都内のモスク7カ所・神奈川県内のモスク1カ所で外国人ムスリム男性149名に対して実施．「愛知県外国人県民アンケート調査」は，愛知県内の外国人県民の多い上位16位の市に居住する満20歳以上の外国人を無作為抽出（8000名）し，有効回答者（2603名）から「中国・台湾」「韓国・朝鮮」籍を除いた1567名を対象として割合を算出．

出典：店田［2006］および愛知県［2017］「愛知県外国人県民アンケート調査報告書」（https://www.pref.aichi.jp/soshiki/tabunka/h28gaikokuzinkenmin-chosa.html，2020年10月10日閲覧）の調査結果を基に筆者作成．

参考のために，愛知県が行った「平成28年度愛知県外国人県民アンケート調査」の日本語能力に関する結果を右に並べた．この調査は，愛知県内のすべての国籍の外国人を対象にしており，同じように，「聞く」「話す」「読む」「書く」に関する日本語能力を自己評価したものである．そこから，ムスリムとのバランスをとるために，漢字になじみのある「中国・台湾」と戦前から日本に暮らしている人の多い「韓国・朝鮮」籍を除いて割合を計算し直した．国籍も地域も異なり，外国人自らが評価しているため，主観的な調査ではあるが，おおむね同じ結果となっている．つまり，日本語能力は，ムスリムでもそれ以外の外国人でも変わらない．言うまでもないことであるが，「ムスリムであること」と「日本語能力」の間に関係はない．

したがって，情報の多言語化，通訳・翻訳体制の充実，地域の日本語教室の開設などの環境整備は，ムスリムのためにもなるし，ムスリム以外の外国人のためにもなる．さらには，ハラールに関するヒアリングの中で意見としてあった「食品成分のピクトグラム化」は，ムスリムだけでなく，アレルギーを持った外国人，あるいは，日本人の子どもにも有効である．ムスリムのためだけであれば，「牛肉，鶏肉，豚肉，ゼラチンの4つの表示さえあればいいのだが，他の人たちのことも考慮すると27品目＋アルコールの表示が必要」という考え方を持つ人もいた．こうした考え方は，「非限定的」であり，ユニバーサルデザインの発想である．

情報の多言語化などの環境整備は，多文化共生施策として，地域で行われる場合が多いため，地域によっては，財源面や人材面で，このような整備を行うことは難しいかもしれない．しかし，「非過重負担」の原則の中で，できる範囲内で環境整備を行っていけばよく，「環境整備の多様性」に鑑み，整備の状況によって提供できる「合理的配慮」を考えていけばよい．

言語面で不足している「基礎的環境整備」の部分については，翻訳アプリを使うといった方法もある．完全に正しく訳すことはできないかもしれないが，ある程度の意思疎通は可能である．あるいは，「やさしい日本語」で補う方法もある．「やさしい日本語」というのは，1995年1月に発生した阪神・淡路大震災を契機に，災害発生時にできるだけ早く正しい情報を外国人に与え，適切な行動がとれるように考え出されたものである．「やさしい日本語」に正解はない．何が「やさしい」のかは相手によって違うからである．相手のことを考え，いろいろ試しながら，お互いにコミュニケーションがとれる方法を見つけていけばよい．そうした個別的で対話的な「やさしい日本語」は，日本語を使う上での「合理的配慮」と言えるかもしれない．

「日本語教室の設置」は，外国人全般に対して有効であるが，ムスリム女性は教室の中に男性がいると参加しづらい場合がある．ヒアリングする中で，「女性限定の日本語教室」を開設した団体があるという話を聞いた．日本語教室という「基礎的環境整備」を行い，それに対してムスリム女性に対する「合理的配慮」をしたのが始まりである．「基礎的環境整備」だけで対応する必要はなく，「合理的配慮」を組み合わせることにより，きめ細かなニーズに対応できる．そして，こうした合理的配慮の積み重ねをフィードバックすることによって，「女性限定の日本語教室」という基礎的環境整備へと進化させていくことも可能である．開催する時間や場所の都合は，女性と男性では異なるし，生活する上で必要な日本語は異なるものもある．したがって，女性限定の日本語教室は，ムスリムだけでなく，他の外国人女性にとっても参加しやすい教室である．合理的配慮から生まれた教室ではあるが，定期的に開催することによって基礎的環境整備として機能することになる．環境整備のプロセスとして，「可変的性格」があることを「施設・設備の整備」の例で見たが，コミュニケーション支援においても可変的プロセスは有効である．

情報アクセシビリティの向上／子どもの教育

子どもの教育に関しては，第3章でも見たところであるが，日本の教育制度は複雑であり，独特のものである．高校の入学試験で合否に大きく影響を与える「内申点」や学校生活の様子などを記した「調査書」というものは海外にはない．また，学校に行かせなくても問題はないという考え方を持っている保護者もいるが，日本では，高校に行くか行かないかで，その後の人生が変わる．そのため，高校へ進学するメリットや進学するにはどうしたらいいかといった情報提供が必要になる．最近では，地域の国際交流協会などにおいて，外国人向けの進路説明会を開催したり，進路ガイドブックを発行したりしており，情報提供は少しずつされてきている．しかし，情報へのアクセシビリティという点では，さらに向上させていく必要がある．

制度面だけでなく，学力面においても情報提供は必要である．地域によっては，外国人の子どものための学習支援を行っている教室があるが，ヒアリングでは，そうした教室があることを知らなくて後悔したという話があった．また，高校に進学しようとしたら，日本語力がなくて進学できなかったという話もあった．いざ受験しようとしても，それからでは遅い．こうした情報も届けていかなければ進学へとつながっていかない．

ムスリムに限らず，外国人には情報が届きにくい．外国人に情報を届けるための工夫が必要である．外国人向けの進路説明会は，一般的には，国際交流協会などにおいて，一堂に会して説明することが多いが，そうした場に行き慣れていない人もいる．情報は整備できたとしても，どのように届けるかは「合理的配慮」の考え方を組み合わせて考えるとよいだろう．

人材育成／企業の取組

ムスリムへの理解を深めるための取組を企業内で行った例がある[22)]．その取組は，ラマダン月の日没後にする食事（イフタール）を社員やその家族で楽しむというものである．参加した社員は，「ムスリムがどうこうでなくて，同じ会社の若い社員だなという風に感じました」と語っている.「ムスリムに対する理解」とは，何が食べられるかとか，礼拝を行うのはいつかということを覚えることではなく，「自分たちと同じだ」と気づいてもらうことである．この取組を発案したムスリム社員は，「ムスリムだからと，必要以上に気をつかわれるのは嫌だった」という．そして，どうすれば理解を深めてもらえるか考えて浮かんだのが，このイベントだったそうである．また，「自分たち（ムスリム）が発信することによって，他の宗教などのバックグラウンドをもつ人たちも様々な企画をやりやすい方向になれば」と考えており，実際に，ヒンドゥー教の祭りに合わせた企画が検討され始めたという．

基礎的環境整備の発想は，「非過重負担」であり，「可変的」である．人材育成においても，最初から，しっかりとしたプログラムをつくって行う必要はない．そして，この企画は，ムスリムに限定した取組ではなく，企業内のダイバーシティにも寄与し，他の宗教の人たちにも波及しているという点で「非限定的」と言える．

（3）「基礎的環境整備」を在日ムスリムに適用するための課題

（2）から，在日ムスリムに対する配慮にも「基礎的環境整備」の考え方を適用できることがわかった．そこで，改めて，「基礎的環境整備」の考え方の有効性や課題・必要なことについてまとめ，最後に，（2）では触れなかった「共生の機運の醸成」について触れる．

「基礎的環境整備」の考え方の有効性

「基礎的環境整備」は不特定多数が対象になっており，個々のニーズに合致しているとは限らない．しかし，土台がなければ始まらない．まずは，環境整備をしておき，ニーズに合わない部分は，合理的配慮で対応する．そして，その合理的配慮が集合的なニーズであることがわかったら，「基礎的環境整備」にフィードバックし，あらかじめ整備しておく．合理的配慮は，対話によって，既存の制度やルールを個別に，臨機応変に変更していくことを理想としている．基礎的環境整備は，集団的，事前的性格を持っているので，すぐに変えることは難しいが，対話による合理的配慮の積み重ねの中で，フィードバックして変更することは可能であり，「可変的性格」を持っている．合理的配慮の「対話的性格」に相当するものが基礎的環境整備の「可変的性格」と言える．

基礎的環境整備は，後戻りできるように，段階的に整備していけばいい．仮設でも構わない．基礎的環境整備は，行政などの公的機関が担う部分が大きいが，公的機関が環境整備を行う場合，途中で変更したり，後戻りしたりすることは，あまり想定されていない．しかし，基礎的環境整備は，一定の基準があって，それを満たさなければならないというものではない．最初から完全なものをめざす必要はなく，「可変的」で構わない．むしろ，「可変的」でなければ，「合理的配慮」とセットになった「基礎的環境整備」にはならない．

「非限定的」といった考え方は，環境整備の対象になっていない人たちに対する不公平感を和らげるためだけでなく，厳密に対象者を絞ることによる「漏れ」を防ぐことにもつながる．「女性限定の日本語教室」は，ムスリムでなくても参加することができる．ムスリムでなくても，女性限定の日本語教室がいい人はいるだろう．また，そうした教室であれば，ムスリムであることを知られたくない女性ムスリムも参加しやすい．合理的配慮は，「申出」が基本なので，ムスリムとしての配慮を受けたければ，ムスリムであることを知らせなければならないが，中には，知らせたくない人もいるかもしれない．「基礎的環境整備」で女性限定の日本語教室があれば，そうしたジレンマに陥ることがない．

以上のことから，在日ムスリムに対する配慮として，「基礎的環境整備」の考え方は有効であると言える．障害者の場合や特別支援教育とは内容的に異なる環境整備ではあるが，整備の考え方や枠組を適用することはできる．

「基礎的環境整備」を行う上での課題・必要なこと

（２）で２つめに取り上げた「コミュニケーション支援」は，外国人にとって最も必要な「基礎的環境整備」の１つである．これまでも，「コミュニケーション支援」は，多文化共生施策の中で行われてきており，在日ムスリムに対する基礎的環境整備も，その延長線上にあるはずである．コミュニケーション支援の１つとして，地域で行われている日本語教室があるが，現在，地域の日本語教室が１カ所も開設されていない自治体もある．今後も多文化共生施策全体の重要な課題として，日本語教室を増やしていく必要があるだろう．

情報の多言語化や通訳・翻訳体制の充実も必要である．ただし，ムスリムの母語であるインドネシア語やパキスタンのウルドゥ語などは，これまでの多文化共生施策の中で用意されてきた言語ではない．したがって，通訳・翻訳できる人材が限られており，どう対応していくのかは今後の課題である．これはムスリムに限らず，近年，増加しているベトナム語やネパール語などの少数言語に対するニーズと同様である．日本で暮らす外国人の多国籍化が進む中，これも，多文化共生施策全体の課題として，多言語化への対応を考えていく必要がある．

「情報アクセシビリティの向上」も，これまでの多文化共生施策の中で行われてきたことである．（2）の3つめで取り上げたとおり,「子どもの教育」は，継続した課題であり，徐々に充実してきているものの，情報が行き渡らず，施策や制度へのアクセスは十分ではない．

外国人全般の課題は，外国人ムスリムの課題でもある．コミュニケーション支援や子どもの教育，第2章で取り上げた医療・保健・介護といった課題の他にも様々な課題が外国人にはある．ムスリムの場合，宗教が前面に出てしまうため，外国人としての課題は，これまであまり見えていなかった．しかし，いずれも外国人ムスリムにとって重要な課題であり，多文化共生施策の中で，こうした課題に対する基礎的環境整備が望まれるところである．それと同時に，第1章で，多文化共生を行政が取り入れることによって，在日ムスリムが見えなくなってしまったことを指摘したが，見えなくなることによってムスリムに情報が届かず，施策や制度から漏れないようにしなければならない．

情報をムスリムに届ける取組として，ムスリムの母親たちを対象に開催された「健康と栄養のワークショップ」を例として取り上げる．この取組は,（公財）かながわ国際交流財団が市役所と連携して行ったもので，乳幼児健診などで子どもの虫歯や太り過ぎが気になっても，保護者にどう働きかけたらいいかわからないという市役所の保健師・管理栄養士の相談から始まったものである．2018年度に2回行われた[23]が，どのような内容にするかは，保健師や管理栄養士，地域ボランティア，国際交流団体のほか，日本語ができるムスリムの母親にも集まってもらって話し合ったという[24]．その結果，保健師や管理栄養士が行う健康指導などのサービスをムスリム側へ届けることができた．また，本書の冒頭で紹介した名古屋モスクでの進学説明会は，ムスリムにどう進路の情報を提供するかを考える中で，ムスリムが集まりやすいモスクで開催することにした．なお，名古屋モスクには，他にも警察や税関の職員が来て話をしている[25]．

こうした「コミュニケーション支援」や「情報アクセシビリティの向上」は，多文化共生施策全体の中で行うことが望ましいものである．一方,「施設・設備の整備」や「人材育成」は，各施設や事業所で行うことになるだろう．したがって，施設や事業所の理解が必要である．ムスリムに対する理解があれば，取組を始めることは簡単である．しかし，理解がない場合，どう取組を進めていくのかは難しい問題である．その際，次に見る「共生の機運の醸成」が鍵となる．

共生の機運の醸成

基礎的環境整備のポイントのうち，これまで言及してこなかった「共生の機運の醸成」について触れる．**表５-３**で，合理的配慮を阻害する要因は，ムスリム側としては，「日本語ができないこと」「ムスリムに対する悪いイメージがある中，遠慮してしまうこと」，配慮する側としては，「『郷に入っては郷に従え』といった同化的発想」「宗教的行為に対する過度の心配」ということを示した．そして，それらの阻害要因を排除するために一般的に考えられる方策として，「日本語教育，多言語化」「多文化共生意識の働きかけ」「宗教・文化などに対する理解の促進」を挙げた．この方策は，不特定多数を相手に，あらかじめ行っておけるものであり，合理的配慮の枠組で行われるものではないことから，「基礎的環境整備」の中で考えることとしていた．

「日本語教育，多言語化」については，すでに見たとおりなので，ここでは，「多文化共生意識の働きかけ」「宗教・文化などに対する理解の促進」のために必要な「共生の機運の醸成」について考える．

（１）で見たように，報告書には，「共生の機運の醸成」は「基礎的環境整備」の充実を図るために必要だと書いてある．現在の厳しい財政状況に鑑みて，特別支援教育の環境整備のために税金を使うことに対する理解を得なければならないからである．しかし，ムスリムに対する合理的配慮や基礎的環境整備を行う場合には，「財政状況」は，それほど問題ではない．礼拝室は立派なものは必要ないと言っているムスリムが多く，実際に設置にかかる費用も，それほど大きなものではない．

ムスリムの場合は，第３章や第４章で示したとおり，ムスリムに対する配慮の取組が紹介されると，たちまち否定的な意見がインターネット上に書き込まれてしまう．したがって，基礎的環境整備を「非過重負担」でやる理由についても，報告書に書かれているような「体制面，財政面を勘案し」という面もあるが，ムスリムへの投資を目立たないようにする意味合いが強い．「非限定的」なのも同様の理由による．基礎的環境整備においては，ムスリムだけを特別扱いしないようにすることが大切である.

しかし，それでもなお，「共生の機運の醸成」は必要である.「共生の機運の醸成」を図っていかなければ，基礎的環境整備だけでなく，「合理的配慮」も円滑に進まず，ムスリムにとって暮らしやすい社会にはならない．そして，「共生の機運の醸成」は，ムスリムだけでなく，外国人全般のためにもなり，外国人だけでなく，あらゆるマイノリティのためにもなる．また，そんな多様性を認める社会は，マイノリティではない人たちのためにもなる.「共生の機運の醸成」は，最も「非限定的」な基礎的環境整備であり，基礎的環境整備のさらに基礎となる環境整備であると言える.

なお，障害者差別解消法第15条において，「国及び地方公共団体は，障害を理由とする差別の解消について国民の関心と理解を深めるとともに，特に，障害を理由とする差別の解消を妨げている諸要因の解消を図るため，必要な啓発活動を行うものとする」と規定されている．障害者権利条約第８条では，「障害者に関する社会全体の意識を向上させ，障害者の権利及び尊厳に対する尊重を育成すること」「あらゆる活動分野における障害者に関する定型化された観念，偏見及び有害な慣行と戦うこと」「障害者の能力及び貢献に関する意識を向上させること」と強く謳っている.

障害者への配慮における「共生の機運の醸成」の比重に関しては，本書の範疇を超えるが，少なくとも，ムスリムに関して言えば，宗教的配慮よりも，「共生の機運の醸成」を求める声が多く，比重が大きいと言える.「在日ムスリムに対する配慮」の対象となるのは，第１章で推計したとおり，約20万人であるが，「共生の機運の醸成」は，日本国内にいるすべての日本人・外国人が対象となる．桁違いに大きな数を相手にすることになるが，そのための手がかりは，第４節で示したアイデンティティの「単眼化」から「複数性」への移行である.

アマルティア・センは，「人を矮小化することの恐るべき影響とはなにかを考察すること」（傍点は筆者）が『アイデンティティと暴力』という書物の主題だと書いている［Sen 2006：邦訳 9］．エドワード・W・サイードは，「『イスラム』は多様なムスリム世界のあらゆる局面をことごとく飲み込んで，すべてを特別に悪意のある無分別な実体に矮小化してしまう．その結果として，分析や理解をするかわりに，われわれ対かれらといったもっとも露骨な形だけが浮き彫りにされるわけである」（傍点は筆者）と書いている［Said 1997：邦訳 33］．『イスラム報道』の増補版は1997年に出版されているが，初版は1981年に，『アイデンティ

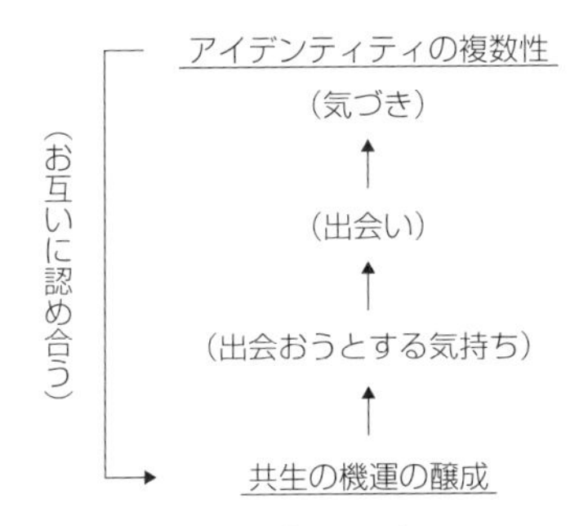

図5－5　「共生の機運の醸成」と「アイデンティティの複数性」の関係
出典：筆者作成.

ティと暴力』は2006年に出版されており，四半世紀を置いて書かれた書物は，「矮小化」というキーワードでつながっている．センは，アイデンティティの選択の自由がないことが暴力につながると訴え，サイードは，報道が実体を隠して敵対関係をつくってしまうと訴えるが，同じことを違う角度から指摘しているに過ぎない．

「共生の機運の醸成」のためには，「アイデンティティの複数性」を回復し，認め合う必要がある．「アイデンティティの複数性」を回復するためには，「共生の機運の醸成」が必要である．堂々巡りになってしまうが，図5－5のとおり，非ムスリムがムスリムのアイデンティティの複数性に気づくためには，ムスリムと出会う必要があり，出会うためには，出会おうとうする気持ちが大切であり，そのためには，共生の機運の醸成された環境が必要となる．

繰り返しになるが，日本社会で暮らしていく上で，ムスリムが最も望むことは，「イスラム教に対する悪いイメージ（テロ，怖い等）がなくなること」であり，次に，「ムスリムは戒律に厳しい特別な人たちだと思われないこと」である．「アイデンティティの複数性」を回復すること，そして，ムスリムも非ムスリムも互いに認め合える「共生の機運の醸成」こそが，ムスリムの最も求めている配慮だと言える．

第6節　「在日ムスリムとの共生に向けた配慮の方法」試論

ヒアリング結果などから，ムスリムへの配慮は「個別ニーズ」への対応になるというところから出発して，「合理的配慮」を検討することとした．「個別ニーズ」は，ムスリムの単眼化からは見えてこない.「合理的配慮」は，ムスリムの多様性，ムスリムの「アイデンティティの複数性」から導かれる配慮である．そして，ムスリムのアイデンティティの複数性を回復することによって，「基礎的環境整備」の必要性も見えてきた.「ムスリムは」と一括りにすることによって見落としてきてしまった配慮は，多くの外国人にとっても必要なものであり，あらかじめ不特定多数を想定して準備しておけるもの，つまり，「基礎的環境整備」の対象となり得るものであった．以上のことから，在日ムスリムに対する「合理的配慮」と「基礎的環境整備」は「アイデンティティの複数性」を背景に持つものと言える．

前節では，図5－4により，特別支援教育における「合理的配慮と基礎的環境整備の関係」を示した．この図をベースに，これまでに在日ムスリムに関する配慮に関して検討・分析してきたことをまとめると図5－6のようになる．

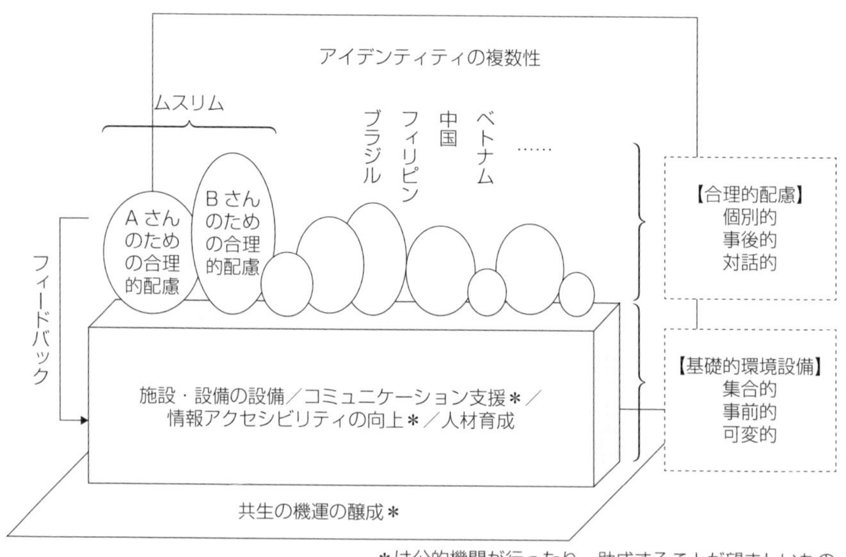

〈キーワード〉
合理的配慮：個別のニーズ　非過重負担　社会的障壁の排除
基礎的環境整備：非限定的　非過重負担　環境整備の多様性

図5－6　「在日ムスリムとの共生に向けた配慮の方法」概念図

出典：筆者作成．

これが，「在日ムスリムとの共生に向けた配慮の方法」を表した概念図である．

「共生の機運の醸成」と「アイデンティティの複数性」は，図５－５のように，同次元でつながった平面上の概念であるが，「共生の機運の醸成」は，「基礎的環境整備」のさらに基礎となる環境整備であることから，これを基底に置く．そして，「アイデンティティの複数性」を「合理的配慮」と「基礎的環境整備」の背景にしようとすると，直角に折り曲げることになる．すると，全体の関係性が立体化し，「合理的配慮」と「基礎的環境整備」を２つの角度から見られるようになる．上から見れば，「合理的配慮」も「基礎的環境整備」も「共生の機運の醸成」の中にある．横から見れば，「合理的配慮」は「基礎的環境整備」を土台として行われ，その積み重ねが「基礎的環境整備」にフィードバックされるが，こうした一連の流れは，「アイデンティティの複数性」を背景にして行われる．

なお，「基礎的環境整備」の上に，「合理的配慮」の対象として，ムスリムだけでなく，ブラジル，フィリピンなどの国籍も例示した．ムスリムに対する「基礎的環境整備」は，外国人共通のものが多いことを示すためであるが，一方で，ムスリム以外の外国人にも，「合理的配慮」の考え方は有効であることを示している．

この概念図は，在日ムスリムに対する配慮をする上での考え方を示した試論であり，本書の結論となる．ムスリムへの配慮が制度化されていない中で，「合理的配慮」や「基礎的環境整備」をどのように担保するのか，「共生の機運の醸成」はどのように行っていくのかといったことは，本書ではほとんど触れなかった．しかし，制度化していくことは，現状では難しいだけでなく，修復不可能なデメリット――現状でも身構えられてしまっているムスリムがさらに身構えられてしまい，共生から遠ざかってしまうこと――を考えると，避けるべきだと考える．共生の機運が醸成される中で，ムスリムに対する「合理的配慮」や「基礎的環境整備」が自然に行われることが望ましい．

在日ムスリムたちに話を聞くと，以前に比べて，暮らしやすくなったという．ハラールショップが増えるなど，ムスリムが増えるにしたがって，自然に環境が整備されてきたからである．そうであるならば，もう少しムスリムが増えるのを待っていれば，より暮らしやすくなるのだろうか．確かに，ハラールショップなどのハード面での環境整備は進んでいくだろう．しかし，ムスリムが多くなり，目立ってくるようになると，世界各地で見られるような対立関係が生まれてくる可能性がある．対立する関係を内包した日本社会は，ムスリムにとってはもちろん，非ムスリムの日本人にとっても望ましいものではない．ムスリムとの共生を考えるならば，まだムスリムの数がそれほど多くなっていない今のうちから，「本当に必要な配慮」について考えていくべきである．無配慮でもいけないが，過剰な配慮も不要である．考えるための方法として，本書では，「合理的配慮」や「基礎的環境整備」の枠組が使えることを示した．ただし，これはあくまでも，1つの方法であり，肝心なのは，ムスリムを個人として捉え，多様であることを踏まえて接するということである．そのことを再度強調しておく．

注

1）小中学校における「弁当持参」は，消極的配慮であるが，「弁当持参」については，次項で触れる．

2）［雄牛章 2：185］（第2章の注7参照）の中の一節．

3）一般的に，一部のメニューであるが，ハラールな材料だけを使った実質的にハラールな料理を提供できる施設について言われることが多い．同じ厨房内で酒や豚など，ノンハラールなものを使っているため，ハラールレストランと名乗ることはできないが，ムスリムが必要としているハラール料理が提供できるという意味で，「ムスリム・フレンドリー」という言葉が用いられるようになった［阿良田 2018：60］．

4）例えば，店田［2006：41］では，関東圏のムスリム149人に調査した結果として，日本に来て信仰心が強まった人は53.0％，弱まった人は12.1％，変わらない人は32.2％と報告している．

5）山根・堀江［2016：101-108］は，ドイツが各州で公教育にイスラームの宗教教育を導入しようとした際の問題点として，イスラームが聖職者をおかず，階層化された意思決定組織を持っていないことや教育内容の決定や教員の任命権を持つ団体がないことを指摘している．また，こうした問題を乗り越え，ドイツでは各州で取組が行われるようになったが，公教育に関わるイスラーム団体が認定されることにより，イスラームの分断が図られたのではないかと指摘する．イスラームは一枚岩ではなく，信仰実践などは国や地域によって様々であるにも関わらず，そうした多様性を顧みずにドイツの価値観のみでイスラームを判断することになってしまうからである．

6）「慈悲深き御方のしもべたちは，謙虚に地上を歩く者，また，無知の徒（多神教徒）が話しかけても，『平安あれ.』と（挨拶して）言う者である」［識別章 25：63］など，イスラームでは，謙虚で慎み深い態度をとることが望ましいとされる．

7）本書44頁参照．

8）本書165-166頁参照．

9）従業員の宗教上の戒律と使用者の勤務スケジュールが衝突する場合に，使用者はどのように対処すべきかが問題になり，EEOC（雇用機会均等委員会）は1967年のガイドラインで労働者の宗教上の必要性に合理的な配慮をすべきと見解を示した．しかし，裁判所では意見が分かれ混乱したため，公民権法第７編の改正が行われた（701条（j））．ただし，判例によれば，使用者の義務はそれほど高度なものではなく，最低限度のコストを超えるものは過度の負担になると判断されている．さらに，使用者が何らかの合理的配慮を行っていれば，それで足り，その場合には，そもそも過度の負担の有無は問題とならないと解されている［九州弁護士会連合会ほか編 2017：81］．

10）障害者差別解消法においては，合理的配慮は，行政は義務であるが，事業者は「努める」ことになっているだけである（自治体によっては，条例により，義務付けている場合もある）．ましてやムスリムに対する合理的配慮は，制度化されておらず，「すべき」という表現は，法的にはおかしいが，ここでは，理念として「すべき」としている．

11）「給食から豚肉などの食べられないものを除去」の「配慮あり」15名のうち，「不満足」が３名いた．いったん豚肉を入れて調理したものから豚肉を除去してもハラールにはならないという解釈のためだと思われる．

12）静岡ムスリム協会フェイスブック2016年７月13日（https://www.facebook.com/permalink.php?story_fbid=1786480201563563&id=1486617891549797，2020年７月25日閲覧）．

13）注９参照．

14）「開発福祉」は，日本福祉大学において，「福祉」と「開発」を融合させるために試みられている研究の枠組であり，「地域の中で人びとの関係を再生させながら，市場から排除されがちな人にも地域経済への参加の機会を広げ，制度の狭間にある人も含め地域で支え合う仕組みをつくり出すプロセス」と定義されている（「アジアの福祉社会開発」『日本福祉大学アジア福祉社会開発研究センターニューズレター』７（https://www.n-fukushi.ac.jp/research/arc-wd/pdf/newsletter/newsLetter_2017-３_vol７.pdf，2020年９月12日閲覧））．

15）イブン・バットゥータは，ムスリムの判事と親しくなり，家を訪ねると，美しくて若い女性が同席しているので，帰ろうとしたら，「この女性は私の友人だ」と紹介されて驚いたそうである．また，敬虔なムスリムの家を訪れたところ，男女がソファに座って会話をしている現場に出くわした．その家の主人に，あの男女は誰かと尋ねたところ，女性は奥さんで，男性は奥さんの友人だった．「シャリーア（イスラム法）の教えを知ったうえで，このようなことに同意しているのか」と主人に尋ねると，主人は，「女性が男性と交友関係をもつのは，われわれには好ましいことだし，善行の一環であり，別になんの疑いもない」と答えたので，あまりのふしだらさに驚いたという［Sen 2006：邦訳 95-97］．

16）「多文化共生」については，第１章の第２節参照．

17）多文化主義政策が行われていながら，2001年夏に北イングランドの暴動事件が発生し，2005年７月にはロンドン同時爆破事件が起きた．特に，ロンドン同時爆破事件は，ホーム・グロウン・テロ（国内で生まれ育った者が自国内で引き起こすテロ）として，イギリス社会に衝撃を与えた．この暴動を踏まえ，浮上してきた概念が「共同体の結合」（community cohesion）である．2006年８月に「統合及び結合委員会」が設置され，ムスリム共同体の一般社会への統合を強化するための施策について協議され，2007年６月にその最終報告が発表された．報告書には，地域，地元，近隣社会における未来像を共有する中で，統合に取り組むべきであると書かれている．また，「思いやり」や「公正」といったイギリス主流社会とマイノリティで共通する価値観をもって統合に取り組むべきであり，イギリス的価値観を強調することは反感や対立を生むとしている．また，この最終報告書では，「市民性」の概念が大きく浮上し，統合を双務的なもの（お互いに義務を負うもの）と位置づけている［岡 2008：230-233］．地域主義的であることや市民性，双務的といった点は，日本の「多文化共生」に通じるものがある．

18）中央教育審議会初等中等教育分科会［2012］「共生社会の形成に向けたインクルーシブ教育システム構築のための特別支援教育の推進（報告）」（https://www.mext.go.jp/b_menu/shingi/chukyo/chukyo 3 /044/attach/1321669.htm，2020年10月10日閲覧）．

19）内閣府［2015］「障害を理由とする差別の解消の推進に関する基本方針」（https://www 8 .cao.go.jp/shougai/suishin/sabekai/kihonhoushin/honbun.html，2020年10月10日閲覧）．

20）総務省中部管区行政評価局「宗教的配慮を要する外国人の受入環境整備等に関する調査――ムスリムを中心として――資料編」32-41頁（https://www.soumu.go.jp/main_content/000521058.pdf，2020年 9 月26日閲覧）．

21）当協同組合の理事へのヒアリングおよび「リニューアルした生協文化会館 ムスリムのための足洗い場設置」千種ホームニュース2017年10月14日による．

22）「『豚肉じゃないと思って……』会社でイスラムの夕食会を開いたわけ」withnews 2019年 6 月30日（https://withnews.jp/article/f0190630002qq000000000000000W09j10101qq000019281A，2020年 9 月12日閲覧）．

23）第 1 回：2018年 6 月30日（土）綾瀬市保健福祉プラザ「日本にある食材からの栄養及び家族の健康について」参加者数28名，第 2 回：2019年 2 月24日（日）綾瀬市中央公民館「簡単な身体測定・バランスのとれた食生活や適度な運動の大切さ」参加者数25名．

24）かながわ国際交流財団［2019］「外国人住民の妊娠から子育てを考えるガイドブック」20-21頁．

25）「地域との交流（ 4 ）～警察の方にお話をしていただきました」「地域との交流（ 5 ）～税関の方にお話をしていただきました」「地域との交流（11）～警察の方にお話をしていただきました」参照（http://nagoyamosque.com/5174.html, http://nagoyamosque.com/6011.html, http://nagoyamosque.com/11861.html，2020年 9 月12日閲覧）

終　章　対話による多文化共生社会の実現をめざして

第1節　つたえたいこと
――在日ムスリムの多様性・対話の必要性――

在日ムスリムは増加傾向にあるとともに，永住化が進んでおり，今後，ムスリムとの共生が必要な時代がやってくる．ムスリムは，遠い存在のように思われてきたが，歴史を振り返ると130年近いつきあいがある．ムスリムと日本人の考え方には親和性があり，政治的思惑を離れ，共感し合っていた時代もある．時を経て，バブル期に来日したムスリムたちは，「外国人労働者」としてやってきた．しかし，労働者としてやってきた彼らは，正式に働くことが認められていない在留資格だったため，不法就労になってしまった．それが社会問題になり，合法的に外国人が働けるようにするための制度変更が行われたが，働けるようになったのは，南米を中心とする日系人であった．彼らが急増する中で，在日ムスリムの姿は見えなくなっていった．

その頃から，日本では，「多文化共生」という日本独自の考え方によって外国人の受け入れを行い始めた．しかし，在日ムスリムは，その視野に入っていなかった．その原因の1つは，日本人の宗教に対する苦手意識である．他の外国人も，本当は，生活する上で宗教は大切なものだったのかもしれないが，これまで，多文化共生と宗教は関わりを持とうとしなかった．

最近になって，ようやく宗教セクターとの連携が始まってきたが，そうした中，国の機関が，ムスリムへの宗教的配慮を中心とした受入環境整備についての調査を行った．こうした調査は，初めてであり，画期的である．詳細に調べてあり，貴重な資料であるが，欠点は，当事者であるムスリムの声を聞いていないことである．

この調査は，2017年12月に取りまとめられたものだが，その3，4年くらい前から，日本国内にはハラール・ブームが起きていた．ハラール・ブームは，主にインバウンドの関係で盛り上がってきたものであるが，それが観光客ではない生活者にも影響を及ぼし始めていた．観光客には最大限の配慮をすればいいが，その配慮を生活者にまでする必要はない．お客さんと同じ扱いを生活者にしてしまうことで，生活者がお客さんになってしまう．これでは共生にならないし，日本に住んでいるムスリムは，そんなところまで求めていない．むしろ，ムスリムと非ムスリムとの間に壁ができてしまうことを心配する．では，在日ムスリムはどの程度まで配慮を求めているのか．私たちはどこまでの配慮をすればいいのか．配慮は必要なのか，不要なのか．

答えは，聞いてみなければわからない．

そこで，26名の在日ムスリムにヒアリングを行った．そのヒアリング結果を第2章から第4章にわたって示した．生活や教育，偏見等と分けて示しているが，共通して見えてくるものは，ムスリムの多様性であり，リアルなムスリムの日常である．ヒアリングを続けるうちに，非ムスリムである筆者の日常とムスリムの日常が変わらないものであることに気づく．もちろん，非ムスリムである筆者とムスリムが日常生活の中で行うことは違っている．しかし，他の非ムスリムの日本人のやることとも違っている．当たり前である．人は，誰しも同じように生きていない．ただ，生き方は違っていても，同じ日常を生きている．ヒアリングをしているうちに，筆者自身の日常と在日ムスリムの日常が溶け込み始める．何も変わらないじゃないかと思い始める．

だからと言って，ムスリムに対する配慮が必要ないというわけではない．非ムスリムがマジョリティを占める日本社会において，ムスリムとして生きづらい場面はある．それが，ハラールであり，礼拝であり，ヒジャブである．ただ，それは，ムスリムとしての生き方であり，自分の生き方は，生きづらさを含めて背負い込むものである．だから，誰かに何かしてもらおうとは思わないが，それでも助けてほしいときがある．それは，何かをしてほしいという助けではなく，自分でなんとかするために必要な助けである．あるいは，自分のすることを黙認していてほしいというだけの助けかもしれない．

そんなムスリムを前にして，手取り足取りの配慮が必要ないのは明らかである．本書は，ムスリムに対する「過剰な配慮」に対する違和感が発端で書かれているため，「配慮」にテーマを絞ったが，もちろん，ムスリムは，配慮に頼って生活しているわけではない．また，ムスリムが配慮されている事例を見ると，一方的に配慮してもらっているわけではなく，お互いに譲歩しながら，一緒につくりあげていることがわかる．便宜的に「配慮する側」「配慮される側」といった言葉を使っているが，非ムスリムの日本人とムスリムは，対等の関係にある．また，ムスリムは配慮される側だけでなく，配慮する側にもなれるということを忘れてはならない．実際，本書は，筆者に対する多くのムスリムの配慮によって完成させることができた．

その本書によって，ムスリムは配慮がなければ生活していくことができないと勘違いされることがないように，改めて強調しておく．ムスリムは，自分でなんとかするための配慮，自分のしたいことを認めてくれる配慮，つまり，自立して生活するための配慮が必要なだけである．どうしたいのかは，同じムスリムでも異なる．同じ日本人でも，何をやりたいかは人によって違うのと同じである．では，具体的に，在日ムスリムが，どのような配慮を求めているのか．そして，どうすればそれがわかるのか．

それは，お願いされて初めてわかることである．お願いされたときに必要な配慮は，その声に対して，真摯に耳を傾けることである．お願いするからには，そこに強いニーズがあるはずである．しかし，お願いされても，できないことはできない．配慮する側にも都合がある．ただ，その意図を汲んで，できるだけのことをしてあげようと思うのは，特別なことではない．在日ムスリムに対してだけでなく，誰に対しても，お願いされれば，できるだけのことはしてあげるべきだろう．それは，宗教の問題というより人間関係の問題である．

そうしたことを分析するために，第5章では，障害者分野で法制化された「合理的配慮」の枠組を使って検証を行った．「個別的」「事後的」「対話的」性格を持つ合理的配慮は，在日ムスリムにも当てはまった．個々のニーズに応じて，非過重負担の原則の中で，社会的障壁の除去を行う「合理的配慮」の考え方は，イスラーム的であるとさえ感じた．課題を検証する中で，障害者に対する合理的配慮と同じような課題が見出されたが，加えて，在日ムスリムの場合に特徴的な課題，より重要な課題があることにも気がついた．それは，「外国人であることに伴う課題」と「偏見に伴う課題」である．そして，こうした課題は，合理的配慮だけでは解決できないものである．

配慮してほしいことは，人それぞれであるが，外国人ムスリムにとっては，日本語や日本の制度・ルールがわからないといった共通の課題がある．これらは，ムスリムだからというより，外国人だから生まれる課題である．解決策としては，日本語教室をつくったり，情報の多言語化を図ったりすることなどが考えられるが，これらは，不特定多数の外国人を想定して準備することができるものである.「合理的配慮」は,「個別的」「事後的」な配慮であるが,「基礎的環境整備」は「集団的」「事前的」に行えるものである.

基礎的環境整備が充実すれば合理的配慮も充実する.合理的配慮の土台として基礎的環境整備がある.外国人に対する基礎的環境整備は,これまでも多文化共生施策の中で行われてきたが,在日ムスリムは,多文化共生の視野に入っていなかった.入っていなかったがゆえに,基礎的環境整備の土台がない中で,本来,合理的配慮の「個別的」「事後的」「対話的」プロセスを経て行われるべきハラールへの対応が,「集団的」「事前的」に行われてしまった.そのことが,ハラール・ブームに対するムスリムたちの違和感につながった.「合理的配慮」と「基礎的環境整備」はセットで考えるといい.セットで考えることによって,「事前に配慮した方がいいもの/事後に配慮した方がいいもの」が峻別しやすくなる.

「外国人であることに伴う課題」の発見は,在日ムスリムの属性が,「ムスリム」だけでなく,「外国人」でもあることに気づかせる.まずは,多文化共生の文脈に在日ムスリムも入れることである.第2章で見たように,在日ムスリムは,「日本語がわかる限りにおいては」という条件をつければ,ハラールに関して困っていない.したがって,基礎的環境整備で日本語教室を増やすことは,ハラール対応にもつながる.

「偏見に伴う課題」は,もちろん,ムスリムだけの課題ではない.障害者や他のマイノリティの場合にも,そうした課題はあるだろう.しかし,ムスリムに対する配慮を考える上で,「偏見に伴う課題」は最も重要であり,偏見をなくすための「共生の機運の醸成」が何よりも大事である.障害者差別解消法には,「合理的配慮の提供」だけでなく「不当な差別的取扱いの禁止」も定められている.この2つはセットであるが,本書においては,「不当な差別的取扱いの禁止」は考慮に入れなかった.「配慮の方法」について検討するのが本書のテーマであることに加え,「制度化」を前提としていないため,「禁止」という強制的な手法をとることはできないからである.「禁止」という手法をとらない以上,「共生の機運の醸成」の役割は,一層重要になってくる.

合理的配慮と基礎的環境整備の関係を示した図5-4は,特別支援教育の場合の概念図である.それに手を加えた図5-6の「在日ムスリムとの共生に向けた配慮の方法」の概念図は,最も基礎的な環境整備として「共生の機運の醸成」を底に敷いた.これが図5-4との違いであり,図5-6の特徴の1つである.

もう1つの特徴は,「アイデンティティの複数性」を背景にしたことである.

図5－5で示したように，社会的レベルでの「共生の機運の醸成」は，個人レベルでの「アイデンティティの複数性」の気づきと同値である．その気づきによって，在日ムスリムは，「ムスリム」という属性だけでなく，「外国人」という属性を持つようになり，「外国人」という共通項によって，「基礎的環境整備」という土台を手に入れることになる．そして，個別ニーズに応じた「合理的配慮」もされるようになる．つまり，「アイデンティティの複数性」を背景として「合理的配慮」と「基礎的環境整備」が成り立つ．そのため，平面上で循環していた「共生の機運の醸成」と「アイデンティティの複数性」の関係性の図は，必然的に折り曲げられ，立体となって対流を始めることになる．

図5－6の概念図は試論であり，完成形ではない．様々な人の意見を聴きながら，改良していきたい．そうした意味で，この概念図は，対話的であり，可変的なものである．

第2節　「在日ムスリムとの共生に向けた配慮の方法」は多文化共生全体にも有効である

図5－6には，「合理的配慮」の対象として，ムスリム以外のブラジル人やフィリピン人，中国人，ベトナム人も示した．本書では，ムスリムに対する配慮を考えてきたが，その際に枠組として示した「合理的配慮」や「基礎的環境整備」は，他の外国人への配慮としても有効である．

日本人の過剰な配慮は，ムスリムだけでなく，ブラジル人にとっても違和感のあるものである．ヒアリングをしたブラジル人は次のように語る．

> 日本人はお客さんを大事にする．ただ，お客さん扱いをするということは，上下関係につながってくるし，受け入れる側として，責任感が発生してくる．ブラジル人は，食べ物にしろ，アレルギーがあれば自分が気をつければいいと考えている．工場でやるバーベキューは多文化共生の場になっていて，労働者同士，上下関係がなく，交わっている．お互いに気を使わずに対等の関係になっている．日本人たちの集まりに外国人が招待されて参加すると，外国人の立場がはっきりしすぎていて，すごく気を使われるので行きづらい．そこまで気を使わないといけないのであれば，自分たちの集まる場には日本人を呼べなくなる．

「責任感」というのが,「過剰な配慮」の源泉にあるのかもしれない．ムスリムに対する配慮で言えば，ハラールでないものを食べさせてしまっては大変なことになるという責任感（=不安感）から，慎重になりすぎている．ヒアリングでは，もし，ハラールに配慮してくれるなら，ピクトグラムのようなムスリム自身が気をつけられるような情報提供をしてほしいと言う人がいた. しかし,実は，表示の仕方が難しい.

あるムスリムは，行政関係者から,「国際レセプションを開催する際，ピクトグラムで原材料を表示したいと考えているが, 醤油や酢は『微量の酒』が入っているので, どう伝えたらいいか悩んでいる」という相談を受けたことがある.相談を受けたムスリムは,「海外からの客をもてなすときに，そんなことを気にしたこともないし，尋ねられたこともない．味噌も醤油もアルコールに分類されてしまうと，ムスリムは，食べられるものがなくなってしまい，困ってしまう」と嘆く[1)]．つまり，ムスリムが自分自身で食べられるものかどうかを判断できるよう，原材料をピクトグラムで表示しようとしても，表示をする非ムスリムである主催者側が，結果として，ムスリムが食べられるものかどうかを決定することになってしまうのである.

こうした際限のないループを断ち切るためには，過度な責任感＝ムスリムへの不安感から自由になる必要がある．あらかじめ用意しておくデジタルな「表示」は最低限の表示に留め, あとはアナログな「対話」を組み合わせればいい.「表示」という「基礎的環境整備」を行い,「対話」によって「合理的配慮」を行う．これを１つのセットとして考えれば，原材料表示に頭を悩ませる必要はなくなる.

一方で, これだけ日本人は外国人に気を使うにも関わらず, 外国人にとって,日本人は意見を言い出しにくい雰囲気があるという．先のブラジル人は次のように語る.

> 外国人は日本では主張できない．ブラジル人だけの会議では意見を言う人でも，日本の会議では言えない．遠慮してしまう．ブラジル人コミュニティの中ではどんなに意見を言ってもいいが，日本人のいる場で言うと,仕事に影響するので，言わない方がいいと言われたことがある．通訳はお利口さんを演じた方が得だと忠告されたことがある．日本人に悪いイメージを持たれて仕事をもらえないといけないので，自分たちの立場を守るた

めに言わないようにしている．

「差別の恐れと遠慮の関係」については，図5−1で示した．これは，外国人全般にも当てはまる．外国人全般への合理的配慮を考えると，ムスリムと同じ課題が現れてくる．勝手に想像された「外国人像」に当てはめられるという点でも同じである．外国人が多様であることは言うまでもない．多様な外国人は，ニーズも多様である．多文化共生施策として，コミュニケーション支援や生活支援のための制度をあらかじめ整備しておく必要はある．しかし，制度には漏れがある．その漏れを補うのが「合理的配慮」である．多文化共生分野では，まだ，「何をやるか」という発想から抜け切れておらず，国際開発分野における「どうやるか」といった手法やプロセスについては，ほとんど注目されていない．

国際開発の分野では，PLA（Participatory Learning and Action：住民主体の学習と行動による開発）のような手法・プロセスがある．PLAを提唱したロバート・チェンバースは，「私たちはお互いに，開発する者と開発される者として付き合うべきではない．むしろ，学習し，変わっていくよう継続的に助け合いながら，対等者または共同学習者として関係を築く必要がある．また，多くの重要な知識は地域にあって，そこで進展していることが認識されている」と述べている［プロジェクトPLA編 2000：8］．これは，ここまで見てきた対話的な「合理的配慮」と通じるものがあり，お互いが変わっていく多文化共生の発想と同じである．そして，地域主義であるところも同じである．

「多文化共生」は，日本人も日本社会も変わっていこうとする同じ目線に立った双方向の運動である．「対話」によって互いに歩み寄りながら，配慮する側にも配慮される側にも負担を押し付けない「合理的配慮」の発想は，極めて多文化共生的である．そして，試論として示した図5−6の「在日ムスリムとの共生に向けた配慮の方法」は，多文化共生の具体的な手法ともなり得る．対話を重ねながら，複数のアイデンティティでつながり合えば，多文化共生社会をつくりあげていくことができるはずである．

「対話による多文化共生社会」は寛容な社会である．そんな社会は，外国人だけでなく，日本人にとっても暮らしやすい社会に違いない．

注

1）「用語説明」の注5参照．

用語説明

【在日ムスリム】

「ムスリム」という言葉は，一般的には「イスラム教徒」のことをいうが，イスラーム（islām）は，宗教上の信仰だけでなく，日常的な生活全般に関わってくる．そのため，「イスラームの生活をしている人」といった意味合いで「ムスリム（muslim）」という言葉を使うものとする．女性のムスリムの場合は，語尾にaをつけ「ムスリマ（muslima）」とするのが文法的には正しい．しかし，本書においては，「ムスリム」で統一し，あえて女性であることを示す場合には，「ムスリム女性」と表記している．

なお，本書で「在日ムスリム」として扱うのは，日本に暮らしているムスリムであり，観光や商業目的で一時的に日本に滞在しているムスリムは除いている．「滞日ムスリム」という言葉もあるが，「滞日」には，一時的に日本に滞在しているというイメージがあることから，本書では「在日」を使う．

また，日本に暮らすムスリムの多くは外国人であるが，日本人ムスリムもいる．その多くは，外国人ムスリムとの結婚によって改宗した人たちである．そのため，本書では，外国人ムスリムはもちろん，外国人の配偶者を持つ日本人ムスリムも含めて考えている．その他にも，イスラームへの関心などから改宗した日本人ムスリムもいる．彼らは，必ずしも外国人の配偶者を持っているわけではないが，日本社会においてはマイノリティであり，本書の対象に含めて考えている．

【イスラーム】

「イスラーム」という言葉は，一般的には「イスラム教」のことをいうが，本書においては，「ムスリム」と同様，基本的には「イスラーム」を使う．ただし，既存の文献などを引用する場合や宗教を前面に出したい場合には，「イスラム教」と記す場合がある．

イスラームには「教義」がある．その教義は，「ラー・イラーハ・イッラッラーフ（アッラーのほかに神はいない）」「ムハンマド・ラスールッラー（ムハンマドはアッラーの使徒である）」の2文である．「アッラー」は唯一の神を表すアラビア語，「ムハンマド」はアッラーからの啓示を受けた最後の預言者のことである．この信仰を表明した瞬間からムスリムになる．そして，さらにイスラームの「信仰の基盤」を受け入れ，ムスリムとして守るべき「宗教的義務」を果たすことが求められる．

「信仰の基盤」とは，「アッラー」「アッラーの天使たちの存在」「アッラーにより啓示された諸啓典」「アッラーの預言者たち」「審判の日と来世の存在」「人にはアッラーによって定められた運命がある」の６つを信じることである．イスラームでは，アブラハムやモーセ，イエスもアッラーの預言者だとしているため，「預言者たち」と複数形になっている．

「宗教的義務」とは，「信仰の表明（シャハーダ）」「礼拝（サラート）」「断食（サウム）」「喜捨（ザカート）」「巡礼（ハッジ）」の５つである．シャハーダとは，イスラームの教義である２文を証言することである[1]．

なお，豚肉を食べたり酒を飲んだりすることはイスラームでは禁じられているが，仮に，酒を飲んだとしても，「飲酒という罪を犯した」という事実があるだけで，ムスリムであることが否定されるわけではない．イスラームの基本原則として，「罪を犯しても，その人の信仰は消えない」という考え方があるためである［松山 2017：20–21］．

【モスク】

『岩波イスラーム辞典』（岩波書店）によれば，「モスクという語の語源はアラビア語のマスジドで，“平伏（サジュダ）する場所”という意味」である．コーランやハディース[2]にモスクの形態について明確な規定はなく，「平伏して礼拝を行う場所はどこでもモスクになりうる」ものの，今日では，「一般にムスリムが礼拝を行うための建物がとくにモスクと呼ばれる」．それに対して，「ムサッラー」と呼ばれる場所もある．ムサッラーの原意は「礼拝場所」であるが，モスクと区別して「一時的礼拝所」と訳される．「モスクは礼拝専用場所であるが，ムサッラーは家屋や事務所の１区画を必要に応じて礼拝場所とする」という違いがある．本書においても同様の考えに基づいてモスクとムサッラーを区別している．

戦前，日本国内には，神戸，名古屋，東京の３カ所にモスクが存在していた．戦後は，約半世紀の間，新しいモスクは設立されなかったが，1990年代から，ムスリムコミュニティ内で集められたサダカ（任意の寄付）によって続々と設立されるようになる[3]．これらのモスクの多くは，工場やコンビニなどの中古物件を買い取って改築されたものであるが，名古屋モスクのように，一部，新築のものもある[4]〔クレシ 2020：27-28；34〕.

【ハラール】

ハラールとは，イスラームにおいて「合法」とされたもののことである．コーランの〔高壁章 7：157〕の中に，「かれは正義をかれらに命じ，邪悪をかれらに禁じる．また一切の善い（清い）ものを合法〔ハラール〕となし，悪い（汚れた）ものを禁忌〔ハラーム〕とする」という一節がある．「かれ」というのは，唯一神であるアッラーのことである．何がハラールで何がハラームかを決定するのは神しかいないということである．

ムスリムは，コーランに則ってハラールな行動をめざし，ハラームを避けてきた．その中に食事に関することもある．したがって，豚肉などの食べ物の禁忌もあるが，本来は，食べ物以外の行動まで含まれる．しかし，現在の日本で，「ハラール」と言えば，食べ物の禁忌やアルコールに対する禁忌[5]がイメージされる．また，問題にしたい「ハラール」は，そうしたハラールであるため，本書では，飲食における禁忌を「ハラール」として扱っている．

なお，コーランの中で，何度も繰り返し明示的に禁じられているのは，「豚肉」「血」「死肉」「異神に捧げられたもの」のみである[6]．「死肉」とは，イスラーム法に則らずに屠畜された肉のことである．イスラーム学者アル・カラダーウィーによれば，ムスリムが神の名を唱えてから，鋭利なもので動物の喉を切るか，喉のくぼみを突いて出血させて殺すことが，イスラーム法に則って正しく屠畜するということである．こうして屠畜された肉は，一般的にハラール肉と呼ばれる〔阿良田 2018：29-30〕.

日本では，ハラール肉は，一部のスーパーなどで手に入るものの，外食や給食で使われる肉は，基本的にはハラール肉ではない．ましてや，動物由来の調味料等でハラール肉を使ったものは，ほとんどないだろう．このような環境にある日本において，どこまでの厳密さを求めるかは，ムスリムそれぞれの判断になる．

【ヒジャブ】

コーランの章句の中では，女性のヴェールに関して，「フムル」「ジャラービーブ」「ヒジャブ」と３つの異なるアラビア語の単語が使われている．また，コーランでは，視線を低くし，貞淑を守り，アウラ[7]を覆うため，ヴェールを胸に垂れること，また認められやすく，悩まされず済むよう，長衣を纏うことが命じられている[8]．しかし，ヴェールの形や色，着用方法などに関するこれ以上に詳しい記述はない［野中 2015：12–13］．

ムスリム女性は，布で髪を覆った人たちというイメージが定着しつつあるが，髪を覆うという形での宗教実践は，世界のすべてのムスリム女性によって時代を通じて行われてきたわけではない．また，地域や国によっても髪を覆うための被り物には様々なもの[9]があるが，世界で広く一般的に用いられている用語は「ヒジャブ」である［市岡 2018:168–169］．そこで，本書においては，女性のヴェールに関する用語は，特別な場合を除き，「ヒジャブ」を使う．なお，ヨーロッパにおいては，公共の場でヒジャブをすることについて論争があり，一般的に「スカーフ論争」と呼ばれることから，この問題を扱う場合には，「スカーフ」を使うものとする．

【ラマダン】

イスラームの宗教的義務の１つとして，ラマダン月（イスラーム暦第９月）の１カ月間は，夜明け前から日没まで，飲食はもちろん，さまざまな欲望を断って，アッラーの存在意識に集中することが宗教的義務になっている[10]．つまり，ラマダンは，サウム（斎戒．心身を清め，禁忌を犯さないようにすること）の月であり，その月には，断食以外にも禁止されていることがある．ただし，日本では，ラマダンと言えば断食なので，本書では，ラマダン＝断食月，サウム＝断食として扱っている．

なお，断食するのは，夜明け前から日没までのため，太陽が沈んだら飲食できる．そのときの食事を「イフタール」と言い，多くの人々が集まって飲食をする．また，ラマダンが終了すると，それを祝ってイード（祭り）が行われる．これをイード・ル・フィトルという．

【配慮】

「配慮」の辞書的な意味は，「心をくばること．心づかい[11]」である．英訳をすると１つの訳語にはならず，「思いやり consideration」「気遣い concern」「骨折り trouble」となる[12]．また，第５章で分析の枠組として用いる「合理的配慮」という用語は，障害者権利条約で採用された“reasonable accommodation”の訳語である．“accommodation”には，「宿泊」「適応，順応」「和解，調停」「好都合，便宜」などといった意味がある[13]．同じ障害者権利条約には，「配慮」に類似した「支援」や「援助」と訳せるような“support”や“assistance”という用語もある．

このように，「配慮」の意味は曖昧であり，類義語を多く持つが，本書では，「既存のやり方や制度に対して，個人の状況に応じて，その人のために行うこと」を「配慮」とする．既存のやり方や制度を変更することも「配慮」であり，既存のやり方や制度がない場合に新たに行うことも「配慮」である．既存のやり方や制度どおりにやることが適しているのであれば，それも「配慮」である．その人のためにやることなので，結果として，「支援」や「援助」に言い換えることが可能な場合もあるが，「支援」や「援助」を包含するものとして「配慮」を定義する．

なお，一般的に行われる「配慮」は，相手の「思いやり」(善意や心くばり)に頼ったものとなる．しかし，「法制化された『合理的配慮』は，相手側のさじかげんで『思いやり』の発露としてなされるものではなく，法的規制のもとで，障害者の意向が尊重された対話を通じて，機会平等の達成のために提供されるもの」[川島・星加 2016：6]である．したがって，「合理的配慮」という言葉を使う場合には，対話的要素は必ず含むものとし，機会平等の達成を目的としている．一方，「配慮」だけを使う場合には，対話的要素や機会平等といった目的を含まない場合もある．なお，ムスリムに対する「合理的配慮」という場合は，現時点ではムスリムに対する合理的配慮は法制化されておらず，法制化すべきという主張を本書では行わないことから，「法的規制のもとで」は行われないことを前提としている．

注

1）イスラームの教義から宗教的義務までの内容は，名古屋イスラミックセンター「イスラームとは」による（http://nagoyamosque.com/aboutislam，2020年8月30日閲覧）．

2）預言者ムハンマドの言行録．第3章の注17参照．

3）クレシ［2020：28］によれば，これは，ムスリムが増えたことに加え，戦前に建設された東京モスクが老朽化に伴って閉鎖され，集団礼拝の場を失ったことによる．礼拝は，モスクから遠く離れているほどアッラーから受ける報償が大きいというハディースもあり，東京モスクには，距離に関わらず，東京の近隣県からも参加者は多かった．しかし，閉鎖に伴って，東京の近隣県のムスリムが居住地付近にムサッラーを確保するようになり，各地にムスリムコミュニティが形成されていった．そして，コミュニティの成熟とともにモスク設立が待望されるようになり，こうした動きにつながったという．

4）1998年に設立された名古屋モスク（戦前にあった名古屋モスクとは別）は新築．サダカ提供者のほとんどが自国への仕送りをしながら切り詰めた生活を送る外国人であり，それでも十分な資金を集めて新築のモスクを完成させたことは海外からも関心を寄せられた［クレシ 2020：34］．

5）アルコールに関しては，「かれらは酒と，賭矢に就いて，あなたに問うであろう．言ってやるがいい．『それらは大きな罪であるが，人間のために（多少の）益もある．だがその罪は，益よりも大である．』〈後略〉」［雄牛章 2：219］，「あなたがた信仰する者よ，誠に酒と賭矢，偶像と占い矢は，忌み嫌われる悪魔の業である．これを避けなさい．恐らくあなたがたは成功するであろう」［食卓章 5：90］とある．豚肉は理屈抜きに禁じられているが，アルコールは罪ではあるが，利益も認められている．また，禁じられているのではなく，「避けなさい」といった程度である．これは，阿良田［2018：24-25］によれば，イスラームの初期においてはアルコールを飲むことは禁じられておらず，途中から厳しく禁じられるようになったからである．したがって，酒についてはいまだにいろいろな解釈や議論があり，実際に酒をたしなむムスリムも少なからずいるという．なお，「酒」と訳されているアラビア語は「ハムル」であるが，これは「酩酊させるもの」を指すものであって，食品に添加されたごく微量の化学的成分であるアルコールとハムルは別物だという意見がある．また，「ハムル」は本来葡萄を発酵させた飲み物であるからアルコールすべてを指すわけではないとする意見もある［クレシ 2017：8－9］．

6）食の禁忌に関しては，［家畜章 6：145］（第2章の注7参照）にあるように，ほとんどのものがハラールであり，ここで挙げられたものだけが明確にハラームである．

7）日本ムスリム協会［2017］では，「女の体」という訳になっているが，アラビア語原語では，「アウラ」の複数形となっている．アウラが身体のどこの部分を指すかはコーランに詳しい記述はないが，女性は顔と両手以外は見せてはならないというハディースがある［野中 2015：10］．

8）［御光章 24：31］および［部族連合章 33：59］による．

9）「ヒジャブ」は頭髪から胸の上部までを覆うスカーフ状の布，「チャドル」は頭部も含め体全体を覆うガウン状の衣服で，顔は見せるようになっている．「ニカブ」はチャドルと似たガウン状の衣服であるが，顔を隠して目以外の体全体を覆うものである．「ブルカ」はガウン状の衣服であり，網状のカバーで目の部分も覆うものである［市岡 2018：168-169］．

10）名古屋イスラミックセンター「イスラームとは」（http://nagoyamosque.com/aboutislam，2020年8月30日閲覧）による．なお，イスラーム暦は完全な太陰暦であるため，ラマダーン月は，太陽暦（西暦）から見ると，毎年11日程度前にずれていく．

11）『デジタル大辞泉』（小学館）による．

12）『プログレッシブ和英中辞典 第4版』（小学館）による．

13）『プログレッシブ英和中辞典 第5版』（小学館）による．

参考資料Ⅰ　在日ムスリム人口の推計について

在日ムスリム人口の推計方法としては，店田廣文と桜井啓子が行ったものが代表的なものである[1]．前者を「店田方式」，後者を「桜井方式」とすると，店田方式は，法務省「在留外国人統計」の国籍別人数に各国別のムスリム人口比率を乗じた数を元に推計を行っている．桜井方式は，「在留外国人統計」からイスラーム諸国会議機構（OIC）加盟国出身者を抜き出した数をベースにしており，ムスリム人口比率は乗じていない．桜井方式は，桜井自身も認めているように，インドのように相当数のムスリム人口を抱えているOIC非加盟国もあるが，そうした国が推計値から除かれてしまうという欠点を持っている［桜井 2003：35］．

したがって，本書においては，桜井方式を参照しつつ，国籍別人数に各国別のムスリム人口比率を乗じる店田方式をベースに，2019年末現在の在日ムスリム人口を推計した．なお，店田［2013］による推計値は2010年末のものだが，以後，推計方法を改良し，2012年末，2015年末，2016年末でも店田は推計を行っている[2]．

1　使用する数値・推計方法の考え方

（1）外国人ムスリムの推計

在留外国人数は，2019年末現在の法務省「在留外国人統計」を使用する．店田方式では，OECD（経済協力開発機構）諸国から来日している者の中にムスリムがいることを想定せず，除外している．しかし，本書においては，これらの国の出身者の中にムスリムがいないとは言えない以上，すべての国籍別人数に各国のムスリム人口比率を乗じて推計した．なお，「在留外国人統計」には，中長期在留者および特別永住者から成る「在留外国人」と，短期滞在等を含めた「総在留外国人」の数値が示されている．日本で暮らしている外国人数は，一般的に「在留外国人」の数値のことを指しており，店田方式も桜井方式も短期滞在等を除いている[3]ことから，本書においても，「在留外国人」の数値を使用する．

ムスリム人口比率は，店田方式では，Encyclopedia Britanicaの数値を主として使用し，そこに示されていない国のデータは，他の資料によっている．しかし，資料が統一されていないことに加え，2019年末のムスリム人口比率が現時点では入手できないことから，Pew Research Center〔2015〕”Religious Composition by Country , 2010–2050”[4] で示された2020年と2010年の数値を基に，2019年のムスリム比率を算出した[5]．

なお，不法残留者については，店田方式も桜井方式も加味しているが，不法残留者として法務省が公表しているのは，上位10カ国のみである．店田方式によって，公表されている国について推計したところ，2020年１月１日現在で6272人になったが，すべての国籍について公表されていないため，この数値は加えないものとする．

（2）日本人ムスリムの推計

日本人ムスリムで多いのは，結婚を機に改宗した人たちである．そのため，店田方式も桜井方式も「日本人の配偶者等」の在留資格を持った外国人の配偶者は日本人ムスリムであると仮定しており，本書においても，そのやり方を踏襲する．

なお，「日本人の配偶者等」の在留資格を持った外国人の中には，日本人の親を持つ子どもも含まれている．これまで，配偶者と子どもの内訳が示されていなかったため，店田方式も桜井方式も，子どもを除いた配偶者のみの人数を推計せざるを得なかった．しかし，2018年末の「在留外国人統計」から，子どもを除いた「日本人の配偶者」のみの数値も明示されるようになったことから，本書では，この数値を利用した．

しかし，これだけでは漏れがある．「在留外国人統計」を基にした推計であるため，そこに現れてこない日本人ムスリムの数値を反映することができない．そこで，店田〔2018〕は，2016年末の推計をする際，さらに，「日本国籍のムスリムの子ども」「永住者の日本人配偶者及び子ども」[6]「日本人に帰化したムスリム及び家族」「入信した日本人ムスリム及び家族」についても推計を行って加えている．しかし，この推計は，感覚的な部分もあり，店田自身も，「日本人ムスリムの人口規模の概数を捉えることを主眼として行ったもので，あくまでも一つの推計数値であり，異なる条件による推計もあり得る」〔店田 2018：114〕としている．

そこで，本書においては，「日本人の配偶者」を根拠とした推計値までを正式なものとする．ただし，それ以外の日本人ムスリムがいることは事実であるため，参考値として，店田［2018］の推計方法にならって「日本国籍のムスリムの子ども」以下の推計も行った[7)]．

（3）都道府県別の推計

都道府県別の推計は，上記の推計方法を準用し，母数を日本全体の国籍別外国人数ではなく，各都道府県別の国籍別外国人数とし，それぞれムスリム人口比率等を乗じて算出した．

第2節 推計結果

（1）外国人ムスリム

第1節の方法により推計した2019年末の外国人ムスリムは18万6656人になった．店田［2018］では2016年末の外国人ムスリムは12万3778人（不法残留者除く）となっている．この差は，対象とする年が違っており，年々，在留外国人数が増えていることに加え，本書では，OECD諸国も含んでいることやムスリム人口比率の根拠となる資料が違うためだと考えられる．

（2）日本人ムスリム

2019年末の日本人ムスリムの推計値は9008人となった．これは，「日本人の配偶者等」の在留資格を持った外国人ムスリムと結婚している日本人ムスリムの推計値である．これに相当する店田［2018］の2016年末の推計値は3809人である．この差は，2018年末の統計数値から，「日本人の配偶者等」に占める「日本人の配偶者」の割合が正確にわかるようになったこと，および（1）の外国人ムスリムの推計と同様，対象とする年や国籍，ムスリム人口比率の違いによると考えられる．

なお，「日本国籍のムスリムの子ども」以下の参考値は5万5000人（店田［2018］では3万6000人）となった．

（3）まとめ

以上をまとめると，在日ムスリム人口は，外国人ムスリム18万6656人，日本人ムスリム9008人，合わせて19万5664人（約20万人）となる．参考値まで含めると25万1664人（約25万人）となる．日本人ムスリムが9008人から６万5008人に増えるためである．

在日ムスリムに占める日本人の割合は５％程度であるが，参考値まで含めると25％を超える．店田［2018］の推計値でも，日本人ムスリムは25％程度（在日ムスリム全体は17万人，うち日本人ムスリムは４万人）になっている．

店田［2018：124］では，「『日本人ムスリム』が将来の『日本のイスラーム』形成の一翼を担う」と述べている．在日ムスリムへの「配慮の方法」をテーマとする本書においても，日本社会とイスラームの両方を知っている日本人ムスリムの存在は大きいと考える．今後，日本人ムスリムの人口がより高い精度をもって推計されることが望まれる．

注

1）店田［2013］および桜井［2003］の中で行われた推計．

2）2012年末の推計は店田［2015］「イスラーム教徒人口の推計2013年」（https://imemgs.com/document/20150714mij.pdf, 2020年10月10日閲覧）で，2015年末の推計は店田［2017］で，2016年末の推計は店田［2018］で，それぞれ行われている．2010年末・2012年末は約11万人，2015年末は14〜15万人，2016年末は約17万人と推計している．

3）2010年末の推計を行った店田［2013］では短期滞在者等も含まれているが，2012年末以降の推計から除いている．

4）https://www.pewforum.org/2015/04/02/religious-projection-table/（2019年９月19日閲覧）．

5）次の計算式により，国籍別全人口およびムスリム人口を推計し，比率を算出した．
　2019年推計値＝（2020年推計値－2010年推計値）×９/10＋2010年推計値

6）「日本人の配偶者等」の在留資格を持っていた外国人が「永住者」資格に切り替えると，それに対応する日本人配偶者の数がわからなくなってしまう．それを補足するためにこの項目が入っている．

7）「日本国籍のムスリムの子ども」は，「日本人の配偶者」の数を外国人ムスリムと日本人ムスリムが夫婦になっている世帯数と同じと考え，帰化許可者（ムスリム）の世帯における平均子ども数が1.82人であることから，１世帯当たり子どもが２人いるものと仮定して計算．「永住者の日本人配偶者」は，「永住者」資格を有する25歳以上の外国人ムスリム人口を推計し，そのうち，日本人と結婚している外国人は１/２から１/４の間にあると仮定して計算．この世帯についても，同様に子どもが２人いるものと仮定して，子どもの数も推計．「日本人に帰化したムスリム」は，帰化許可者のうち，ムスリムと思われる名前を官報情報検索サービスにより把握し，配偶関係も推測して推計．「入信した日本人ムスリム」は，日本ムスリム協会の会員数を基に推計．なお，「日本人に帰化したムスリム及び家族」「入信した日本人ムスリム及び家族」の数値については，店田［2018］の数値をそのまま使用した．

表Ⅰ－1 2019年末現在の日本のムスリム人口推計値【全体推計値】

ムスリム人口推計値			日本人ムスリム（参考値）			
外国人ムスリム a	日本人ムスリム b	合計a＋b	日本国籍のムスリムの子どもc（b*2）	永住者の日本人配偶者及び子どもd	日本人に帰化したムスリム及び家族e	入信した日本人ムスリム及び家族f
186,656人	9,008人	195,664人	18,000人	33,000人	3,000人	2,000人

注：参考値まで含めると251,664人（日本人ムスリム65,008人）となる.
出典：筆者作成.

表Ⅰ－2 2019年末現在の日本のムスリム人口推計値【都道府県別推計値】

順位	都道府県名	推計人口
1	東　京	35,513人
2	愛　知	17,684人
3	埼　玉	16,914人
4	神奈川	15,977人
5	千　葉	13,096人
6	大　阪	9,839人
7	茨　城	9,557人
8	静　岡	6,389人
9	群　馬	5,878人
10	兵　庫	4,903人
11	福　岡	4,789人
12	栃　木	4,307人
13	広　島	3,939人
14	岐　阜	3,384人
15	三　重	3,353人
16	京　都	3,233人
17	北海道	3,006人
18	長　野	2,576人
19	宮　城	2,383人
20	岡　山	2,217人
21	沖　縄	1,943人
22	滋　賀	1,942人
23	富　山	1,826人
24	新　潟	1,761人
25	大　分	1,637人

順位	都道府県名	推計人口
26	香　川	1,370人
27	熊　本	1,319人
28	石　川	1,319人
29	福　島	1,233人
30	山　口	1,037人
31	宮　崎	1,024人
32	佐　賀	944人
33	愛　媛	942人
34	山　梨	853人
35	奈　良	849人
36	鹿児島	822人
37	長　崎	705人
38	福　井	697人
39	徳　島	635人
40	岩　手	555人
41	山　形	535人
42	高　知	489人
43	島　根	442人
44	和歌山	439人
45	青　森	412人
46	鳥　取	397人
47	秋　田	299人
	未定・不詳	303人
計		195,664人

出典：筆者作成.

表Ⅰ－3　2019年末現在の日本のムスリム人口推計値【国籍別推計値】

順位	国籍	ムスリム人口推計値			ムスリム人口比率
		外国人ムスリム	日本人ムスリム	合計	
1	インドネシア	58,183	1,672	59,855	87.0%
2	パキスタン	17,136	693	17,828	96.5%
3	フィリピン	16,113	1,271	17,384	5.7%
4	中国	16,265	579	16,844	2.0%
5	バングラデシュ	15,091	364	15,454	90.7%
6	マレーシア	7,163	350	7,513	65.9%
7	インド	6,148	70	6,218	15.3%
8	トルコ	5,312	778	6,091	98.0%
9	ネパール	4,844	48	4,892	5.0%
10	イラン	4,151	287	4,437	99.5%
11	タイ	3,263	421	3,683	6.0%
12	ウズベキスタン	3,521	73	3,594	97.1%
13	アフガニスタン	3,341	24	3,365	99.7%
14	スリランカ	2,829	81	2,910	10.3%
15	エジプト	2,133	125	2,258	95.3%
16	ナイジェリア	1,631	248	1,879	50.9%
17	ミャンマー	1,350	20	1,370	4.2%
18	韓国	1,302	36	1,338	0.3%
19	フランス	1,163	168	1,330	8.2%
20	英国	1,120	151	1,271	6.0%
21	ロシア	1,056	111	1,167	11.3%
22	セネガル	754	132	886	96.6%
23	モロッコ	654	181	835	99.9%
24	シリア	802	26	828	92.8%
25	チュニジア	690	126	816	99.6%
26	ベトナム	768	9	777	0.2%
27	米国	666	90	756	1.1%
28	ドイツ	526	51	577	6.8%
29	シンガポール	507	53	559	16.0%
30	サウジアラビア	532	18	549	92.8%
31	キルギス	494	28	522	89.4%
32	ガーナ	417	47	464	17.3%
33	モンゴル	439	14	453	3.4%
34	ギニア	372	52	424	84.6%
35	オーストラリア	357	47	404	3.0%
36	カザフスタン	334	25	359	71.8%
37	カナダ	306	41	347	2.7%
38	カンボジア	297	5	302	2.0%
39	スーダン	257	20	277	90.7%
40	イタリア	225	41	266	4.8%
41	アルジェリア	208	29	237	97.9%
42	マリ	183	29	213	94.6%
43	ヨルダン	187	25	212	97.0%
44	タジキスタン	196	5	201	96.5%
45	カメルーン	165	19	183	19.2%
46	タンザニア	152	25	176	34.2%
47	エチオピア	161	14	175	35.8%
48	イラク	161	13	174	99.0%
49	イスラエル	124	18	142	20.0%
50	スペイン	116	16	133	3.2%
51	アゼルバイジャン	124	7	131	97.2%
52	スウェーデン	111	18	129	6.3%
53	イエメン	121	6	127	99.1%
54	オランダ	108	13	121	6.8%
55	レバノン	89	13	103	61.1%
56	ウガンダ	84	12	96	12.1%
57	ガンビア	85	10	94	95.3%
58	アルバニア	82	12	94	81.8%
59	アラブ首長国連邦	93	0	93	75.2%
60	ケニア	83	6	89	10.5%
61	ベルギー	72	11	83	7.3%
62	パレスチナ	70	9	78	97.9%
63	ブルキナファソ	71	6	77	62.6%
64	ブルガリア	69	7	76	14.2%
65	スイス	66	9	75	5.5%
66	ニュージーランド	59	7	67	1.6%
67	モルディブ	52	13	64	97.2%
68	リビア	61	3	64	96.6%
69	コートジボワール	58	4	62	37.2%
70	ブルネイ	54	3	57	75.5%
71	シエラレオネ	46	2	48	78.5%
72	デンマーク	44	4	48	5.0%
73	オーストリア	41	3	45	6.1%
74	トルクメニスタン	43	1	44	93.0%
75	ブラジル	41	0	41	0.0%
76	ウクライナ	32	4	36	1.6%
77	クウェート	31	2	33	71.1%
78	ベナン	26	5	31	24.5%
79	カタール	30	1	31	65.3%
80	アルゼンチン	29	1	30	0.9%
81	台湾	28	2	30	0.0%
82	オマーン	28	1	29	85.8%
83	ボスニア･ヘルツェゴビナ	25	3	28	46.5%
84	ニジェール	25	3	28	98.3%
85	ノルウェー	24	2	27	4.7%
86	ギリシャ	24	2	26	5.8%
87	バーレーン	24	1	25	69.9%
88	マケドニア	21	4	25	43.1%
89	モーリタニア	22	3	25	99.1%
90	モザンビーク	22	1	24	17.3%
91	ソマリア	22	1	23	99.8%
92	アイルランド	20	3	22	1.5%
93	南アフリカ共和国	19	1	20	1.9%
94	フィジー	17	2	20	6.1%
95	エリトリア	18	1	19	36.6%
96	マラウイ	16	2	17	12.8%
97	モーリシャス	13	2	15	17.3%
98	セルビア	13	1	14	5.0%
99	コソボ共和国	11	2	13	94.1%
100	ジブチ	12	1	13	96.3%
101	キプロス	11	0	11	24.7%
102	フィンランド	9	1	11	1.2%
	その他	94	9	103	
計		186,656	9,008	195,664	

出典：筆者作成.

参考資料Ⅱ　ムスリム率が高い国籍の在留外国人数の推移・在留資格・年齢別構成

表Ⅱ－1　ムスリム率が高い国籍の在留外国人数の推移

（各年末現在）

年	インドネシア	パキスタン	バングラデシュ	マレーシア	トルコ	イラン	6か国計 a	外国人全体 b	外国人全体に占める割合a/b
1990	3,476	1,222	1,784	4,428	235	866	12,011	1,053,041	1.1%
1992	5,055	1,349	2,220	5,457	115	1,085	15,281	1,235,722	1.2%
1994	6,016	1,587	2,769	4,903	353	1,148	16,776	1,292,306	1.3%
1995	6,647	1,808	2,981	4,877	417	1,236	17,966	1,296,562	1.4%
1996	8,348	2,028	3,285	4,830	463	1,457	20,411	1,345,786	1.5%
1997	11,339	2,358	3,445	4,854	528	1,725	24,249	1,409,831	1.7%
1998	14,113	2,638	3,674	4,959	594	1,993	27,971	1,434,606	1.9%
1999	15,295	3,185	3,892	5,030	648	2,464	30,514	1,476,325	2.1%
2000	17,766	3,807	4,284	5,410	747	2,874	34,888	1,594,001	2.2%
2001	18,930	4,291	4,616	5,524	876	3,187	37,424	1,679,919	2.2%
2002	19,550	4,685	5,146	5,937	989	3,448	39,755	1,746,333	2.3%
2003	20,432	4,983	5,810	5,970	1,108	3,662	41,965	1,804,695	2.3%
2004	21,484	5,472	6,505	6,166	1,265	3,822	44,714	1,863,870	2.4%
2005	22,980	5,905	7,202	6,392	1,428	3,898	47,805	1,906,689	2.5%
2006	23,105	6,457	8,080	6,878	1,546	4,023	50,089	1,989,864	2.5%
2007	24,246	6,978	8,512	7,263	1,738	4,115	52,852	2,069,065	2.6%
2008	26,190	7,698	9,035	7,743	1,905	4,142	56,713	2,144,682	2.6%
2009	24,777	8,391	9,245	7,922	2,002	4,219	56,556	2,125,571	2.7%
2010	24,374	8,888	9,064	8,043	2,133	4,165	56,667	2,087,261	2.7%
2011	24,305	9,748	8,870	7,907	2,211	4,153	57,194	2,047,349	2.8%
2012	25,532	10,599	8,622	7,848	2,529	3,997	59,127	2,033,656	2.9%
2013	27,214	11,124	8,824	7,971	3,085	3,971	62,189	2,066,445	3.0%
2014	30,210	11,802	9,641	8,288	3,654	3,976	67,571	2,121,831	3.2%
2015	35,910	12,708	10,835	8,738	4,157	3,996	76,344	2,232,189	3.4%
2016	42,850	13,752	12,374	9,084	4,648	3,999	86,707	2,382,822	3.6%
2017	49,982	15,069	14,144	9,638	5,502	4,037	98,372	2,561,848	3.8%
2018	56,346	16,198	15,476	10,368	5,244	4,090	107,722	2,731,093	3.9%
2019	66,860	17,766	16,632	10,862	5,419	4,170	121,709	2,933,137	4.1%

出典：2011年末までは法務省「登録外国人統計」，2012年末以降は法務省「在留外国人統計」（http://www.moj.go.jp/housei/toukei/toukei_ichiran_touroku.html，2020年10月10日閲覧）を基に筆者作成．「登録外国人統計」では，短期滞在者等も含めた外国人登録者数が基本になっているが，本書では，「中長期在留者」および「特別永住者」の数値を使用することとしているため，外国人登録者の「総数」から「短期滞在者等」を除いた数値を算出して作成している．「外国人全体に占める割合」も筆者作成．

表Ⅱ－2　ムスリム率が高い国籍の在留資格【人数】

（2019年末現在）

	インドネシア	パキスタン	バングラデシュ	マレーシア	トルコ	イラン	外国人全体
永住者	6,662	5,015	3,500	2,880	1,045	2,621	793,164
日本人の配偶者等	2,126	722	401	546	796	288	145,254
永住者の配偶者等	332	856	461	52	248	125	41,517
定住者	2,238	1,293	527	167	264	210	204,787
特別永住者	8	2	—	11	—	9	312,501
留学	7,512	600	3,624	3,234	281	223	345,791
技能実習	35,404	5	166	171	12	—	410,972
経営・管理	32	1,284	331	75	104	45	27,249
技術・人文知識・国際業務	3,511	2,340	2,253	2,004	247	159	271,999
家族滞在	3,251	3,936	3,502	1,022	352	244	201,423
特定活動*	3,965	1,253	1,202	79	1,741	48	65,187
その他	1,819	460	665	621	329	198	113,293
計	66,860	17,766	16,632	10,862	5,419	4,170	2,933,137

注：「特定活動」のうち，インドネシアは「EPA対象者」が1887人・「その他」が1421人，パキスタン・バングラデシュ・トルコは「その他」がそれぞれ1243人・1190人・1736人となっている．

出典：法務省「在留外国人統計」（http://www.moj.go.jp/housei/toukei/toukei_ichiran_touroku.html，2020年10月10日閲覧）を基に筆者作成．

表Ⅱ－3　ムスリム率が高い国籍の在留資格【構成比】

（2019年末現在）

	インドネシア	パキスタン	バングラデシュ	マレーシア	トルコ	イラン	外国人全体
永住者	10.0%	28.2%	21.0%	26.5%	19.3%	62.9%	27.0%
日本人の配偶者等	3.2%	4.1%	2.4%	5.0%	14.7%	6.9%	5.0%
永住者の配偶者等	0.5%	4.8%	2.8%	0.5%	4.6%	3.0%	1.4%
定住者	3.3%	7.3%	3.2%	1.5%	4.9%	5.0%	7.0%
特別永住者	0.0%	0.0%	0.0%	0.1%	0.0%	0.2%	10.7%
留学	11.2%	3.4%	21.8%	29.8%	5.2%	5.3%	11.8%
技能実習	53.0%	0.0%	1.0%	1.6%	0.2%	0.0%	14.0%
経営・管理	0.0%	7.2%	2.0%	0.7%	1.9%	1.1%	0.9%
技術・人文知識・国際業務	5.3%	13.2%	13.5%	18.4%	4.6%	3.8%	9.3%
家族滞在	4.9%	22.2%	21.1%	9.4%	6.5%	5.9%	6.9%
特定活動	5.9%	7.1%	7.2%	0.7%	32.1%	1.2%	2.2%
その他	2.7%	2.6%	4.0%	5.7%	6.1%	4.7%	3.9%
計	100%	100%	100%	100%	100%	100%	100%

出典：法務省「在留外国人統計」（http://www.moj.go.jp/housei/toukei/toukei_ichiran_touroku.html，2020年10月10日閲覧）を基に筆者作成．

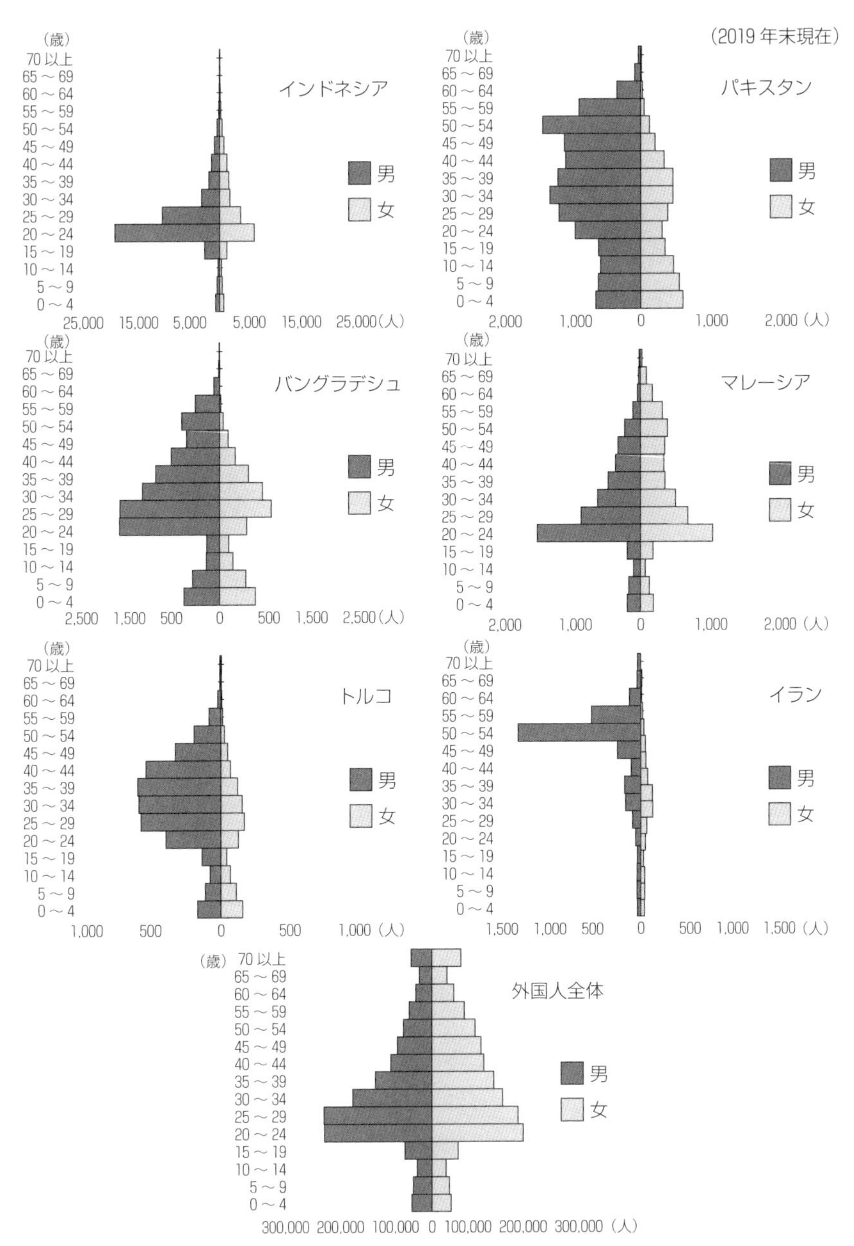

図Ⅱ－1　ムスリム率が高い国籍の年齢別構成

出典：法務省「在留外国人統計」(http://www.moj.go.jp/housei/toukei/toukei_ichiran_touroku.html, 2020年10月10日閲覧) を基に筆者作成.

参考文献

邦文献

愛知県［2018］『あいち多文化共生推進プラン2022――あいちの多文化共生をデザインする』愛知県県民生活部社会活動推進課多文化共生推進室.

阿満利麿［1996］『日本人はなぜ無宗教なのか』筑摩書房.

阿良田麻里子［2018］『食のハラール入門 今日からできるムスリム対応』講談社.

安藤純子［2009］「農村部における外国人配偶者と地域社会――山形県戸沢村を事例として」『GEMC journal』（東北大学），1.

市岡卓［2018］「シンガポール・ムスリムの包摂と排除に関する研究――リーダーたちの対応をめぐる諸問題」法政大学国際文化専攻博士論文.

伊藤聖伸［2018］『ライシテから読む現代フランス――政治と宗教のいま』岩波書店.

岩下曜子［2011］「『宗教シンボル禁止法』と<男女平等>の係争化への一考察――イスラムのスカーフは『女性への抑圧』か」『多元文化』（名古屋大学），11.

岡久慶［2008］「英国の移民統合政策――共有されるべき価値観とアイデンティティの模索」『人口減少社会の外国人問題:総合調査報告書』国立国会図書館調査及び立法考査局.

岡村達司［1992］「多文化共生をめざして――地域に暮らす外国人を理解するために」『福祉研究』（67）日本福祉大学社会福祉学会.

川島聡［2016a］「権利条約における合理的配慮」，川島聡・飯野由里子・西倉実季ほか『合理的配慮――対話を開く，対話が拓く』有斐閣.

――――［2016b］「差別解消法と雇用促進法における合理的配慮」，川島聡・飯野由里子・西倉実季ほか『合理的配慮――対話を開く，対話が拓く』有斐閣.

――――［2018］「合理的配慮と対話」『教育と医学』66（11）.

川島聡・星加良司［2016］「合理的配慮が開く問い」，川島聡・飯野由里子・西倉実季ほか『合理的配慮――対話を開く，対話が拓く』有斐閣.

九州弁護士会連合会ほか編［2017］『合理的配慮義務の横断的検討――差別・格差等をめぐる裁判例の考察を中心に』現代人文社.

工藤正子［2008］『越境の人類学――在日パキスタン人ムスリム移民の妻たち』東京大学出版会.

クレシサラ好美［2017］『ハラールとハラール認証――ムスリマの視点から実情と課題を探る』慶應義塾大学湘南藤沢学会.

――――［2020］「名古屋におけるムスリムコミュニティの様相――戦前期と現代のモスク設立の動きを中心に」『人間科学研究』（早稲田大学），33（1）.

小島祥美［2017］「社会で『見えない』不就学の外国人の子どもたち」，荒牧重人・榎井緑・

江原裕美ほか編『外国人の子ども白書――権利・貧困・教育・文化・国籍と共生の視点から』明石書店.
小林利行[2019]「日本人の宗教的意識や行動はどう変わったか――ISSP国際比較調査『宗教』・日本の結果から」『放送研究と調査』69（4）.
小村明子［2015］『日本とイスラームが出会うとき――その歴史と可能性』現代書館.
桜井啓子［2003］『日本のムスリム社会』筑摩書房.
塩崎悠輝編著［2012］『マイノリティ・ムスリムのイスラーム法学』日本サウジアラビア協会.
高木一雄［1985］『大正・昭和カトリック教会史 日本と教会２』聖母の騎士社.
田澤拓也［1998］『ムスリム・ニッポン』小学館.
店田廣文［2006］『在日ムスリム調査　関東大都市圏調査　第一次報告書』早稲田大学人間科学学術院アジア社会論研究室.
――――［2013］「世界と日本のムスリム人口2011年」『人間科学研究』(早稲田大学), 26（1）.
――――［2015］『日本のモスク　滞日ムスリムの社会的活動』山川出版.
――――［2017］「日本における滞日ムスリム移民・難民の現状と課題」『中東研究』528.
――――［2018］「日本人ムスリムとは誰のことか」『社会学年誌』(早稲田大学), 59.
徳田剛［2018］「地域政策理念としての『多文化共生』と宗教セクターの役割」, 高橋典史・白波瀬達也・星野壮編『現代日本の宗教と多文化共生――移民と地域社会の関係性を探る』明石書店.
中島和子［2011］「カミンズ教育理論と日本の年少者言語教育」, J．カミンズ『言語マイノリティを支える教育』(中島和子訳), 慶應義塾大学出版会.
浪岡新太郎［2017］「フランス共和国における＜ムスリム女性＞の解放」『国際学研究』(明治学院大学), 50.
西倉実季［2016］「合理的配慮をめぐるジレンマ――アクセスとプライバシーの間」, 川島聡・飯野由里子・西倉実季ほか『合理的配慮――対話を開く, 対話が拓く』有斐閣.
西倉実季・飯野由里子［2016］「障害法から普遍的理念へ」, 川島聡・飯野由里子・西倉実季ほか『合理的配慮――対話を開く, 対話が拓く』有斐閣.
西山俊彦［2000］『カトリック教会の戦争責任』サンパウロ.
日本ムスリム協会［2017］『日亜対訳・注解 聖クルアーン（第15版）』.
丹羽雅雄［2017］「教育を受ける権利と就学義務」, 荒牧重人・榎井緑・江原裕美ほか編『外国人の子ども白書――権利・貧困・教育・文化・国籍と共生の視点から』明石書店.
野中葉［2015］『インドネシアのムスリムファッション――なぜイスラームの女性たちのヴェールはカラフルになったのか』福村書店.
野崎志帆［2017］「異文化接触と自尊感情――少年期の危機をどう乗り越えるか」, 荒牧重人・榎井緑・江原裕美ほか編『外国人の子ども白書――権利・貧困・教育・文化・国籍と共生の視点から』明石書店.

長谷川珠子［2014］「日本における『合理的配慮』の位置づけ」『日本労働研究雑誌』646.
樋口直人［2010］「『多文化共生』再考——ポスト共生に向けた試論」『アジア太平洋研究センター年報』（大阪経済法科大学），7.
福田充［2007］「イスラムはどう語られたか？——国際テロ報道におけるイスラム解説の談話分析」『メディア・コミュニケーション研究所紀要』（慶應義塾大学），57.
福田義昭［2010］「神戸モスク建立——昭和戦前期の在神ムスリムによる日本初のモスク建立事業」『アジア文化研究所研究年報』（東洋大学），45.
藤原聖子［2016］「テロに抗するイギリスの宗教教育」『現代宗教2016』国際宗教研究所.
プロジェクトPLA編［2000］『続・入門社会開発—— PLA：住民主体の学習と行動による開発』国際開発ジャーナル社.
穂坂光彦［2017］「『第Ⅳ部 共生空間の創造——当事者性を地域へと開く開発福祉』序文」，日本福祉大学アジア福祉社会開発研究センター編『地域共生の開発福祉——制度アプローチを越えて』ミネルヴァ書房.
星加良司［2016］「合理的配慮と社会政策」，川島聡・飯野由里子・西倉実季ほか『合理的配慮——対話を開く，対話が拓く』有斐閣.
松下慎之介・井上雅彦［2017］「小・中学校教員の合理的配慮を妨げる心理的要因」『米子医学雑誌』68（3-5）.
松山洋平［2017］『イスラーム思想を読みとく』筑摩書房.
文部科学省総合教育政策局男女共同参画共生社会学習・安全課［2019］『外国人児童生徒受入れの手引　改訂版』.
山根俊彦［2017］「『多文化共生』という言葉の生成と意味の変容——『多文化共生』を問い直す手がかりとして」『常盤台人間文化論叢』（横浜国立大学），3（1）.
山根・堀江絵美［2016］「ドイツにおけるイスラーム宗教教育の展開とその社会的背景に関する一考察」『大阪大学教育学年報』21.
山脇啓造［2009］「多文化共生社会の形成に向けて」『移民政策研究』1.
「歴史教科書 在日コリアンの歴史」作成委員会編［2006］『歴史教科書 在日コリアンの歴史』明石書店.

欧文献

Hirschman, C.［2004］“The Role of Religion in the Origins and Adaptation of Immigrant Groups in the United States,” *International Migration Review*, 38（3）.
Said, E. W.［1997］*Covering Islam: How the Media and the Experts Determine How We See the Rest of the World, Fully Rev. ed.*, New York：Vintage Books（浅井信雄・佐藤成文・岡真理訳『イスラム報道 増補版』みすず書房，2003年）.
Sen, A.［2006］*Identity and Violence: The Illusion of Destiny*, New York：W.W. Norton（大

門毅監訳・東郷えりか訳『アイデンティティと暴力——運命は幻想である』勁草書房，2011年）.

Shoji, R. [2008] "Religiões entre Brasileiros no Japão: Conversão ao Pentecostalismo e Redefinição Étnica," *Revista de Estudos da Religião*, junho-Ano 8 –2008.

《著者紹介》

大 橋 充 人（おおはし みちと）

1965年生まれ．金沢大学文学部文学科言語学研究室でアラビア語を研究．1988年3月卒業．その後，プライベートでエジプトに4か月ほど滞在し，帰国後に就職．ムスリムとは無縁の生活をしていたが，仕事の関係で在日ムスリムの存在を知り，もっと深く知りたいとの思いから，働きながら研究のできる日本福祉大学大学院国際社会開発研究科修士課程（通信教育）に入学．2020年3月修了．

在日ムスリムの声を聴く
——本当に必要な“配慮”とは何か——

2021年2月28日 初版第1刷発行

＊定価はカバーに表示してあります

著 者 大 橋 充 人 ©
発行者 萩 原 淳 平
印刷者 河 野 俊一郎

発行所 株式会社 晃 洋 書 房
〒615-0026 京都市右京区西院北矢掛町7番地
電話 075(312)0788番(代)
振替口座 01040－6－32280

装丁 クリエイティブ・コンセプト 印刷・製本 西濃印刷㈱

ISBN 978-4-7710-3469-3